海外中国研究丛书

刘东 主编

[美] 萧邦奇 著
徐立望 杨涛羽 译
李齐 校

中国精英与政治变迁
20世纪初的浙江

CHINESE ELITES AND POLITICAL CHANGE
Zhejiang Province in the Early Twentieth Century

江苏人民出版社

图书在版编目(CIP)数据

中国精英与政治变迁：20世纪初的浙江／(美)萧邦奇著；徐立望，杨涛羽译. — 南京：江苏人民出版社，2021.9(2021.10重印)
(海外中国研究丛书／刘东主编)
书名原文：Chinese Elites and Political Change: Zhejiang Province in the Early Twentieth Century
ISBN 978-7-214-25354-5

Ⅰ.①中… Ⅱ.①萧…②徐…③杨… Ⅲ.①政治制度-研究-浙江-清代 Ⅳ.①D691

中国版本图书馆CIP数据核字(2020)第270727号

CHINESE ELITES AND POLITICAL CHANGE: Zhejiang Province in the Early Twentieth Century by R. Keith Schoppa
Copyright © 1982 by the President and Fellows of Harvard College
Published by arrangement with Harvard University Press through Bardon-Chinese Media Agency
Simplified Chinese edition copyright © 2021 by Jiangsu People's Publishing House
ALL RIGHTS RESERVED
江苏省版权局著作权合同登记号：图字10-2016-587号

书　　　名	中国精英与政治变迁:20世纪初的浙江
著　　　者	[美]萧邦奇
译　　　者	徐立望　杨涛羽
校　　　者	李　齐
责任编辑	康海源　洪　扬
装帧设计	陈　婕
责任监制	王　娟
出版发行	江苏人民出版社
地　　　址	南京市湖南路1号A楼,邮编：210009
照　　　排	江苏凤凰制版有限公司
印　　　刷	南京新洲印刷有限公司
开　　　本	652毫米×960毫米　1/16
印　　　张	22.25　插页4
字　　　数	253千字
版　　　次	2021年9月第1版
印　　　次	2021年10月第2次印刷
标准书号	ISBN 978-7-214-25354-5
定　　　价	72.00元

(江苏人民出版社图书凡印装错误可向承印厂调换)

序"海外中国研究丛书"

中国曾经遗忘过世界,但世界却并未因此而遗忘中国。令人嗟讶的是,20世纪60年代以后,就在中国越来越闭锁的同时,世界各国的中国研究却得到了越来越富于成果的发展。而到了中国门户重开的今天,这种发展就把国内学界逼到了如此的窘境:我们不仅必须放眼海外去认识世界,还必须放眼海外来重新认识中国;不仅必须向国内读者迻译海外的西学,还必须向他们系统地介绍海外的中学。

这个系列不可避免地会加深我们150年以来一直怀有的危机感和失落感,因为单是它的学术水准也足以提醒我们,中国文明在现时代所面对的绝不再是某个粗蛮不文的、很快就将被自己同化的、马背上的战胜者,而是一个高度发展了的、必将对自己的根本价值取向大大触动的文明。可正因为这样,借别人的眼光去获得自知之明,又正是摆在我们面前的紧迫历史使命,因为只要不跳出自家的文化圈子去透过强烈的反差反观自身,中华文明就找不到进入其现代形态的入口。

  当然，既是本着这样的目的，我们就不能只从各家学说中筛选那些我们可以或者乐于接受的东西，否则我们的"筛子"本身就可能使读者失去选择、挑剔和批判的广阔天地。我们的译介毕竟还只是初步的尝试，而我们所努力去做的，毕竟也只是和读者一起去反复思索这些奉献给大家的东西。

刘　东

献给贝丝(Beth)

致　谢

在准备这本书的过程中,我要感谢的人有很多。我在密歇根大学的授业恩师在我研究的不同阶段对我给予了指导、支持以及批评:费维恺(Albert Feuerwerker)首先建议我选择浙江作为研究区域,而且不断地给予我支持与鼓励;杨格(Ernest Young)经常对我提出困难但是又极为重要的问题;张春树(Chang Chun-shu)首先激发了我对于地方历史的兴趣。我对于施坚雅(G. William Skinner)的感激是溢于言表的:我不仅从他的理论中受益匪浅,而且还得到了他的悉心建议与批评。我同时也要感谢孔飞力(Philip Kuhn)在我研究不同阶段对我的支持与建议。

我想要感谢在1978至1979年参与到由芝加哥大学举办的现代中国项目(Modern China Project)的所有与会者,尤其是邹谠(Tsou Tang)、史谦德(David Strand)、曼素恩(Susan Mann Jones)、陈永发(Ch'en Yung-fa)以及艾恺(Guy Alitto)对我研究提出的意见与建议。我同样要感谢冉玫烁(Mary Rankin)、黎安友(Andrew Nathan)以及托马斯·罗斯基(Thomas Rawski)对我初稿的评论。密歇根大学亚洲图书馆的万惟英以及芝加哥大学远东图书馆的保罗·何(Paul Ho)、詹姆斯·程(James Cheng)都给予我很大的帮助。

瓦尔帕莱索大学(Valparaiso University)为我提供的为期两年的研究教职使我有了充足的时间与经费来继续我的研究。我要感谢这所大学的创造型工作研究委员会(Committee on Creative Work and Research)所给予我的这一殊荣。我要感谢瓦尔帕莱索大学地理系的肯尼斯·克芬海姆(Kenneth Keifenheim)为我绘制地图,也要感谢爱丽丝·来克林(Alice Rechlin)和理查德·汉西斯(Richard Hansis)为我研究中出现的问题提供帮助。

在致谢中感谢自己的配偶已经成为惯例,我这里更是如此。仅仅是贝丝(Beth)花在本书打字以及编辑上的时间就足以令我对她十分感激,但是更为重要的是她的理解以及独到的见识。最后,我要感谢卡拉(Kara)以及德瑞克(Derek),尽管他们从来没有真正理解为什么我在我的研究上花了如此多的时间,但是却总能给我提供节奏上的改变以及全新的视角。

目　录

致　谢　*1*

第一部分　精英活动的背景

第一章　精英与政治发展：历史背景　*3*

晚清精英及其角色　*4*

精英与政治发展　*7*

20世纪初浙江政治史综述　*14*

第二章　"四个浙江"　*18*

社会生态区（Social Ecological Zones）的划分　*20*

模型诸方面　*30*

第三章　"四个浙江"中的共有组织　*37*

传统精英组织　*37*

政府扶持组织　*44*

第二部分 "四个浙江"区域的社会政治生态

引　言 59

第四章　核心区内部精英职业基础与模式 64
　　作为精英基础的宗族 65
　　精英职业模式 71

第五章　核心区内部精英的集体性：社会群体与自发组织 82
　　士绅、绅商、商人 82
　　现代学校的毕业生 95
　　精英与自发团体(Voluntary Associations)，1900—1927 103

第六章　核心区内部精英与政治决策 112
　　地方官与地方精英 112
　　县以下的行政区域边界划分 117
　　地方自治机构的角色 120
　　地方财政支出与政治上的优先考虑：以嘉兴为例 124
　　决策的关注问题与模式 129

第七章　核心区外部的政治与精英结构 138
　　精英事业的模式与趋势 139
　　自发组织 146
　　县内政治与政治结构 147
　　核心区外部与其他区域 153

第八章　边缘区内部的政治与精英结构 162
　　边缘区内部的精英模式：青田县的刘氏家族 163

精英事业的模式与趋势　165

　　政治结构：县内寡头和县行政长官　170

　　政治计划　177

　　职业军人起源：核心区外部与边缘区内部　181

　　外来者的角色　184

　　边缘区内部的发展主题　186

第九章　边缘区外部的政治与精英结构　189

　　行政边界意义的削弱　190

　　精英结构和事业：模式与趋势　192

　　政治计划　199

　　外来者的角色　204

　　政治发展的开端　206

第三部分　地区、省、国与20世纪初的政治

第十章　辛亥革命　213

　　核心区内部：杭州起义　214

　　核心区内部：杭州之外　221

　　外部区域　225

　　辛亥革命的历史意义　231

第十一章　无官职精英的省政参与模式：议会、派系与结盟　235

　　浙江省级议会，1910—1926　236

　　1920年代省内非议会精英组织　250

　　省内政治的模式　252

第十二章　外部区域精英在省政中的崛起：金衢严处同乡会、政治理念以及国民党的胜利　*265*

　　金衢严处同乡会　*265*

　　1927年年中以前浙江省内国民党的发展　*277*

结　论　*284*

附录A　分析单位　*290*

附录B　县级分类数据　*293*

附录C　方法论和资料来源相关问题　*297*

参考文献　*302*

索　引　*321*

译后记　*335*

表格目录

表1 浙江省1911至1927年的军政和民政长官 16

表2 各县的区域分类 26

表3 位于杭州的浙江各地同乡会的区域分布,1932年 38

表4 浙江常设商会的区域比较,1915—1916年 51

表5 核心区内部自治机构组织的构成 60

表6 核心区外部自治机构组织的构成 61

表7 边缘区内部自治机构组织的构成 62

表8 边缘区外部自治机构组织的构成 63

表9 核心区域样本县中族产的规模 67

表10 光绪年间获得高级别功名者及其日后政治活动范围,1900—1920年 73

表11 民国初年精英的教育类型及其职业机会 97

表12 嘉兴县自治机构支出 125

表13 核心区外部县内支出 149

表14 保定军校浙江籍毕业生分布状况 183

表 15　宣平县寡头的具体特征及角色　197

表 16　县年度支出样本,1922—1926 年(以元为单位)　201

表 17　历届省级代表的背景信息与职业经历,
　　　　1910—1926 年　237

表 18　历届省级议会的人员交集　241

第一部分
精英活动的背景

第一章 精英与政治发展：历史背景

20世纪中国革命的重要目标是建立一个强大独立的民族国家。从表面看来,民族国家的建构过程是不连续的,它时常被不同精英之间的争斗所打断,精英们就建立民族国家的策略与战略争斗不止。举例而言,研究者们通常认为1913至1927年是一个极为明显的断裂时期——这一时期政治上的分裂使得建构民族国家的努力暂时中止。① 而本书的观点之一即是,上述看法忽略了基层政治中的重要发展。

总体说来,持上述观点的学者都或明或暗地视各地精英为1911年辛亥革命的背叛者,认为这些精英或有责或无责地破坏了民国。这些学者对于20世纪早期的精英有一种偏见,刻板印象几与漫画讽刺无异。这些精英时常被刻画为中饱私囊的军阀、腐败的官吏、怀有好意却毫无建树的改革家、困惑而又善于剥削的资本

---

① 这样的观点在一些通史著作中经常出现。譬如,徐中约(C. Y. Hsu):《现代中国的崛起》(*The Rise of Modern China*),第二版,纽约,1975年,第576—588页;薛立敦(James E. Sheridan):《分裂的中国》(*China in Disintegration*),纽约,1975年。

家,以及——最为人所知的——保守的地主和地方恶霸,即邪恶的士绅。因此,除非这些精英及其扮演的角色得到清晰的解读,否则我们对中国民族国家的发展以及20世纪政治与社会本质的理解仍将是一片混沌。

晚清精英及其角色

18世纪中期通常被认为是中华帝国国家实力和繁荣程度的顶峰。截至19世纪早期,人口问题和社会经济问题导致国家政治与行政方面呈明显衰落态势。而半个世纪后,内部叛乱和西方帝国主义的进攻更加恶化了这一态势。这样骤然衰落加速了社会与政治精英中的一些变化趋势,这些变化趋势早在17世纪和18世纪早期就已经初现端倪。

近年来的研究已经指出在公共职能的运作方面,自17世纪初期开始,中国出现了"从官方向民间转移职责的长时段趋势"。地方士绅(功名的获得者)及非士绅精英开始取代政府官员,承担诸如地方公共工程募集资金与管理的责任,而这本是官府的职责。① 进入18世纪,一些地区的商业化推动了私营经济的增长,同时也加剧了公共部门(public sector)对私营经济机制与程序的依赖,一个例子便是负责征税的政府官员部分地依赖私营粮商及

---

① 斯波义信(Yoshinobu Shiba):《宁波及其腹地》("Ningpo and Its Hinterland"),收录于《中华帝国晚期的城市》(*The City in Late Imperial China*),第422页。同样的论述还见诸伊懋可(Mark Elvin)《市镇与水道:1480—1910年的上海县》("Market Towns and Waterways: The County of Shanghai from 1480 to 1910"),载《中华帝国晚期的城市》,第441—473页。

负责运输的人员。①

进入 19 世纪早期，激增的人口和日益恶化的财政问题造成"公共职能普遍陷入瘫痪状态"，②因此私营经济承担公共职能的态势得到了进一步的发展。政府在既无法提供行政服务，又不能将日益增长的士绅集体纳入合法的官僚体系的情况下，只能对地方精英在准行政事务方面日渐增加的介入听之任之。高等级士绅（进士、举人及贡生）与低等级士绅（生员、例贡及监生）开始参与到征收税务以及——在 19 世纪中叶时——组织团练的过程之中。此外，许多低等级士绅也同样介入县衙门的邑吏工作中。

地方精英——一般被称为绅董——所承担的地方重建角色在太平天国运动（1850—1864）之后成了这一长时段趋势的一部分。前人研究已经指出在 19 世纪末期，一些改良派的精英已经参与赞助和管理西式学校、医院以及报刊出版。③ 简而言之，就 19 世纪而言，随着一系列问题迫使政府在地方事务中不再扮演首要角色，地方精英更为积极地参与到地方事务的管理当中。能

---

① 尤其是曼素恩和孔飞力（Philip A. Kuhn）的《清王朝的衰落与叛乱的根源》（"Dynastic Decline and the Roots of Rebellion"），收录于费正清（John K. Fairbank）编《剑桥中国晚清史 1800—1911 年》（上卷），剑桥大学出版社，1978 年，第 109、121—128 以及 161 页。
② 同上，第 127 页。
③ 譬如，参见冉玫烁（Mary B. Rankin）《1900 年以前浙江的地方改革浪潮》（"Local Reform Currents in Chekiang before 1900"），收录于《19 世纪中国的变革》（Reform in Nineteenth Century China），柯文（Paul Cohen）和石约翰（John Schrecker）编，哈佛大学出版社，1976 年，第 221—230 页。

得出上述结论的学术研究大多着眼于商业化程度相对较高的区域。① "官退民进"的趋势在商业化程度高的地区更明显,在商业化程度低的地区则不然。

在18世纪,欧亚内陆贸易增长,与此同时,第一条连接欧洲的重要商业通道也随之建立起来。到了19世纪中叶,进一步增长的国际贸易和以蒸汽船、蒸汽艇为代表的现代交通为本已发达的地区带来了进一步的繁荣。② 逐步发达的商业化在富饶的平原和沿海地区影响了精英的前景及其扮演的角色。在高等级士绅与低等级士绅共同参与商业活动的同时,士绅精英与非士绅精英之间的差异逐渐变得模糊。在19世纪与20世纪之交,许多士绅都坐拥商业利益。③ 由于富有的非士绅商人在参与地方重建与改革的过程中,也采用了士绅似的生活方式,因此晚清的商业化似乎宣告了几个世纪以来绅商之别的终止。④ 在19世纪末期,深受域外国家交流及不平等条约的影响,身处西方势力范围内的

---

① 参见第4页注释①中的两篇文章。此外,孔飞力在《中华帝国晚期的叛乱及其敌人》(Rebellion and Its Enemies in Late Imperial China)一书中所讨论的19世纪中期大多数活跃的地方士绅团练的具体位置与施坚雅所描述的区域核心相差不大。见施坚雅《19世纪中国的区域性城市化》(下注中一律简称《区域性城市化》)("Regional Urbanization in Nineteenth Century China"),收录于《中华帝国晚期的城市》,第214—215页。我之前一篇关于县精英的研究也证实了类似的观点,见《四川地方精英的组成与职能,1851—1874》("The Composition and Functions of the Local Elite in Szechwan"),《清史问题》(Ch'ing-shih wen-t'i)第2卷(1973年11月),第7—23页。
② 施坚雅,《区域性城市化》,第228页。
③ 1978年6月3日,我与孔飞力的个人交流。一个典型的例子是宁波的运输业大亨张让三,材料中就是把他称作士绅的。见《各省光复》,第117页;《时报》,宣统二年七月八日,1917年12月4日。《时报》在1911年12月1日前的日期都按年号给出,后接农历的月、日。
④ 就这一发展的进一步论述,见陈锦江(Wellington K. K. Chan)《清末现代企业与官商关系》(Merchants, Mandarins, and Modern Enterprise in Late Ch'ing China),哈佛大学出版社,1977年,第39—63页。

精英开始意识到国家问题。士绅及非士绅精英的改革都部分着眼于建立一个强大的国家从而抵御西方持续不断的冲击。

总而言之,在20世纪之前,地方精英(士绅及非士绅)在传统与现代领域所扮演角色的扩展,在商业化地区创造了一个日益强健的精英群体。而商业化不甚发达的区域既没有看到民族问题意识的崛起,亦没有看到精英及其扮演角色有任何改变。随着清末新政的实行(1901—1911)、科举考试的废除(1905),以及帝制的终结(1912),20世纪初的这些年为浙江各个地区的精英都带来了重要的变化。

精英与政治发展

这本书主要分析20世纪前三十年间浙江省的社会政治精英以及政治变迁。在所能掌握的材料之内,本书聚焦于地方和省一级精英的社会背景、活动范围、选拔模式、事业发展以及决策形成。这些精英往往通过他们在政治、社会、经济领域的领导地位对公共政策实行控制。这一精英群体包括:(1)在精英机构——自治机构、非常规的政治联盟,以及在政治上极为重要的专业团体(商会、教育会、农会、律师公会)——中起到实际领导作用的人;(2)在体制之外扮演重要角色的,或在危机时刻独当一面的精英。① 这一

---

① 许多社会科学家都指出了精英认同中的方法论不足。譬如,罗伯特·帕特南(Robert D. Putnam):《政治精英的比较研究》(*The Comparative Study of Political Elites*),新泽西,1976年,第15—19页;路易斯·艾丁格(Lewis J. Edinger):《政治领导的比较分析》("The Comparative Analysis of Political Leadership"),《比较政治》(*Comparative Politics*)第7卷(1975年1月),第253—269页。对于历史学家而言,材料本身的偏见(biased)会致使学者做出有所偏向(skewed)的选择。没有留下记录的经纪人或幕僚有可能在地方事务中比所谓的权力拥有者更为重要。我在这一分析中推测,材料中有记录的人士要比那 (转下页)

分析解释了这样一个现象:对于这些精英而言,这一时段并非是国家目标的夭折时期,而是一个政治转型发展时期。

由于"政治变迁"一词,如同包含这一概念的"现代化"一样,经常被不完整地加以定义,或被惯性地赋予某些含义,我认为有必要在我研究的一开始就指明我对该词的使用。① 大体而言,政治变迁发生于一个社会体系之中,是由一个单位的要素(诸如个人、团体、制度、地方政治集团)所定义的,且这些要素在一定时间

(接上页)些没有记录之辈有着更大的权力(也就是说,他们更有可能控制并影响公共政策)。而就"权力"的概念而言,见帕特南《政治精英的比较研究》,第5—8页;以及罗伯特·达尔(Robert A. Dahl),《国际社会科学百科全书》(International Encyclopedia of the Social Sciences),"权力"。

行为策略的使用在这里显得不够尽如人意,因为这无法解释在最初就把一些事务转化为政治计划一部分的权力拥有者。然而,通过仔细的研究以及对于具体地区中特定政治事务的本质的关注,历史学家们是可以逾越这一障碍的。很明显的是,历史精英之间最为精确的权力关系由于资料的局限性是无从可知的。但是历史学家的职责在于提供一种现实的洞察力,非常接近于实际的精英结构。对于方法论的关注使得我们常常抱有一丝不确定性;然而,鉴于中国精英研究才刚刚起步,这些谨慎的考虑不应该阻碍具体的实证研究,也不应该影响我们得出有效的结论。见艾丁格对于其"比较分析"的评述,第267—269页。

① 关于"政治变迁",见查尔斯·蒂利(Charles Tilly)《西方国家建构和政治转型理论》("Western State-Making and Theories of Political Transformation"),收录于《西欧民族国家的形成》(The Formation of National States in Western Europe),查尔斯·蒂利编,普林斯顿,1975年,第601—638页。有关现代化的批判,见迪恩·蒂普斯(Dean C. Tipps)《现代化理论与社会比较研究批判》("Modernization Theory and the Comparative Study of Societies: A Critical Perspective"),《社会与历史比较研究》(Comparative Studies in Society and History)第15卷(1973年3月),第199—226页。同时也可参见"编辑前言"(Editorial Forward),同上,第20卷(1978年4月),第175—176页。关于现代化理论中将传统与现代两极化的错误观点,可见杰拉德·海格(Gerald A. Heeger)《政治一体化:旁遮普省的社区、政党与一体化》("The Politics of Integration: Community, Party, and Integration in Punjab"),芝加哥大学博士论文,1971年;以及罗伊德·鲁道夫和苏珊·鲁道夫(Lloyd I. Rudolph and Susanne H. Rudolph)《传统的现代性》(The Modernity of Tradition),芝加哥,1967年。

内相互联系。① 简单而言,政治变迁是一个由原初的政治结构现象向一个更为集合而又复杂的结构现象所转变的过程。更为差序而又制度化的结构围绕着传统的宗族关系、庇护关系(patron-client)以及行纪关系而展开。这一展开过程并不意味着复杂的结构取代或是减损了传统的结构。在浙江,原初的政治结构在与日俱增的社会经济分化中依旧保持着主导地位。

而这里的精英政治变迁指的是政治上相互依赖性的提高以及精英本身的复杂化,尤其是后者所组成的团体和机构。② 在20世纪初,这一政治变迁进程无论在时间上还是空间上都不是统一的。而且在浙江省的不同区域,这一变迁也并非肇始于同一源头。在不同经济发展程度的基础上,将该省划分为不同的生态区可以有效地分析这一发展的分化。在这些年中,不同的精英政治

---

① 我的定义与方法在很大程度上借鉴于社会学系的特恩(Teune)以及姆利纳(Mlinar)的研究。参见亨利·特恩(Henry Teune)和兹德拉夫科·姆利纳(Zdravko Mlinar)《社会体系的发展逻辑》(*The Developmental Logic of Social Systems*),比佛利山,加利福尼亚州,1978年;姆利纳和特恩合编:《变化的社会生态学》(*The Social Ecology of Change*),比佛利山,加利福尼亚州,1978年(后文中将称其为《社会生态》);特恩和姆利纳:《发展与参与》("Development and Participation"),收录于《地方政治、发展和参与》(*Local Politics, Development, and Participation*),布鲁恩(F. C. Bruhns)、弗兰克·卡佐拉(Franco Cazzola)、杰西·维尔特(Jerzy Wiatr)合编,匹兹堡,1974年,第136—159页;以及特恩:《发展和领土政治体系》("Development and Territorial Political Systems"),《国际社区发展研究》(*International Review of Community Development*),卷号33—34,(1975年),第159—172页。"发展程度"的定义来自《发展与参与》,第140—142页。

② 在我的概念中,"政治变迁"并不意味着在一条目的论轨迹上运行的某种终极政府形式。我也不希望将"复杂性"以及"互通性"这类词汇强加上某类规范性的意味。这本书主要关注精英社会的政治发展,不关注一些所谓的发展指标是如何渗透到非精英场域的,尽管在一些高度商业化的区域,一些渗透确实在发生。就精英与政治发展的关系而言,参见詹姆斯·希菲布(James J. Heaphey)《发展管理的空间方面》("Spatial Aspects of Development Administration"),收录于《发展管理的空间维度》(*Spatial Dimensions of Developmental Administration*),詹姆斯·希菲编,杜伦,北卡罗来纳,1971年;以及杰拉德·海格的《政治欠发达》(*The Politics of Underdevelopment*),纽约,1974年,第8页。

变迁左右了地方和省一级政治,因而对这一时期政治动态的把握至关重要。长远看来,这一发展显得格外重要,因为后续的政权——国民党、日本殖民者(在某些地区)以及共产党——或是要建立在这些不同地域发展起来的精英结构、经验以及进程上,或是要针对这一发展所带来的结果进行调适。不同生态区域的政治差异主要由五个相互联系的方面体现出来。

精英制度化的重要性。传统的中国国家统治者对于地方精英的政治潜力心有忌惮,因而试图掌控精英的制度角色。或许最为人所知的就是抑制通过科举考试的人员参与领导保甲、里甲——负有监控和税收的职责——的程度。然而,清代的行政危机为这些精英提供了一个获取更为重要的政治角色的机会。随着内忧外患的加剧,清政府在追求富国强民的最后十年中支持在省会和各县中建立精英机构:自治机构、形形色色的法团——商会、教育会以及农会。① 这些机构应允为王朝满足如下两项目标:将精英政治角色容纳到官方领域,以便更为有效地控制地方;在不增加清政府财政负担的前提下,为改革的施行和新兴行业的监督提供制度性保障。

然而,对于地方精英而言,这些由政府扶持的机构为他们提供了更多的地方自治权。这些机构为精英们提供了一个框架,在此之中,精英们得以齐聚一堂并决定一系列地方或行业事务。他们一度被召集起来,共同商讨国家方向和目标问题,这意味着他们也同时参与到对国家问题的探讨之中。然而,我们并不能过分

---

① 农会的分支机构也设立于乡与村落之中。参见布鲁纳特(H. H. Brunnert)和哈盖尔斯特洛姆(V. V. Hagelstrom),《中国清末政治组织》(*Present Day Political Organization of China*),上海,1912年,第68—70、174—184、358—359、362—363、408—410页。

强调这一革命性的组织变化。精英活动的背景发生了显著的变化，即清政府早已经同意了地方精英在准政府组织方面的政治介入。中国社会的政治化已在政府法令的号召下大踏步地前进。

精英机构的建立、借此而决定的政治计划，以及由此而承担的公共职责仅仅是精英制度化的一个方面。还有另外两个对于衡量政治发展极为重要的特征。其一，精英的身份认同与已经建立的机构环环相扣：精英们开始视自己为被赋有政治权力的机构的一部分。其二，这些精英开始将这一机构本身看作一个主要的政治角色，拥有伸张正义、弹劾罪人以及为各种目标而奋斗的能力。对于制度完整性和制度权力的感知是上述中最为重要的，具有深远的政治影响。

公共领域在功能职责方面日益增长的重要性。随着晚清政府与民国政府试图通过向地方引入新的地方行政建置从而合理化地重建政治空间，精英的角色也开始发生变化。早在 17 世纪就逐渐流入私人领域的公共工程及福利职能开始被转移到公共领域，这一转变或是在政府监控下展开，或是在专业的公共机构中进行，而后者多由政府扶植。20 世纪初年见证了晚明以降世俗趋势的扭转，同时亦见证了一种政府管制增强、政府职能增加的趋势。这一趋势被国民党政府列入其发展蓝图，并在共产党执政时期达到顶峰。

值得注意的是，这一趋势在中华民国前期——即通常被认为的动荡年代——仍是延续的。我对于地方自治机构的研究揭示出，20 世纪 20 年代地方政府对于精英们的控制较之清季要强烈得多。如果我们只关注国家层面的事务，那么这样一个重要的趋势就会被忽视。我对于地方和省一级政治与社会的研究是建立在如下前提之上的：只有在对次国家领域（subnational）进行详尽

11

的分析后,才可以进一步论断国家层面的趋势与发展。具体到浙江而言,尽管国家层面上动荡迭现,地方的趋势仍然反映了根本的政治变化。而在经济欠发达地区,这一私人领域的长时段趋势就显得不那么明朗,公共领域对私人空间的取而代之也并非十分明显。

自发社会政治组织的重要性。在世纪之交,著名政治思想家梁启超的一个核心观念就是"群"。梁启超批判建立在地域、血缘以及行业基础之上的文化凝聚力,认为其极为分化,他同时慨叹中国并无市民群体,后者在梁启超看来有助于中国向一个"具有凝聚力的政治社群"的融合。① 梁启超的论断强调社会政治集体性对于政治发展的重要性。"群"为社会政治横向联系结构的进一步稳固提供了重要的潜力。② 它们作为利益集体,为特殊的政治和社会目标而努力奋斗。如果"群"是建立在等级基础之上的,那么它们则为纵向融合提供了一个框架,而这也孕育了一个政体在不同等级上的相互依赖性。

在帝制时期,主要的自发组织包括公所与会馆。与梁启超的论断恰恰相反,公所与会馆为20世纪的政治发展做出了杰出的贡献。汲取晚明政治结党营私的教训,清政府历来警惕具有政治潜力的自发精英组织。直至1890年代中期,精英们才开始逐渐摆脱这一戒律,并加入政治学习组织,借此表达各自的政治主张。正如魏斐德所言,改革家们认为俱乐部、社群以及党派——如宗

---

① 张灏(Hao Chang),《梁启超与中国思想的过渡,1890—1907》(*Liang Ch'i-ch'ao and Intellectual Transition in China, 1890-1907*),剑桥,马萨诸塞,1971年,第95—100、154—156页。
② 参见大卫·希尔斯(David Sills),《国际社会科学百科全书》(*International Encyclopedia of the Social Science*),其中《自发组织:社会学视角》("Voluntary Associations: Sociological Aspects")讨论了自发组织的社会影响。

族与邻里一样——对于人类发展是极其必要的。① 自发组织在清末如雨后春笋般涌现,招收地方人士(包括妇女)从而解决地方上的各类问题并讨论国家政治事务。中华民国的建立更加推动了这一类组织大量涌现,它们的发展程度取决于经济发展水平。

精英在政治进程中与日俱增的参与。从某种意义而言,这一方面的发展是与精英的制度化与自发组织的建立结伴而生的;然而它同样具有应受到强调的活力。通过拓展社会与政治身份,参与改变了精英的本质。譬如,嘉兴县的沈文华不再是一位只是致力于宗族而又富有的士绅管理者,在被允许的范围内,以其私力行使公共职能。在组织发展中,沈文华成了一位专业组织中的杰出成员,他的身份也得到了扩展与分化:他是教育会和禁烟局的负责人;他在改造中国社会、防止外国公司侵蚀地方的过程中充当领袖;他同时还是县议会的领导人员。② 沈文华保留了他所有的私人纽带和私人身份,而新的组织与政治身份则意味着他与其他精英和机构保持着千丝万缕的联系。

随着组织参与的增长,政治分化以及新的精英纽带也会随之发展。参与为精英们带来更多的社会政治上的复杂性,但同时也趋向于增加社会政治空间的复杂性。其结果便是整个精英社会的重塑。精英参与的程度——这可以通过与其他社会体系要素的联系加以衡量——依地区而定。较之生活在经济欠发达地区的精英,沈文华明显在参与不同的组织及其进程中拥有更多的

---

① 魏斐德(Frederic Wakeman,Jr.),《中华帝国的衰落》(*The Fall of Imperial China*),纽约,1975年,第201页。
②《时报》,宣统二年三月廿九日,宣统三年一月十七日,1912年4月2日及5月7日,以及1913年7月21日。

机会。①

精英对特定政治空间与日俱增的身份认同。中国的精英往往对各自的原籍有着强烈的认同感。尽管这一认同主要是社会文化方面的,但是同乡联系亦有重要的政治潜力。这样的纽带为来自同一个县、府或是省的人员提供了联系。在 20 世纪初,新划分的县以下行政区域出现,这些拥有自治机构与自治教育的区域使得精英有意识地在行政管理方面作出事关原籍的决策。

与此同时,精英对于省或国家的认同显现在对国家建设的关照之中。在 19 世纪末期,强烈的民族情绪开始发展起来,②而在 20 世纪初年,留学日本的中国学生以及返回原籍的改革者大谈将地方和省作为国家的根基。这一时期的浙江政治史在一定程度上是一部对于国家、省和地区的效忠相互影响的历史。就这一方面而言,经济发展程度与(精英)对某一特定政治空间的认同程度有着极为重要的联系。

20 世纪初浙江政治史综述

英国未能按照 1898 年草约修建沪杭甬铁路的事实使得清政府在 1905 年取消了这一授权。浙江精英们组建并注册了自己的公司之后,英国却突然在 1907 年夏天要求北京重开此议。浙江精英,尤其是来自经济发达地区的精英,掀起了大规模的抗议。受 1911 年之前民族主义的影响,这些精英要求把控他们的铁路。北

---

① 特恩及姆利纳:《政治与参与》,多处可见。
② 可见芮玛丽(Mary C. Wright)《导言:变革浪潮的兴起》("Introduction: The Rising Tide of Change"),收录于《中国革命的第一阶段:1900—1913》(*China in Revolution: The First Phase 1900-1913*),芮玛丽编,纽黑文,1968 年,第 3—23 页。

京尽管最终与英人达成了借贷协议,但是规定该公司的控制和管理权依然掌握在浙江精英的手中。1910年,当英国强制开除该公司的管理人员,部分精英再度心怀不满。① 由清政府支持的专业机构和1909年后组建的自治机构——地方与省精英多在这些组织中谈论政治事务——为民族主义的迸发创造了便利条件。

辛亥革命的进程和重要性在该省依地区而不同。在更为发达的地区,革命后的几年被称为"自由共和时期"(liberal republic),这也是精英们对于新的社会政治观念和结构大为开放的时期。② 到了1914年,很多迹象表明1911年之前的精英民族主义热忱不过是昙花一现。大总统袁世凯在1914年废除了所有的自治机关——上至省议会,下达县及县以下机构,而这一决策也剥夺了精英言论表达所依附的制度机关。直到1920年代这一制度才被重新确立起来。就省一级而言,辛亥革命后的受益者多为军事精英。尽管在浙江省,军人并非如他省一般持续性地起掌控作用,但依旧在民国早年扮演了至关重要的角色。表1为我们列出了浙江省1911至1927年省一级的文武官员。

民国初期,革命军事联盟在不同军事学校的基础上分野成为不同派系。1912年夏天,蒋尊簋及其麾下日本陆军士官学校毕业生在指责声以及暗杀威胁中退出了历史舞台。毕业于南京江南陆师学堂的军事统领朱瑞因在革命期间占领南京有功,被誉为

---

① 关于保路运动的概述,可参见我的《浙江的政治与社会,1907—1927:精英权力、社会控制与省的建立》("Politics and Society in Chekiang, 1907 - 1927: Elite Power, Social Control, and the Making of a Province"),博士论文,密歇根大学,1975年,第19—26页。关于精英的反应,参见墨悲《江浙铁路风潮》,1907年。台北1958年重印。
② 杨格(Ernest Young):《总统袁世凯》(*The Presidency of Yuan Shih-k'ai*),安娜堡,1977年,第76—104页。

浙江军界的英豪人物，从而开始了他的执政时期；然而，朱与和他关系亲密的浙江民政长屈映光在1913年"二次革命"中支持袁世凯，并在1915至1916年间参与了袁世凯短暂的复辟计划。自1914年始朱瑞因病退隐，政府大权逐步落入屈的手中，他同时也因执政不力和腐败为人所指摘。1916年春季，随着反袁势力的崛起，朱屈联盟被推翻，为毕业于保定和浙江当地军事院校的浙籍人士所取代。当这些毕业生之间矛盾迭出之时，他们的联盟随之土崩瓦解；结果，在1917年的1月，北京方面派杨善德来控制浙江省的局面。①

表1 浙江省1911至1927年的军政和民政长官

军政	民政
汤寿潜(1911年11月至12月)	
蒋尊簋(1911年12月至1912年8月)	
朱 瑞(1912年8月至1916年4月)	屈映光(1912年9月至1916年5月)
屈映光(1916年4月至1916年5月)	
吕公望(1916年6月至1916年12月)	吕公望(1916年6月至1916年12月)
杨善德(1917年1月至1919年8月)	齐耀珊(1917年1月至1920年6月)
卢永祥(1919年8月至1924年9月)	沈金鉴(1920年6月至1922年10月)
	张载阳(1922年10月至1924年9月)
孙传芳(1924年9月至1927年2月)	夏 超(1924年9月至1926年10月)
	陈 仪(1926年10月至1926年12月)

外来势力的侵入并没有在军阀战乱之中一下子将浙江省吞噬：直到1924年夏末，浙江都没有遭受战火的侵袭。杨善德在执政期间，对于军阀政体毫无兴趣。因此强势的齐耀珊实际上把持了该省的政治事务。齐氏一度担任张之洞的幕僚，日后他开始将浙

---

① 有关这些事件更为详细的讨论，参见我的《浙江的政治与社会》，第三章和第五章。

江省打造成他自己的权力基地。在民事权力问题上,他挑战浙江籍人士的权威,而其顽固的保守主义也令其与新式精英渐行渐远。在两次被省议会弹劾之后,齐氏终于在1920年6月下台。①

杨善德的继任者卢永祥是大军阀段祺瑞的有力支持者。1920年夏天段祺瑞的势力被直系军阀削弱,与浙江毗邻的四个省份中的三个省落入了卢永祥的敌人手中。② 随着江浙两省军事领导的相互妥协,两省之间爆发战争的危机被及时化解。然而,截至1922年,奉系势力已经拓展到中原北部与中部,浙江省是其控制长江下游唯一的障碍。1924年9月,孙传芳完成了对浙江的征服。浙江省也由此首次被一个强大的军阀所控制并因而在国家层面受到了关注。1925年末,随着孙传芳胜利占据江苏,浙江与其他各省一同由位于南京的政府控制。

浙籍文武精英在1917年早期看到本省落入北洋军阀手中之后,又一次体验了军事统治的严酷现实。因而在1917年孕育而生的强烈省际情怀,促使地方精英在接下来的十年中试图通过军事和宪政的方式,建立浙省自治并且捍卫浙省的领土完整。1924年的战乱之后,孙传芳镇压了精英们的政治野心,他们对于省自治的渴求也随之忽明忽暗。随着1927年国民革命军占领浙江,寻求省自治的诉求被彻底扼杀了。

---

① 齐氏的生平资料来自《现代支那人名鉴》,第938页;以及《时报》,1917年1月12日。有关齐氏的活动,参见《时报》,1917年2月26日,3月5日;1919年11月29日,12月10日;1920年3月23日,6月8日至11日、13及17日。
② 关于国内军阀的情况,参见齐锡生(Ch'i Hsi-sheng)《中国的军阀政治,1916—1928》,斯坦福,1976年;以及文公直:《最近三十年中国军事史》,两卷,台北,1962年。

第二章 "四个浙江"

浙江是中国面积较小的省份,与美国印第安纳州相仿。① 然而,极小的面积却并不能确保该省地理上的完整性。自有记载以来,地理与生态方面的不同被转换成了吴、越之间的政治分野。吴的控制范围延展到嘉兴、杭州、湖州、严州四府;而浙江省其余地带则均为越所掌控。这一基本的分界经常被指为浙西与浙东之间的差别。② 在这一概念中,浙西由长江冲积平原以及钱塘江流域一带的北部三府构成。而浙东的地势则兼跨崎岖的山坡和峻峭的山脉,其中众多的河流流往杭州湾和东海。

近代以来的学者一直以一种纯地形学(topographical)的方式来描述浙西与浙东之间的分野。北面三府嘉兴、杭州和湖州被

---

① 葛德石(George B. Cressey):《中国浙江的地形》("The Land Forms of Chekiang, China"),《美国地理学家协会年鉴》(*Annals of the Association of American Geographers*)第 28 卷(1938 年),第 274 页。
② 张其昀:《浙江省史地纪要》,上海,1925 年,第 66 页。府一级政府尽管在民国初年就被废除,但是仍在官方和非官方的政治考量中扮演重要角色。因此,它们在我的研究中也十分重要。

列为浙西,而地形由山地主导的余下八府则被归为浙东。① 在这一模型之中,浙西的经济利益与江苏南部息息相关。传统而言,浙西由大的土地所有者所分割(有些甚至延展到几千亩),而且多条承担运输与灌溉功能的水路贯穿其间。浙西一带一年两收(这为该地区密集的人口提供了充足的供给)。该地同样以盛产丝绸闻名。② 与此相反,在多山的浙东,其耕地占有率要小得多并且土地不甚富饶,这也使得粮食的输入极为必要。③

然而,对于政治变化和发展时期的精英及其功能而言,浙西与浙东之间的分野并不能提供一个恰如其分的分析框架。因为这一分野并未考虑到区域内部的不同,以及经济与社会变化之于该区域环境的影响。④ 人类的行为是在一个具体的空间里展开的。显而易见的是,人类不仅会与自然环境相互作用,而且还会与人为的环境特征——譬如商业交换的模式、科技以及制度的发展——相互动,从而促进、调适并且引导变化。自然与人为环境影响着社会政治精英,而社会结构也反之被这些变化的精英与结构所改变。

---

① 譬如,曹聚仁:《我与我的世界》,香港,1972 年;以及王梓良:《浙西抗战纪略》,台北,1966 年。
② 罗兹·墨菲(Rhoads Murphey):《上海——现代中国的钥匙》(*Shanghai: Key to Modern China*),剑桥,马萨诸塞,1953 年,第 109 页。一亩大约是六分之一英亩。
③ 曹聚仁:《我与我的世界》,第 55—56 页;以及墨菲:《上海》,第 133 及 147 页。
④ 关于历史社会政治生态的重要研究,见查尔斯·蒂利《旺代》(*The Vendée*),剑桥,马萨诸塞,1964 年;胡安·林兹(Juan J. Linz)和德米格尔·阿曼多(Amando, DeMiguel):《国家内部差异与比较:"八个西班牙"》("Within-Nation Differences and Comparisons: The Eight Spains"),收录于《比较国家:定量数据在跨国研究中的使用》(*Comparing Nations: The Use of Quantitative Date in Cross-National Research*),理查德·麦瑞特(Richard Merritt)和斯坦·罗坎(Stein Rokkan)主编,纽黑文,1966 年;还有里斯托·阿拉普洛(Risto Alapuro):《芬兰的国家建设与政治生态》("Statemaking and Political Ecology in Finland"),载《社会生态学的变革》,第 109—143 页。

社会生态区(Social Ecological Zones)的划分

因此,我们所要做的一个至关重要的环节就是划分精英活动的空间及其互动的空间,这一划分是建立在自然与人为环境标准之上的。施坚雅建立在人口密度之上的区域模型对于勾勒广义的空间范围而言,是一个恰当的起始框架。这一模型中相互依赖的"生态关联组(ecological complex)"——包括人口、自然环境、科技以及社会经济结构——展现了不同程度和不同种类的差异。① 这些区域基本上是经济发展分类的结果,我对经济发展的定义是从简单经济(较低的人口密度、较低的职业和管理专业化,以及高度发达的地方经济自足性)向复合及复杂经济(较高的人口密度、更大程度的专业化、更高程度的科技水平,以及地方和地方之外的商业化)过渡的过程。② 而发展的水平显然是相对而非绝对的。

与传统范式一样,施坚雅的模型将浙江省一分为二,其中包括了城市化水平相对较高的长江下游区域和城市化水平较低的

---

① 施坚雅:《区域性城市化》,第 211—249 页。"生态区"一词出现于列欧·施诺(Leo F. Schnore)的《社会形态与人类生态》("Social Morphology and Human Ecology"),《美国社会学期刊》(*American Journal of Sociology*)第 63 卷(1958 年 5 月),第 620—634 页。我改变了施诺定义中的一些概念范围,但是这些变量依然在接下来的分析中十分重要。也可参见 C. 史密斯(Carl A. Smith)《区域社会系统分析》("Analyzing Regional Social Systems"),收录于《区域分析》(*Regional Analysis*),卷二,《社会体系》(*Social Systems*), C. 史密斯编,纽约,1976 年,第 3—20 页。
② 发展的大致定义来源于兹德拉夫科·姆利纳:《社会生态学理论转型:从平衡到发展》("A Theoretical Transformation of Social Ecology: From Equilibrium to Development"),收录于《社会生态学的变革》,第 23 页。施坚雅的《区域性城市化》同样勾勒了这些变量,第 230—236 页;蒂利的《旺代》同样有关于城市化的讨论,第 16—20 页。

东南海岸一带。① 该省的宏观区域(macroregion)分别有核心区(core)和边缘区(peripheral)。施坚雅设置了一个城市化的连续统一体(continuum),其从高度发达的区域核心向欠发达的边缘地带呈"浓度梯度"(concentric gradients)递减。② 对于浙江两个宏观区域中 75 个县的研究支持了这一延续体概念的正确性。③ 然而,就对于精英及其政治社会结构的系统分析而言,这一概念并不充足:(该概念对于)浙江省的区分太过模糊,因而不能反映多样的精英结构种类。这种划分只能较为清楚地勾勒极点类型(polartypes)并且只能就广义的社会和政治范围加以描述。

为了弥补这一区分程度的不足,我建构了一个囊括不同发展区域的框架,从而分析精英及其政治结构与行为的差异。为了提供关于区域及其划分数量的假设,我首先依三个发展程度的量化指标(quantitative indicators)来把各个县分类。这些指标包括:人口密度、县以及非行政镇的邮政发展程度、由每一人口中典当行和钱庄数量所决定的金融机构发达程度。④

---

① 参见施坚雅《区域性城市化》第 214 至 215 页的地图。比较明显的是,我的方法从一开始就与施坚雅的有所不同,我只考虑两个宏观区域的一部分,这一部分已经与浙江省的边界处融合了多个世纪。就政治与行政方面而言,它们是被视作一体的。施坚雅在第 217 页中明确反对将宏观区域的一部分用于城市化的分析。然而,在分析政治发展的时候,我的研究显示,选择一个可以体现精英行动背景的省是恰当的方法。我们后面会看到,施坚雅的区域模式以及我由此延伸出来的模式在研究省政治发展时可以发挥关键性的作用。
② 施坚雅:《城市与地方体系层级》,收录于《中华帝国晚期的城市》,第 282 页。
③ 附录 A 有关于这项研究中分析单元的讨论。
④ 在施坚雅对于宏观区域核心与边缘的定义中,他仅仅使用了人口密度作为变量。他在另一篇文章中指出这样的使用避免重复的可能性。《华北的社会生态与制约力量》("Social Ecology and the Forces of Repression in North China"),未刊会议论文,1979 年。我的三个衡量标准中当然有冗余的因素。然而,我认为将它们三个一起使用比单一地使用一个标准可以更好地衡量地方发展。斯皮尔曼等级排列(rank-ordering)中这些变量的关联性很高:人口密度以及邮政发达程度的关系达到了 0.70;人口密度与经济制度之间,0.70;邮政发达程度与经济制度之间,0.74。如果我们只用人口密度来将这些县城按发展程度排列,那么这样得到的 (转下页)

人们经常提及的是人口密度与商业化——这是发展的一个重要方面——之间的关联。在具有高人口密度的地区,商业化的出现往往顺理成章。货物送达以及服务的费用都要低得多,而不

(接上页)结果就非常扭曲了:商业发达的区域的城市化低于内地山地地区。如下是按人口密度排列出的、中层发展阶段各县的等级:这显示单一的变量不能显示发展程度的等级。密度都是按每平方公里计算的。

县	人口密度(每平方公里)	县	人口密度(每平方公里)
兰溪	283	浦江	189
永康	264	奉化	178
诸暨	241	天台	175
临海	216	余杭	160
东阳	215	富阳	154
嵊县	209	龙游	154
金华	200	缙云	140
永嘉	197	长兴	138
新昌	195	衢县	137
象山	191		

在人口密度的排名中,永嘉尽管是一个更大的城市而且是通商口岸内的一个县,却不如永康更为城市化,但是实际上永嘉仅仅是坐落于宏观区域边界上的一个县;浦江在等级上高于商业高度发达的奉化县;而位于宏观区域边界、稍显落后的缙云的排名竟也超过了衢县,事实上衢县却是位于浙江西南部重要的商业城市地带。总而言之,仅从人口密度来推算发展区域是不合理的;这些统计甚至引起对城市化分析中人口密度数据使用的疑问。

金融机构以及邮政是我所发现的另外仅有的在这一时期中成体系存在的两个变量。我认为这两者都可以成为衡量发展的更为直接的标准(譬如各县商业的总量)。金融机构为我们提供了商业化以及经济发展的指标。尽管人口密度以及金融机构在每个县的数据都可以得到,但是邮政系统却只在中心地带存在。将其用于对县的评价可能在逻辑上有些困难,但是我仍认为这一标准可以用作衡量某县商业活动的准绳。将县作为一个独立分析单元有着明显的困难,因为县内部的发展差异是不争的事实。但是数据的缺失使得我们无法在县以下或者低端市场系统的层面上进行研究。当与人口密度被共同使用之时,这两个变量便将临海、永嘉、奉化和衢县"提升"到比永康和缙云等山地区更高的发展水平。

总而言之,尽管我意识到使用这些变量有它们的问题,但是我仍相信它们可以勾勒出这一时期浙江省各县发展水平的准确概况。我们只不过囿于材料的缺失。我们要记得,使用这些变量的初衷是对一系列数字进行猜测,尤其是在区划问题上。归根结底,我这里有四个区域是因为我的研究中揭示了四种不同的政治生态,这并不会因数据列表中某些数字的缺失而变。我在这里要感谢施坚雅在我对于这些县分类的过程中给予的评论与帮助。他的建议与批评使我可以处理很多问题。

断增长的经济和职业上的专业化也应运而生。① 在一个现代化交通运输遥不可及的社会,人口密度可以决定"联系程度"以及这一社会中相互交流的能力。而现代交通已经打破了发展与人口密度之间的关联。② 然而,就1920年之前的浙江省而言,只有施坚雅所谓的核心区域被现代交通(铁路和汽船)所影响。因此,人口密度依旧可以作为潜在的社会经济联系的一个标准。③

我曾经利用过一个县城中心的邮政系统来衡量当地的商业发展水平。④ 正如施坚雅所言,较其他人士而言,商人一般更多地使用邮政服务。⑤ 林传甲的1918年浙江地方志就揭示了商业

---

① 施坚雅:《区域性城市化》,第232页。正如姆利纳在其《理论转型》的第16页中所提到的,当人口密度达到某一个点时,它就不再是"社会经济发展动因的一个表达方式",而是"助长了地方上的停滞不前或缓慢发展"。他援引了加尔各答和孟买的"过度城市化"作为例证(该书第28页中的脚注11)。我没有注意到20世纪的浙江省有哪一个区域是达到这一水平的。
② 姆利纳:《理论转型》,第24—26页。同时可参见施坚雅《中国农村的市场和社会结构:第二部分》("Marketing and Social Structure in Rural China", Part II),《亚洲研究期刊》(*Journal of Asian Studies*),(1965年2月),第195—228页;库里枢(Lawrence W. Crissman):《台湾彰化平原市镇演变系统的特殊中心地模式》("Specific Central-Place Models for an Evolving System of Market Towns on the Changhua Plain, Taiwan"),收录于《区域分析》(*Regional Analysis*),卷一,《经济体系》(*Economic Systems*),C.史密斯编,纽约,1976年,第183—218页。
③ 就人口密度而言,我采用官蔚蓝所编的《中国行政区划及土地人口统计表》中的数据,台北,1956年。尽管这些数据表面上是关于1938至1948年的,因此显得有些时空错乱,但是我相信这些数据可以为民国早年的人口密度提供一个准确的等级排名。我要重申的是,我的关注点并不在于具体的人口数据,而在于根据人口密度所排出的县排名。《中国实业志》登载的1933年工业部所开展的县人口普查,1:12—25。斯皮尔曼等人排序在1933与1948年间达到了0.99。我使用官氏的数据而非1933年数据,原因是官氏的数据更为可靠。此外,这些年中没有县遭受极为明显的人口增长或下滑。相比于1933年的数据,我对于1948年数据的准确性比较满意。尽管这一时期所有的人口普查数字都有些可疑,但是我们如果想对中国社会进行研究,就不可避免地要采用这些数据。
④《中国省别全志:浙江省》一书中有关于县邮政设施方面的导论材料,第386—395页。
⑤ 施坚雅:《城市与地方体系层级》,第347—349页。

活动的发达程度与邮政服务发达程度之间强有力的联系。① 另一个更为直观的测量某一县经济发展水平的标准则是每一人口中金融机构的数量,尤其是钱庄和典当行起到了支持商业机构和促进当地发展的作用。屈指可数的几个现代银行并未被列入其中,这是由于它们在 1929 年之前只坐落于主要的城市之中。② 从每一个机构获取的指标(其建立于每一处钱庄和典当行)都会被算入一个金融机构变量之中。③

在县的人口密度和金融机构的统计排名之中有三个很明显的断档,这一断档将浙江划分为四个假设的发展区域 (hypothetical developmentzones)。在将邮政系统分解为四个等级之后,我进一步衡量每一个县中的每一个变量;有 111 个地区位于核心区域,而 444 个地区则偏处一隅。④ 在将每一个排名等级的变量相加之后,我为每一个区域都划定了界限(见附录B)。

---

① 林传甲:《大中华浙江省地理志》,上海,1918 年,第 306 页。
② 嵊县是唯一的例外,当地早于 1924 年就有了现代风格的银行。参见《中国实业志》,9:7—13。
③ 我感谢施坚雅给我的建议。为获得这些指数,我将 1925 年后设立的银行以及当铺排除在外。在 19 世纪 20 年代初,精英们将许多金融机构设立于核心区域以外的地方,这对于经济和政治发展有着极大的影响。如果我们将 1925 年后的数据包括进来,这会显得有些误导性,这是因为我对于精英的分析只截止到 1925 年。有关金融机构的资料包括《中国实业志》,9:28—68、78—100;《浙江财政月刊》,8,(1918 年 2 月):59a—61a;同上,12,1978 年 6 月:54a—65a;《浙江金融业概览》,杭州,1947 年;以及《中国省别全志》,第 796—881 页。
④ 我将《中国省别全志》中有关邮局的资料分为由施坚雅描述的九个种类(《城市与地方体系层级》,第 348 页)。然后,我把这些数据与另外两个变量一起制作交叉表。在这两个交叉表中,邮局种类 3 与种类 4 对于其他变量的价值没有区别对待(有着两项或更多服务包括 50 元邮政订单和快递的二等邮局以及不包含 50 元邮政订单和快递的二等邮局)。种类 7 与种类 8 也没有这样的区别(第三等级的邮局及邮政机关)。我因此将这几个种类并在一起。种类 1 以及种类 9 在变量方面有所区别,但是有这样等级的中心少之又少,因此即使将它们分开,对于最后的结果也不会产生太大影响。因此,种类 1 与种类 9 合并在一起;种类 7、8、9 合在一起。这样一来,邮政种类就从 9 收缩至 4。附录 B 中有新的分类。

这些县被列入到表 2 之中。①

由于量化数据的匮乏,尤其是在只有三个变量的情况下,建构这四个区域从本质上而言只能是一个假设。作为有些主观意味的界限,这四个区域可以用来分析省内的政治系统,这一做法"与生态学家将某一地的有机体及其环境称作某一'生态系统'"的道理是一样的。② 这一分区是极为重要的,因为我对于 20 世纪初政治与社会的研究会证实这一假设。之所以有"四个浙江"而不是三个、五个或九个是因为这四个不同的政治和社会组合在对历史资料的实证分析之后悄然而生。

---

① 我在 1978 年首次提出四个区域的观点,当时我并没有参考施坚雅此后在 1979 年《华北的社会生态与制约力量》中对于四区域观点的改进。

这样的区域分化也被用于长江下游及东南沿海一带。施坚雅的区域排名(《区域性城市化》,第 229 页)以及我在两个区域中对于核心区内部的描述指出东南沿海核心区内部的城市化比不上长江下游的核心区内部。东南沿海核心区内部的数据发展指标尽管相对较低,但是却与长江一带的核心区内部呈一致的态势。与此相似的是,长江下游边缘区外部的指标与东南沿海一带边缘区外部的指标相一致。这一指标范围内对于所有区域都反映出的一致性使得区域平衡的不对称模型不再合理(譬如,东南沿海的核心区内部将会与长江下游的核心区外部大体一致)。

进一步的研究会指出这一四区域框架是否可以用于分析中国的其他区域。可以确定的是,欠发达区域中的具体变量价值标准需要被重新调整,从而与较低的发展程度相吻合。

一些关于县年度商业额和零售店的零散资料以及林传甲和魏颂唐有关地理和经济的方志进一步证明了区域之间的分级。参见魏氏《浙江经济纪略》,上海,1929 年,多处可见。

《中国实业志》中记载了每个县的进口与出口信息(2:88—122),但是是以重量(这在每个县都不同)和凑整的元来计量的。此外,很多县都没有这样的数据。政府在 1930 年出版的《浙江经济调查》对我的研究大有用处。该书信息包括年度商业额、零售店的数量和建立时间、进出口信息,以及税务。这些涵盖了区域划分所包含的县有:核心区内部的余姚,核心区外部的富阳,边缘区内部的寿昌、青田和淳安,还有边缘区外部的松阳、临安和云和。

② 蒂利:《西方国家建构和政治转型理论》,第 620 页。

表 2　各县的区域分类

核心区内部	核心区外部	边缘区内部	边缘区外部
鄞县	兰溪	丽水	松阳
杭县	衢县	安吉	昌化
绍兴	象山	青田	泰顺
嘉善	余杭	永康	遂安
海宁	金华	宁海	宣平
平湖	富阳	江山	孝丰
镇海	嵊县	新登	云和
余姚	乐清	义乌	於潜
嘉兴	瑞安	武康	龙泉
海盐	诸暨	天台	分水
慈溪	龙游	浦江	遂昌
萧山	崇德	东阳	景宁
桐乡	温岭	开化	庆元
吴兴	奉化	武义	临安
黄岩	新昌	仙居	
定海	平阳	建德	
临海	常山	南田	
永嘉	桐庐	汤溪	
德清	玉环	缙云	
上虞	长兴	寿昌	
		淳安	

核心区内部

具有最高发达程度的区域被归入核心区内部之中。容纳于其内的 20 个县包含了发达程度最高的中心地域,其人口占全省的 44% 之多。① 这个区域的占地面积只有全省的 24% 不到,这

---

① 我描述中心城市的术语是由施坚雅首创的(譬如"最高等级中心地带"),施坚雅在阐述中国的中心地带理论和宏观区域模型中,探讨了中心地带的城市等级。参见收录于《中华帝国晚期的城市》中的《城市与地方体系层级》。

与施坚雅模式中的"核心区"如出一辙。① 因此,浙江省在1920年代的发展模式似乎与1890年代雷同(这一时段划分是由施坚雅提出的)。核心区内部包含了一部分城市贸易区(以及府),其中有嘉兴、湖州、绍兴、宁波、台州、温州,以及杭州周边地区(请见附录A中这一单元描述)。

在1842年签订的《南京条约》中,宁波成了对西方开放的港口之一。发达的水路运输使得其在内外贸易中拔得头筹。很多材料都揭示了其与上海之间的联系以及由之衍生的商业和银行网络。② 到了1913年,宁波与绍兴以沪杭甬铁路的宁波—曹娥段相联系,至1920年代,其与杭州之间可乘从百官站出发、沿曹娥河而行的汽车往来。③ 可通航的水路将宁波直接与其周边县城相连。宁波商人不时地与来自绍兴的同行在本地和上海进行贸易。绍兴商人在许多方面都起到了重要的作用,尤其是在杭州的商业活动中。④

高度的商业化水平以及精英们的往来流动同样出现在杭州、湖州以及嘉兴等核心区内部。杭州作为省会以及区域内的大城市在1895年的《马关条约》中被划为通商口岸。与宁波一样,其同样坐拥便捷的交通渠道。大运河将其与其他主要城市相连接;汽船与舢板船频频在沪杭之间往来,在1909年5月后,铁路又将这两个

---

① 只有崇德县(1912年前叫作石门)不在核心区内部中,这是由于当地只有一所邮政机构。核心区内部中有880万人,而全省的人数则达到1980万。

② 参见墨菲《上海》,第106—109页;曼素恩(Susan Mann Jones):《上海的宁波帮及其财力》("The Ningpo Pang and Financial Power at Shanghai"),收录于《两个世界之间的中国城市》(*The Chinese City between Two Worlds*),伊懋可与施坚雅合编,斯坦福,1974年,第73—96页。

③ 杭州与曹娥江之间的沪杭甬铁路直到20世纪30年代才完工。

④ 柯慎思(James H. Cole):《绍兴:清代社会史研究》("Shaoxing: Studies in Ch'ing Social History"),博士论文,斯坦福大学,1975年,第15—17页。

城市贯穿起来。从浙江省内部地区到杭州的主要干道是浙江第一大江钱塘江;钱塘江及几条重要的支流把省会与浙江衢州、兰溪和安徽徽州等经济中心联系起来。钱塘江网络同样将杭州缔造为江西省上饶的主要商业与经济中心。①嘉兴府(在1896年设立了海关)和湖州府有着中国最为多产的鱼米之乡和桑树基地。这两地水路交错,毗邻太湖,而且与上海靠铁路以及船只联系起来。②

温州是浙江东南海岸的主要中心城市。温州坐落于浙江第二大江瓯江之口,在1876年的《烟台条约》中被划为通商口岸,但却未得到现代商业发达的福泽。内部贸易仅是平平,尽管瓯江在南部诸县有支流,却因河底太浅而难以支撑商业的发展。且由于沪甬之间相互邻近,因此其与西方的贸易也颇受影响。在区域贸易中,温州成了宁波的一个辐射点。③质化与量化的数据都显示温州(永嘉县)的发展程度不及长江下游核心区。数据将它置于核心区内部的底端。④

台州府的临海、黄岩二县,作为上海和温州之间的贸易枢纽,商业亦渐次发展。临海县以及当地最大的市镇海门,在民国年间

---

① 《中国实业志》,3:8—29。
② 《贸易统计与贸易报告》(Returns of Trade and Trade Reports),1897年,第332页以及1901年,第369—370页。
③ 《中国实业志》,10:120—135。还可参见《海关十年报告》(Decennial Reports,1912-1921),第113—116页;《中国经济消息》(Chinese Economic Bulletin),9,1926年11月6日,第278页以及1926年11月27日,第321页;还有《贸易统计与贸易报告》,1913年,第1008页以及1915年,第911页。《中国实业志》中第二卷第80至81页中有关温州的贸易数据及北部省区的海港之间也可作一比较。
④ 现代经济发展扭曲了东南沿海区域的完整性。瓯江以及福建的闽江还有广东的韩江有着同一分水岭,它们从山地流往海洋。但是截至20世纪,温州不再与东南沿海地区有着经济往来,却转而与东南沿海以外的区域交往频增(施坚雅,《城市与地方体系层级》,第283页)。上海的崛起使得温州有了新的转向。温州靠蒸汽船与上海和宁波两地相连;反之,只有零星的船只往来于温州与厦门、福州一带。参见《海关十年报告》,第114页;以及《中国省别全志》,第306—308页。

由汽船与灵江相连接,当地以出口茶叶和柑橘为主。而海门和黄岩与上海之间也依靠每周定期汽轮相联系。① 与永嘉相类似,这两地的发展水平都不及长江下游的核心区内部。

核心区外部

第二个区域是核心区外部。这 20 个县中的多数(占据浙江省 26% 的土地以及 31% 的人口)都与核心区内部相邻,因此总体而言,通往后者的陆路交通相对便捷。大多数的重要中心城市都坐落于诸如钱塘江、瓯江、曹娥江或其主干支流两旁。这些中心不仅吸引了当地的商人,而且作为重要的商业贸易点,还负责处理大量的出口商品(茶、火腿、木制品、植物油,和柑橘等水果)以及进口货物(丝绸、棉制品、煤油和盐)。核心区之间的水路交通在 1910 年前以帆船或汽艇为主;客轮服务至少是从民国初年开始兴起的。② 在核心区内部之外的四个府治中,金华县和衢县都坐落于该区之中。

边缘区内部

两个边缘区域都缺少与核心区域之间的联系。然而,边缘区内部中的 21 个县(占浙江省土地面积的 30% 以及人口的 17%)并非如边缘区外部一般的停滞不进。边缘区内部的中心往往坐落于主要河流的次要枝干或其分支之上。溪流可以通航,但水势时而过浅、过急,并且只能在春夏通过。交通方式一般限于竹筏,其多载运出口的茶叶、纸张和大豆,或是进口产品。由于这些区

---

① 《中国实业志》,10:96—100。
② 同上,多处可见。

域距核心区外部和重要溪流的水源相对较近，来自外省的商人还不在少数，尽管他们也都来自这个大的区域之内；许多县都只有一个会馆。①

边缘区外部

边缘区外部中的14个县都是没有可耕地的山区。这些县城很难与其他更为发达的县缔结联系。它们之中的大多数坐落于偏远地区，尽管该地占本省土地的21%，却只有占本省7%的人口。可航运的溪流间或存在，但大多过于颠簸且湍急，不利于小型船只经过；这样一来，要想到达核心区内部，就要花费十天至两周的时间。许多县并没有可航行的溪流；陆路交通尽管困难，却是唯一的选择。即使是极为邻近地区的商业和社会交通也大打折扣。如宣平和景宁一样的较大区域竟没有标准的市镇。② 大多数的县没有金融机构，其中的一些也没有邮政服务。

模型诸方面

区域结构的模式

尽管区域结构的模式显示了大体上从核心区内部到外部区域展开的浓度梯度以及大体上的区域地理连续性，但这些特点对于这一模型来说都不是必需的。出于种种原因，一些县属于某个区域，而其地理位置可能会与之相异。在沿钱塘盆地③一带的核

---

① 《中国实业志》，10:96—100。在边缘区外部中的宣平可以发现来自宏观区域以外的商人。
② 同上。还可见林传甲《大中华浙江省地理志》，第171—320页。
③ 原书钱塘盆地（Qian tang basin）不妥，应是金衢盆地。——译者注

心区外部县中,经济发展的水平与这些县位于重要的河流旁存在着明显的相关性。越是靠近钱塘江源头之处,外部区域之县属于哪一区域就会变得越不规律。譬如,汤溪县(属于边缘区外部的县)只有十公里的河流流经此处,因而并没有重要的高级市场。(但与汤溪县毗邻的)衢县和常山县被划入核心区外部,不仅仅是因为其作为江西市场和钱塘盆地之间贸易中心的重要性,还因为其相对发达的经济,这源于大量的自然资源,包括大量的可耕低地。衢县作为衢州的府治,是沿钱塘江上游一带中心地城市等级中的较高等级者。

然而,在沿钱塘江一带的核心区外部,浦江和建德却被划入边缘区内部。浦江是一个地处高地之县,与钱塘江甚少交集;其包含了流往三个方向的河流。曹聚仁作为浦江人,注意到了出行的不便,这也使得众多地方精英甚至无法去往杭州,而这两地之间的距离只有区区120公里。① 乍一看来,建德的区域划分似乎十分反常。作为前严州府的府治并且坐落于新安和钱塘两江交汇处,该县的经济发展水平却相对较低,这主要是其地形和位于重要经济中心之间所造成的。该县90%的土地都是山地,山地与平地之比是全省最高的。建德的农业也不是很发达,而且缺乏商业活动。其坐落于钱塘江畔,位于桐庐——该地在民国年间飞速发展——和兰溪之间,而后者在中心地城市等级中也属上等。建德的发展在另外两个中心的繁荣下相形见绌。②

淳安则是毗邻徽浙之间众多边缘区外部县的一个边缘区内部县。其坐落于新安江畔,新安江连接着徽州的上游盆地和钱塘

---

① 曹聚仁:《我与我的世界》,第56及104页。
② 有关建德的描述,可见魏颂唐《浙江经济纪略》,第391—398页;而有关当地的资料,请见《中国实业志》,1:7—11。

盆地以及杭州的区域性城市贸易体系。① 宏观区域以及次区域(Subregional)的分类方式可以帮助我们将一些位于边缘区的县归入区域分类的模型中。边缘县城涵盖了长江下游和东南沿海宏观区域之间的地带。长江下游的第一等次区域显示了三个以上海、杭州、南京为中心的经济区。位于浙江西北的边缘县城同样坐落于杭州和南京之间的自然分割线上。位于浙江南部边界的县城同时坐落于东南海岸的两大北部次区域——瓯江、灵江和闽江之间。诸如昌化县一类的西北部县城以及南部的龙泉和景宁县城都在经济上与以浙江为中心的贸易体系息息相关。② 南部庆元县的贸易完全依赖于闽江一带而非瓯、灵江域一带。

分析单位

这一模型最不令人满意的一点就在于它是以县为分析单位的。很明显,任何县都非清一色的城市或农村。而县内部的发展差异对于精英制度和政治发展也有着极大的影响:不论是与乡行政区划一致或不一致的,都在发展程度上有明显的差异性。在理想的研究环境下,如果不缺乏相关材料,这项研究是可以建立在市镇社区的基础上的;遗憾的是,这样的数据却无从得到。尽管县一级的材料也不是那么丰富,却很容易得到;我想说的是对于县的分析同样可以为我们呈现一个大体的发展模式。此外,在接下来关于县级政治的分析中,只要有可能,我都会勾勒出县内部

---

① 参见《浙江淳安县经济调查》,上海,1931 年。同时可参见魏氏的《浙江经济纪略》,第 403 页。此外,还可参见贾永吉(Michel Cartier)书中有关地理的详细描绘,《16 世纪中国的一个地方性改革:海瑞在淳安,1558—1562》(*Un reforme Locale en Chine au XVI siècle: Hai Jui a Ch'un-an, 1558 - 1562*),巴黎,1973 年。
② 林传甲:《大中华浙江省地理志》,第 185—186、283—284、301—302 以及 309—310 页。

的发展程度,从而为20世纪初的政治发展提供一个尽可能准确的历史背景。

经济发展的模式

这一模型中的内在发展模式是一个经济与科技不断向外延展的过程,最初是通过自然路线和方式,日后多依赖交通科技,后者是人为的创造。这一过程中的两点值得注意。首先,其普遍性或发展程度并没有所谓的必然性。边缘地区并没有对于核心区域的变化颇为必要的集中资源。反而核心区域的发展在某种程度上导致了边缘区域的欠发展。此外,经济发展与衰落的过程在同一区域或同一县中呈同步状态。举例而言,沿水路的城市中心的光芒经常会被铁路沿线的新城市所湮没。各地的特性会引起发展进程的停滞。简而言之,经济发展是不平衡的;因而一个统一的经济发展过程不是对于所有区域都是必然的。这一过程的另一方面则是四个区域中的发展变化总体呈现出相对性。兹德拉夫科·姆利纳(Zdravko Mlinar)和亨利·特恩(Henry Teune)曾断言:"发展水平越高,发展变化的速率也随之增高。"[1]高速发展的核心区外部——比如兰溪县——所经历的变化依旧比不上核心区内部的变化。

这一模式同样不否定其他发展模式的存在。除却经济和科技,其他动因同样可以刺激或介入经济发展的过程;直接与间接的政治介入就是一个典例。举例而言,军事需求可能会间接导致经济发展。这里最好的例子就是位于核心区外部且是沿海的象

---

[1] 姆利纳与特恩合编:《理论、方法、调查与应用:评价与未来方向》("Theory, Methodology, Research and Application: Assessment and Future Directions"),收录于《社会生态学的变革》,第37页。

山县。这里在1913年建立了第一个军事基地。军事建设以及现代通信设施的建立开启了这一地区的早期工业化并且扩展了商业发展,这反之也诱导了1920年代对于发展三门湾一带的兴趣。① 还有一些时候,政治介入是直接的,在一些地区,科技与商业的发展进程得到了延展与提速,这些变化是不能靠循序渐进取得的。以浙江为例,20世纪初年,省政府在将现代经济发展延展到外部区域上扮演了十分积极的角色。总而言之,经济发展不仅仅来源于地方经济的自然生长,也有外部政治力量介入的因素,这对于地方经济发展而言有着直接或间接的影响。

政治发展的动因

在我的区域模型使用当中,经济与政治发展有着一个微妙的联系。这一关联可以被实证研究所证实,尽管这样的方法不尽完美且无法说明这二者在时空上都并肩同行且处于统一的发展道路。② 沪杭甬铁路对于嘉兴县起到的政治作用为我们提供了一个凸显出这件相关性的例证。这一铁路于1909年竣工,从嘉兴县城东门附近穿过,直抵县城以南约十六公里的王店镇。在一年之内,这一发展在县城及市镇中催生了经济变动,这也反过来带来了新的政治问题。在王店,商业活动的增加以及相关问题很快促使镇中的精英要求更多的警务人员。当一年需要耗资近三千金的30名人员被雇佣后,一位来自外地的当铺店主由于税务压力向县行政长官抗议。就这样,在市镇精英的请求和抗议中,王店的铁路刺激了政治的参与,强化了政府在地方事务上的存在,

---

① 《时报》,1913年8月23日。
② 蒂利对于旺代区的研究强调了18世纪法国经济发展与政治发展之间的关联。参见《旺代》,第146—147页。

并且加剧了本地人与外来商人之间的对立,这在太平天国运动之后尤为明显。①

在县城,火车站台附近商业活动的增多导致了富商之间的竞争,富商们致力于建造旅店与拓宽街道从而为商贸创造便利。这些项目将商业精英与官员联系在一起,也因为有可能拆迁店铺和房屋而在其拥有者中造成抗议。② 随着城东南人口的增加,地方官越来越多地收到兴建学校的请求,这一过程同样需要政府教育部门指导以及增加地方征税额。③

铁路在城市以及县城经济政治发展模式中所起到的作用则更加明显。在有铁路之前,嘉兴商业生活的中心是其北部,距大运河不远。而铁路的到来则创造了另一个有竞争力的商业中心,这有着很深远的政治影响。以前嘉兴是靠运河与溪流运送漕粮到上海;在运输的过程中,漕粮经常被克扣,以致送达的总量往往不足。在1909至1910年的冬天,漕粮转由铁路运输,因而早到了不少。在运行的几个月之内,铁路就克服了政府财政长时期运转中的心头大患。由于铁路的成功,一些商人在车站附近建造库房以备处理漕粮,这也为新的商业中心增色不少。④

在接下来的十年中,两个商业中心之间的竞争愈演愈烈。尽管自治机构和其他精英计划并建造黄包车和电话公司以期连接两个中心,但经济上的竞争已经深刻地重塑了县域及其县城的政治状况。随着商人在核心区内部的政治作用越来越大,经济上的

---

① 《时报》,宣统元年十二月廿四日。有关冲突的记录,参见《新塍镇志》,4:7a—8a。
② 《时报》,宣统元年十月十五日以及十二月七日。
③ 《时报》,宣统二年一月十四日。铁路的出现刺激了学校的建设,如王店。参见《时报》,宣统三年闰六月十九日。
④ 《时报》,宣统元年十二月一日以及十二月七日。

竞争也导致了建立在新机遇上的南部派别的形成,而这就是由铁路的修建及位于水路上的商业更为发达的北部派别所带来的。

然而,经济发展也只是政治发展的一个刺激因素。诸如1917年的军事占领、1919年的五四运动以及1925年的五卅惨案也都带来了间接的政治影响。有关这些事件的消息激发了位于特定地区的精英的言论,增强了精英与省和国家之间的认同,鼓励了各类团体的建立并使得精英参与到政治之中。这样的刺激在很大程度上依赖交通和通信设施的发展。直接的政治介入可以被视为国家尝试用行政机构管制,从而实现政治制度空间的重组。清末政府支持的自治政治和专业社团也为政治精英的发展提供了便利。

第三章 "四个浙江"中的共有组织

精英们在各类社会与政治组织中的参与促进了地区内精英间个人关系网的发展,也促进了不同经济阶层、政治阶层间精英的来往,同时刺激了精英对各种类型的专门化组织的认同感。在20世纪初,全国范围内诸如同乡会、会馆等传统组织以及政府扶持的机构不仅为精英活动提供了场所,与此同时这些组织本身即是精英政治的参与者。

传统精英组织

同乡会

中国文化的显著特征之一在于个人的强烈地缘情感及与同乡人之间的深厚联系。[①] 中国作家曹聚仁曾言及这样的纽带是

[①] 何炳棣以及其他学者都研究过这种情感的发展是由何而来的。何炳棣:《中国会馆史论》,台北,1966年,第1—9页;葛平德(Peter Golas):《清代早期的会馆》("Early Ch'ing Guilds"),收录于《中华帝国晚期的城市》,第564页;以及施坚雅:《导论:清代中国的城市社会结构》("Introduction: Urban Social Structure in Ch'ing China"),收录于《中华帝国晚期的城市》,第541—548页。

政治的膏药,它提供了最为坚固的社会联系,并且在危难之际可以作为现成的支撑网络加以使用。① 同乡会不仅将空间起源的感受制度化,而且还便利化甚至加强了不同政治与商业精英之间的联系。② 这样的城市组织主要坐落于核心区域中,但是商人会馆也同样可以存在于边缘地带的中心城市。③

位于杭州的浙江各地同乡会于1932年的空间分布显示了空间关系与社会变化的几个重要方面(表3)。截至1930年代,边缘区外部的县在区域性都会中只有一个同乡会,这反映了这一区域与中心城市几乎完全脱轨的现象。边缘区内部的县城有一些会馆,但更大多数的会馆来自核心区域。④ 事实上,核心区内部中的大部分县在经济事务方面与上海的联系要强于杭州。杭州城里嘉兴与湖州府及下属县会馆的缺失反映了这些地域与上海——宏观区域的首府——之间强大的商务联系。

表3 位于杭州的浙江各地同乡会的区域分布,1932年

核心区内部	核心区外部	边缘区内部	边缘区外部
宁波 lHt	新昌 t	寿昌 lHt	松阳 h
温州 t	富阳 lHt	永康 t	
绍属同济集	奉化 t	宁海 t	
上虞 lHt	诸暨 t	天台 t	
四明　怡养庐	金华 h	东阳 t	
台州 lHt	富阳 h	宁海 h	
台州 h	象山 h		

---

① 曹聚仁:《我与我的世界》,第15页。关于这些纽带在危机时刻的作用,参见《时报》,1913年3月4日以及1923年9月9日。
② 施坚雅:《清代中国的城市社会结构》,第543及548页。
③ 譬如,宜平、遂安、寿昌和淳安就都位于边缘区域但是拥有同乡会。
④ 台州府辖区内的县在杭州有两个同乡会。此外,另有三个外部区域县城有着同乡会:温岭、宁海和天台。

续 表

核心区内部	核心区外部	边缘区内部	边缘区外部
海宁 t	温岭 t		
慈溪 h	常山 t		
四明 h			
临海 lHt			

资料来源:建设委员会调查浙江经济所编,《杭州市经济调查》,第二卷,第986—987页。

lHt 代表旅杭同乡会;t 代表同乡会;h 代表会馆。

  同乡会的一个显著特征在于其"等级化累计特征"。[①] 任一中国人都是出生于一个行政区划(乡、县、府、省)和经济区域中(标准、中等、核心市场社区等等)。低等级会被纳入到高等级之中,外乡人因此可以与县及府的会馆相联系。府一级的会馆使得来自某一县的外乡人参与到这一组织之中,其关注点超越了县的范围,这也因此为精英及其关注点移向更高水平结构提供了便利。此外,府治会馆对于县一级会馆的支持促进了精英们在不同等级上的联系,加强了精英之间的融合,这样在共同问题面前可以一致行动。举例而言,1910 年,台州会馆在一场有关产盐的争端中支持了黄岩会馆;1912 年,绍兴会馆在地方社会治安问题中,也参与到上虞会馆的游说活动中。[②] 而这样的发展在边缘区内部则显得不大可能,在杭州,只有宁海和天台这两个边缘区内部县会馆之上具有府一级会馆。

  20 世纪初是一个经济急速变化发展的时代,这一时期同样有许多新会馆成立。譬如上海的湖州会馆就发展迅速。[③] 来自宁波

---

① 施坚雅:《清代中国的城市社会结构》,第541页。
②《时报》,宣统二年四月十日至十一日,1912年6月28日及30日。
③《时报》,1924年2月17日至18日。

与绍兴的新会馆则建立在如海门和浦沿一带的重要非行政市镇一级,就如同以往建立在主要行政中心一样。① 在清朝末年以及民国初年,核心区外部和边缘区内部的县都在杭州或其所在的府治一带建立了会馆。②

这些新的组织并不被称作传统意义上的"会馆",而是被叫作同乡会或旅杭同乡会。③ 表3显示了台州和宁波府以及富阳和宁海县各有一个同乡会,但只有其中的一个被称为会馆。正如曼素恩(Susan Mann Jones)在她关于上海宁波帮的研究中所指出的,这些来自府和县的精英之所以这样做可能是为了避免传统会馆中老派精英的统治。④ 在上海,新的会馆向"商人、工匠、工人以及学生"开放,也很快吸引了老一代精英领导层的加入。我们很难说杭州是否有着同样的现象,但是一些间接的证据显示传统会馆的领导在新建的组织中扮演了重要角色。⑤

可以确定的是,正如葛伯纳(Bernard Gallin)对于台湾1960

---

① 《时报》,1913年7月3日,1924年7月24日;《中华新报》,1917年5月28日。
② 精英们于1907年在杭州建立了诸暨同乡会。《诸暨概览》,《诸暨社会现象》一节,第71页,1913年。象山县的商人在宁波成立了自己的同乡会,同时江山的商人则在衢州建立了自己的同乡会。《象山县志》,16;36a;《衢州县志》,4;50b。
③ 对比杨祚昌所编的《游杭纪略》,下卷,8b—9b,杭州,1924年;以及建设委员会调查浙江经济所所编:《杭州市经济调查》,第986—987页。这样可以得到一个新兴社团的概观。
④ 曼素恩:《宁波帮》,第92页。同时我们应该注意到1924年上海湖州同乡组织的建立是为了避免湖州会馆与湖州同乡会之间的摩擦。参见凌颂如《湖社沧桑录》,台北,1969,第1—2页。
⑤ 截至20世纪20年代中期,学生在杭州建立了自己的社团,绍兴工人则在上海建立起自己的同乡会,这样做的目的似乎是逃避精英控制。《时报》,1924年8月2日。还可参见《诸暨民报五周年纪念册·五年来之大事记》,第9页。由于会议成员及出席状况资料的匮乏,活跃在社团中的人数很难得到确认。1910年初,位于杭州的松散的黄岩同乡会在一次特殊会议中吸引了超过40人(《时报》,宣统二年四月十日)。其他更有组织的同乡会的出勤人数应该更好一些。1918年绍兴召开的一次慈溪-余姚同乡会吸引了超过140名成员(《时报》,1918年5月11日)。湖社在上海组织的一场会议有超过200名成员参与(凌氏:《湖社》,第2页)。

年代的研究所说,就功能而言,大多数的同乡会都是为精英的利益服务的。① 这些组织在为居外精英提供便捷的同时,也为其来源地提供了大量的资助,例如兴建学校、公共工程以及灾后重建。② 它们形成了一种网络,使得地方上的需求可以由远方的资源来补助。譬如1922年,在严重的洪灾过后,位于杭州、宁波、绍兴、上海以及天津的诸暨县同乡会都积极为本县筹集资金。③ 为了地方社群利益而与省政府相协调是这一组织的另一重要职能。无论是为了灾后援助,还是地方事务的调解,抑或是地方危机的解决,同乡会都是极为重要的协调者。④ 同乡会同样还在具体社群事务中动员地方官和非官员精英。位于宁波的奉化同乡会就设立学校委员会针对教育合理运转的重要性问题向县官员频发电报和信件。⑤ 又如,位于上海的一个绍兴工人同乡会就绍兴议会终止资助一所妇女师范学校的问题掀起了抗议。⑥

显然,只有一个同乡会承担着可称之为省一级的政治角色:金衢严处同乡会。该会的命名来源于这四个县的首字。许多同乡会都为国家或省一级的事务提供了谈论的平台,尤其是辛亥革

---

① 葛伯纳(Bernard Gallin)和葛瑞黛(Rita S. Gallin):《台北乡村移民的融合》("The Integration of Village Migrants in Taipei"),收录于伊懋可与施坚雅合编:《两个世界之间的中国城市》,第351—358页。
② 譬如,定海居民在地方工程中受到了住在天津的定海同乡的大量帮助:《定海县志》,2:6a,12a—13a。此外,也可参见上海内湖社的工程(凌氏:《湖社》,第11—13页)。关于救灾情况,参见《时报》,1919年8月14日、21日,1922年8月9日至10日,以及1924年2月17日。
③ 《诸暨民报五周年纪念册·诸暨概观》,第117—120页。
④ 《时报》,宣统二年四月十日,1912年6月28日、11月19日,1919年8月14日、21日,1920年1月8日、4月18日。
⑤ 《新奉化》,《附录》,第6—11页。
⑥ 《时报》,1924年8月2日。

命前的军事危机以及 1920 年代关于省宪法的探讨。① 这些政治讨论和政治协调的角色促成了旅居外地精英的政治化;同乡会成为了精英介入政治的渠道。当回到各自的社群之时,这些精英又摇身一变,成了国家与省政治观念和诉求向县一级渗透的枢纽。② 因此,建立在地方纽带之上的同乡会并不排斥忠于高层政体的发展。③ 其地缘等级的特征暗示了作为社会政治精英融合机制的角色。从这些角度而言,同乡会是 20 世纪初中国政治发展的积极承载者。

公会

行业化组织(例如会馆、公所以及在 1903 至 1904 年间政府出台规定后的公会)主要都是为了确保其行业内部成员的利益。很少有公会直接介入政治事务中;就整体而论,公会的建立与运转更多地体现了经济的发展而非政治的变化。然而,在 1920 年代初,城市中出现了由政府建立的商会,公会头领经常在其中充当领导,这些商会往往有很强的政治力量。有时公会也承担着地方上的准政治角色。

葛平德(Peter Golas)指出,自 18 世纪起,会馆与同乡的概念之间的联系趋于弱化,而各类非精英经济团体形成了各种组织,

---

① 譬如,可参见《民立报》,宣统三年六月四日;《时报》,1917 年 1 月 5 日至 14 日,到处可见;1924 年 4 月 13 日;以及《顺天时报》,1921 年 1 月 25 日,8 月 6 日、28 日,9 月 11 日、22 日。
② 第十一章对该现象有具体的讨论。
③ 譬如,其他的记录也显示了对于"原始"族群的忠诚与民族主义和民族目标的兼容性,见威廉·利德尔(R. William Liddle)《种族、政党与民族融合》(*Ethnicity, Party, and National Integration*),纽黑文,1970 年;还可参见海格《政治一体化》,尤其是第 1—14 页以及第 334—350 页。

从而表达自我利益。① 然而,截至1920年代的工会化浪潮之前,同乡之间的纽带仍然是会馆形成的重要决定因素。譬如嘉兴的豆腐制造者就在20世纪第一个十年的末期设立了两个会馆;其中一个由嘉兴人设立,另一个由绍兴人设立。② 来自诸暨的人士感叹大部分诸暨人都要接受绍兴人的管理和训练。③ 与同乡会一样,一些公会同样有着地域级别,包括其下属的行政或市场单元。④ 江浙皖(江苏—浙江—安徽)丝绸协会的成立就是为了游说丝产业的改革和相关经济目标。⑤ 全浙公会是为了当铺、丝业与茶业而成立的。⑥ 府一级的丝、蚕协会,包括来自下属县的成员,都经常在嘉兴和湖州相遇。⑦ 在奉化,来自八个乡的商人成立了八乡会馆以图贸易之便。⑧ 在由政治动荡带来的经济萧条时期,这样的地域联系为共同会面和通信提供了一个框架,并极有可能产生一种职业团结感。这样的接触可能会提升商人的政治意识,他们中的一些在商会中也极为活跃。

一些会馆超越了其商业角色,在1920年代参与到教育工程中。1923年,杭州丝绸公会建立了一家报纸阅读室、一个体育场、一门英语课程和一所商业夜校,其目的是促进职业教育。⑨

---

① 葛平德:《清代早期的会馆》,第558页。
② 《时报》,1920年2月13日。
③ 《诸暨民报五周年纪念册·征文》,第56页。第七章有关于该主题的进一步论述。
④ 公所组织尽管常与行政化的同乡会相联系,但是根本结构很有可能是从该行政单位的特定市场区域形成的。
⑤ 《时报》,1919年4月17日。也可参见李明珠(Lillian Li)《江南与丝绸外销,1842—1937》,博士论文,哈佛大学,1975年,第302页。里面有关于这一组织起源的论述。
⑥ 《时报》,1918年3月23日,1919年5月7日。
⑦ 《时报》,1913年5月27日,1918年6月4日,1924年5月17日。
⑧ 《中国省别全志》,第769—770页。还可参见《时报》,1913年5月19日。
⑨ 《时报》,1923年7月17日。

嘉兴烟草公会也于1923年建立了一所夜校。① 有时候公会的角色具有的政治色彩，往往是由经济问题所促成的。举例而言，在孝丰和安吉县，建立于晚明的竹商会馆极为关注警务职能，在丰收之际防止竹笋和木材被盗。② 在定海县的岱山岛，渔业公会承担了政府职能，从而终止了来自不同区域的渔船之间的"乱战"。③

简而言之，公会承担了准政治职能，促进了社会与经济变化，为地方组织提供了领袖，并且将某一中心城市的职业关照和价值延展到一个大的空间单元中。在意识到强大公会的政治潜力后，政府通过限制和疏导公会的成立与功能，使其延续商业组织的传统。举例而言，政府拒绝了一些盐商建立公会的诉求；1930年后，政府赋予国民党县党部给予新成立公会执照的权力。④

政府扶持组织

地方自治机构，1910—1927：制度综述

清代对于自治机构的概念是建立在对精英的控制之上的，但五花八门的政治理论家对其的理解却是建立在精英动员之上的。这样的强烈反差造就了那个时期的一个持续张力。⑤

---

① 《时报》，1923年8月30日。
② 王微编：《孝丰志稿》，台北，1974年，第183页。
③ 《岱山志》，5：8a—12a。
④ 《时报》，1912年9月12日，1913年7月5日；以及《乌青镇志》，9：37b—38b。
⑤ 参见孔飞力《民国时期的地方自治：控制、自治与动员》("Local Self-Government Under the Republic: Problems of Control, Autonomy, and Mobilization")，收录于《中华帝国晚期的冲突与控制》(Conflict and Control in Late Imperial China)，魏斐德与格兰特(Carolyn Grant)合编，伯克利，1975年，第274—277页。同时还可参考我在其他研究中对于自治政府的讨论，《浙江的地方自治，1909—1927》("Local Self-Government in Zhejiang, 1909 - 1927")，《近代中国》(Modern China)，第2卷(1976年10月)，第503—505页。

清末的自治机构，1909—1911。正如清末立宪与新政所要求的，地方自治机构于1909年间在县一级展开，其治下有两所机构。自治事务所负责设立县及县以下的制度，尤其是人口普查、划分区域以及选举。自治研究所则负责训练人口调查员并且派遣讲师到各地宣传自治机构的纲要。① 两个所的长官都要在省会的自治筹办处接受训练，并且得到巡抚的任命。只有25岁以上、达到如下标准的成年男性才可充任长官：至少要是贡生、中学教育水平、三年任教经验、任过官职，或拥有价值5000元的资产或土地。② 自治机构的参与很明显只限于社会和经济精英。

对于那些拥有商业或土地资产但又不识字的选民，劝学所将提供一些入门的阅读课程。劝学所是在清末新政的大环境下展开的，其目的是推动地方学校教育的发展。③ 在海宁州，自治事务所的长官同时兼任劝学所的领导，55％的自治领导（47人中的26个）都与教育有关，他们中有的是学校创建者，有的是校长，还有的是教师。④ 1911年，自治机构改革所需要的高税收导致了暴乱的发生，自治机构的组织和学校就首当其冲。讽刺的言语攻击早于1910年就已经出现，主要针对嘉善县自治机构以及劝学所的权力膨胀展开。⑤

县城、镇、乡各级议事机构在1911年农历的第三个月就已经

---

① 《海宁州志稿》，41：1a—3b；《寿昌县志》，第224页。
② 参见傅因彻(John Fincher)《中国的地方自治运动》，博士论文，华盛顿大学，1969年，第100页。
③ 参见理查德·奥伯(Richard A. Orb)《晚清直隶的学堂与其他学校：一项制度考察》("Chihli Academies and Other Schools in the Late Ch'ing: An Institutional Survey")，收录于《19世纪中国的变革》(*Reform in Nineteenth-Century China*)，第234页。此外，参见《海宁州志稿》，41：3a以及《宣平县志》，再版，卷3，第1278页。
④ 《海宁州志稿》，41：1a—3b。
⑤ 《时报》，宣统二年三月七日、七月十三日。

被选举出来,任期两年。乡、镇议事机构成员有20至50人;乡一级则只有6到8人。其后县、镇、乡各级议事机构又选取各自的负责人和助手。1911年夏末,在核心区和绝大多数边缘区各县,城市、乡镇的议事机构都在进行着会议。①

民国初年的自治机构,1912—1914。在所有区域的县中,一个至关重要的制度发展就是1912年末和1913年初县议会和参议会的建立。县议会一般由20个人组成,他们自行选择议长和副议长,同时会组织一个四人委员会(地方长官担任主席)来执行县议会的决议。② 在所有的区域内,县参议会在1912至1914年间似乎只扮演了一个相对次要的角色。在所有涉及议会信息的18部地方志中,有3部对参议会的问题只字未提,这也是参议会重要性不大的一个体现。而报刊内的记录则显示参议会只是零星参与到决策过程中;在一些核心区内部县,县行政长官往往在表面上将自己隶属于议会之下。③ 议会和参议会皆与早在1911年前就已建立的县下属机构共同存在,而对于职能分配的含糊其辞也导致了县与县以下机构之间龃龉频生。④ 从整体而言,议会在地方政治结构中扮演了重要的角色。在1913年"二次革命"被镇压之后,一些议会变得尤具独立性,这使得杭州的省政府对其做出直接斥责并下令废止议会。⑤

自治与官治并行,1914—1922。1914年2月,袁世凯废除了

---

① 边缘区域的一些乡中并没有清代由选举产生的机构(譬如新登与宣平)。
②《景宁县续志》,第207—208页。
③ 这三个县是核心区内部的镇海、定海,以及边缘区内部的丽水。如果我们仔细阅读这一时期的报刊报道,我们就会发现这一时期没有关于议会角色的信息。参见《时报》以及《民立报》,1912年至1913年,到处可见。有关县官的从属地位,参见《时报》,1912年1月14日以及1913年6月25日。
④ 参见第六章。
⑤《时报》,1913年10月30日、12月31日,以及1914年1月12日。

所有的自治机构,其目的是加强国家控制力,与此同时,他承诺实行新的"自治机构"法规。该法规于1914年末发布,规定每一位县行政长官都要任命一位正直的绅董来担任自治委员,后者与他的助理一道监督地方财政和其他事务。自治委员的任期一般是1到3年,而且很多情况下自治委员都是前县议会的领导。① 此外,新的"自治区"的出现取代了原来略显杂乱的村镇制度,由县行政长官任命的自治委员往往是前清的乡董。② 事实上,县行政长官牢牢把控着新的自治机构组织。随着县行政长官权力的扩张,地方精英也随之持续不断地寻求自我权力。③ 他们的不满都集中体现在其对于新任命长官的指控之上。④

1916年春季,袁世凯、省长朱瑞以及屈映光相继告别历史舞台,地方精英皆要求恢复议会制度。尽管这并未得到批准,但还是有五个地方前议会重新聚集。⑤ 而从北京发来、传达到地方军事长官的一纸命令使得这些仅仅持续了两个月的议会昙花一现。⑥

1920年代的自治机构。 在北方军阀势力于1917年初攫取

---

① 《景宁县续志》,第209页。这样的概述是建立在各类地方志的信息上的,包括镇海、德清、新昌、昌化、寿昌、汤溪、新登、建德、松阳、丽水以及双林。
② 《景宁县续志》,第209页。这一代表位置实际上只是荣誉性的,只有一份津贴。有关同一精英身兼两职的情况,参见《镇海县新志备稿》,上卷:76b—80a以及《双林志》,8:4b。一些证据表明这样的一个职责实际上是给旧的乡镇安了一个新名称。孔飞力:《地方自治》,第279页。
③ 前杭县议会成员依旧聚在一起商讨地方事宜。《时报》,1914年2月22日。
④ 这样的例证可见《时报》,1914年3月7日、12月20日;1915年1月18日、20、26日,3月2日至3日、5日、18日、11月28日、30日;1916年4月12日;还有屈映光:《屈巡按使巡视两浙文告》,3:28b及61b。
⑤ 《时报》,1916年8月27日,10月21日。这些议会位于崇德、海宁、杭县、嘉兴、温岭以及南田。
⑥ 由于省军政长官吕公望在议会问题上态度不坚决,北京当局在1917年初便将其取而代之,换北洋集团加以统治。

浙江省之时，地方精英仍在希冀代议制度的重设。① 北京政府尽管在 1919 年 9 月决定建立县议会，却在制定新的选举章程上拖泥带水。② 杭州直到 1920 年才开始实施新的计划；新的省议会到 1921 年末才选举出来，而第一次会期的开始则要等到 1922 年。③ 省议会存在时间长达三年，新的选举要等到 1924 年年末。然而，由于 1924 年战争的爆发，在 1921 年选举出来的省议会一直延续到 1926 年。显而易见的是，只有两个县（处在核心区外部和边缘区内部）在没有精英机构的存在下运转了相对较长时间。④

除却十人的县议会（与第一届县议会相比有了 50％的人员裁减），县参事会也随之被建立起来。参事会由县行政长官所统领，还有其他六位成员：有两人是由议会选出，而其余的四人则由县行政长官任命。在这四人中，一位为佐理，其职能与秘书相仿，一位为掌管财务的出纳员。⑤ 这一体系由于削减了非官员的精英权力——尤其是通过赋予由县行政长官统领的参事会极大的权力——而与 1912 至 1914 年间的议会大相径庭，县参议会在这两年中并非至关重要，但是在 1920 年代，至少在行使县行政长官与日俱增的权力方面，参事会摇身一变，成为主要的县行政机构。县财政完全由参事会把控。尽管议会在税务和预算分配方面也参与决策，但最终的决定权却牢牢掌握

---

① 《中华新报》，1917 年 5 月 30 日；《时报》，1919 年 4 月 23 日。
② 参见董霖《近代中国的政治制度》，第 86 页。召集于 1920 年晚春的一场"地方行政会议"制定了新的县议会流程及选举规则。这些规定直到 1921 年 6 月还没有被出版；它们在《东方杂志》中重印，18 卷，第 13 号，第 127—132 页。
③ 《顺天时报》，1921 年 5 月 17 日。
④ 《时报》，1924 年 7 月 14 日。
⑤ 《景宁县续志》，第 207 和 209 页。

在参事会的手中。①

在许多县中,议会与参事会的关系称得上是剑拔弩张。非常常见的是,参事会拒绝接受议会提出的预算决定;双方在制度安排方面也常常发生冲突。② 在嘉兴,由于对参事会决策不满,议会竟自我解散。③ 1920年代地方自治机构的内部分化与1911年相比,要严重得多。1912至1914年间,议会与参议会之间的矛盾并不明显。但自1920年代以来,参事会的执行权与议会立法权之间的矛盾在全省之内回荡。从制度角度而言,官治利用了自治。这一制度发展也预示着南京政府在1930年代所实行的地方官僚化。④

法团

法团是非传统的精英机构,并且具有准行政功能。法团最初是由清政府和早期民国政府建立的,目的在于规范蓬勃发展的商业、银行业和法律行业以及进一步发展近代教育和农业。这些组织的建立也受到了域外类似组织的启发。譬如,1903年有关建立商会的规章制度就反映了其与国外的联系:商会除了要在地方经济中扮演管理和协调的角色,"还要担负国外商会交付与其的职

---

① 《时报》,1924年5月10日。嘉兴议会每个季节都会面,而且委员会每周见面,这些委员在当地大事中起领导职责。参见《时报》,1923年7月22日、9月3日,1924年3月15日,1925年1月14日;以及《申报》,1926年8月31日。
② 有关绍兴、温岭、淳安以及天台几地,参见《时报》,1924年3月30日、4月27日,1924年2月21日以及1925年5月4日、22日。
③ 《时报》,1924年5月10日。
④ 我们应当注意到1928至1930年县委员会中人员的连续性,还有同时期委员会中秘书和公共基金以及管产会负责财政人员与自治机构办公室在1930年后名义上的连续性。《乌青镇志》,9:22b、33b。

责"。① 政府提倡的法团还包括：教育会(1906)、农会(1907)、律师公会(1912)以及银行协会(1913)。② 它们在各项事务中都从属于政府,政府负责建制、结构以及其他附属机构的建立;跨专业法团的集会也要有政府的批准。③ 与自治机构一样,这些协会在某种程度上被政府视为控制地方精英的一种机制。

在各类法团中,商会、教育会和农会遍及全省。与地方自治机构不同,这些法团实际的建立时间与地方情形息息相关。尤其是商会(其他法团在某种程度上亦然)在不同的发展区域中的建立时间以及功能重要性都有所差异。

商会。尽管商会的形成受到西方模式的启迪,但在1906年前就已在绝大多数核心区内部宣告成立的商会脱胎于传统会馆结构。袁世凯大行集权政策,1914年间修订的法条规定,商会无论大小(前者一般存在于大城市中),其决策层的五分之四都要是会馆的成员。④ 尽管政府并未对地方机构的成员问题作出硬性规定,但很明显批发零售业组成的大型联合组织所具有的行业优势,确保了商会的增长。来自丝绸业、米业、典当业以及地方银行(native banks)的会馆领袖同样充当了商会中的

---

① 这在黎安友的《北京政治,1918—1923》(*Peking Politics, 1918-1923*)一书中有所引用,伯克利,1976年,第13页。有关法团的讨论可见第13至19页。
② 布鲁纳特与哈盖尔斯特洛姆:《中国清末政治组织》,第358—359页以及第408—410页;黎安友:《北京政治》,第13—14页。
③ 譬如,可以参见法团及其相关组织的详细记录:《时报》,宣统二年三月一日、六月九日、十一月廿七日以及宣统三年三月九日。此外,也可参照 S. 加勒特(Shirley S. Garrett)的《商会与基督教青年会》("The Chambers of Commerce and the YMCA"),收录于《两个世界之间的中国城市》,第220—221页。
④ S. 加勒特:《商会与基督教青年会》,第220页。总商会有30到40人组成董事会,而一般商会只有15到30人。也可参见路康乐(Edward J. M. Rhoads)的《广东的商会,1895—1911》("Merchant Associations in Canton, 1895-1911"),收录于《两个世界之间的中国城市》,第97—117页,这里有会馆与商会之间的联系的证据。

领导角色。他们在地方精英中的地位很大程度上取决于地方的发展程度。

根据各地方志,位于边缘地区的县并没有足够的商业活动来保证商会的成立。大体而言,位于核心区外部的商会在核心区内部商会建立的一年后也发展起来;在边缘区内部,商会直到3年后才逐渐确立;而在边缘区外部,商会的建立则要等上12个年头。① 为了通过其他变量研究除形成日期外的区域差异,我利用日本调查者的报告来对商会进行分析。② 由于报告方式的不一致,商会成员的数量并没有一个准确的答案。③ 然而,领导成员的数量、每月会议的数量(很可能只是领导层的会晤)以及1915至1916年的收入和支出状况都在表4中得以体现。

表4 浙江常设商会的区域比较,1915—1916年

区域	委员会成员数量		每个月开会次数		收入（以元为单位）		支出（以元为单位）
	平均数	中位数	平均数	中位数	平均数	中位数	平均数
核心区内部	25.52	24	4.25	4.5	1768.1	1400	1859.8
核心区外部	24.92	27	3.6	3.0	677.2	750	753.2
边缘区内部	21.0	20	2.4	3.0	576.0	467	643.0
边缘区外部	15.0	17	2.0	2.0	371.0	233	392.7

资料:《中国省别全志:浙江省》,第739—792页。

---

① 核心区外部建立的平均日期(众数)应该是1907年;边缘区内部是1909年;边缘区外部则是1917年之后。核心区内部的数据是建立在7个县之上的;核心区外部有6个县的数据;边缘区内部也是7个;而边缘区外部则是6个。
②《中国省别全志》,第739—792页。
③ 这些报告将已缴纳税款的行业数量与某些行业中的代表数量混淆在一起。

除了核心区外部中领导成员的数量中位数,其余变量从核心区内部到边缘区外部都呈递减趋势。这些数字的一个令人诧异的方面是商会的低预算,即使是核心区也不例外。收入一般来自于会员费或者在一些县零星收取的消费税;商会在财政上并不隶属于县议会。除了位于杭州、宁波和温州的三大商会(这三个商会每年分别支出 7612 元、6047 元和 2784 元),截至 20 世纪第一个十年的中期,商会的收支都相对较低,这也证明了其功能有可能仅仅是充当中间人,而商会基本上也都依赖于地方发展项目所带来的收入。

从晚清的保路运动到五四运动之后的抵制运动和省宪的制定,核心区内部的商会一直处于民族主义活动的风口浪尖。① 杭州与宁波商会在 1919 年间的罢工运动中起到了领导作用,它们同时还支持中国货物的生产,以期与洋货竞争。② 尽管位于外部区域的商会并未呈现出民族主义的精神,但诸如抗议商业税以及组织自卫民兵一类的与行业相关的功能和职责却在各个区域呈相类似的态势。③

教育会。劝学所作为重要的地方教育机构,掌握了推动并监督学校发展的职责。教育会初期目标则起辅助作用:培养教育理念,普及现代学校体系。④ 举例而言,成立于 1911 年中的嘉兴教育会就设立了教育研究处来解决教育标准问题,同时还设立了体育文化协会来鼓励尚武精神。该教育会同样资助了一个乡一级

---

① 譬如,《时报》,宣统二年八月十一日、十月五日,1918 年 8 月 20 日,1919 年 5 月 17 日、11 月 5—6 日;《顺天时报》,1921 年 9 月 11 日。
② 譬如,《时报》,1919 年 6 月 19 日、11 月 6 日以及 12 月 6 日。
③ 关于青田商会的税务抗议,参见《时报》,宣统二年一月七日。关于商会在团练组织中的活动,参见《时报》,宣统三年九月九日以及 1913 年 5 月 18 日。
④ 布鲁纳特、哈盖尔斯特洛姆:《中国清末政治组织》,第 408—410 页。

的学校联盟,从而为同时期建立的私立学校提供标准。① 教育会在不同区域的建立时间较商会而言差异并非很大,主要原因是教育会的发展并不依赖于经济的发展。即便如此,与农会的建立相仿,教育会的建立同样呈现出时空差异模式。在核心区域,教育会在辛亥革命后就宣告建立,而其他边缘地区的建立则是几年之后的事情了。

教育的拓展带来了许多问题,其中对于教育质量最为关键的就是教育指导和教育标准的设定。据报道,晚清年间诸暨一县就建立了300家学校。② 一所坐落于湖州的学校拥有20名学生、8位教师。③ 地方志中有关学校建设的粗略报告显示,1911到1920年的10年间,40%～50%的学校建设都是在1912到1914年间完成的,其中超过半数建于核心区域,其余建于边缘区的县中。④ 为了在全省的基础上帮助勃兴的现代学校体系标准化,教育会联合会于1914年中期成立。⑤ 这是浙江省在民国年间的第一个永久性联合会,聚集了全省教育界精英代表。直至1927年,该联合会与省教育协会频繁会面。在各类法团中,教育会是政治参与最积极的,很快与全国范围内的时事接轨并且走在了政治与社会变化的前线上。自辛亥革命爆发之前至1920年代中期,教育会在政体的各个层面和所有区域都拥有一席之地,其关注范围囊括了全国性的目标及危机、税收与经济问题以及自治机构的意

---

① 《时报》,宣统三年四月十三日;宣统三年五月七日、十三日、廿七日,六月一日、十九日,闰六月十一日。
② 《诸暨概观》,《诸暨社会现象》一节,第42页。
③ 《时报》,宣统二年三月五日。
④ 我参考的地方志包括宣平、遂安、寿昌、汤溪、定海、建德、象山、昌化、新昌、德清、余姚、景宁以及丽水。
⑤ 《时报》,1914年6月21日。

义与机制。①

县教育会主要是由县学校校长及教师组成的。劝学所在协会活动中扮演了主要角色,直至1923年教育改革被废除,作为继任者的教育局,成了许多县改革的中心。教育局和教育会在有关课程、共同教育以及校长的权力方面为学生代言,反对官僚及保守的教育精英。②

农会。所有法团中,农会在各个县以及各个时段都不相同,其存在、角色以及成就是最不清晰的。举例而言,在辛亥革命前的嘉兴,农会是最为积极的组织之一。召开于1910年2月的一场会议吸引了多达百名领导者,他们讨论了包括水利和虫害一类的农业问题。1910年2月,每个乡都选举了负责人来调查商人囤积粮食以及操控价格问题。(在其他核心区内部中,这些功能是由商会来扮演的。)1911年早期,该协会组织了一个附属机构来处理虫害控制问题,只是虫害在北洋时期愈加严重。③ 然而,截至1910年代中期,这些协会已无资金支持,只能靠来自县议会和自治机构的微薄的资金资助勉强维持,到1918年时已经穷苦不堪。④ 1920年春天召开的会议议程则显示,协会的关注点已经转移到其内部行政问

---

① 譬如,《时报》,1917年9月4日及19日,1920年7月22日,1923年6月7日、7月5日、10月8日,1924年1月9日、8月3日,1925年6月12日至13日;《顺天时报》,1922年3月4日。有关1911年前的介入情况,参见我的《浙江的政治与社会》,第二章。有关教育会在湖南的重要性,参见 A. 麦克唐纳(Angus McDonald)《农业革命的城市起源》(*The Urban Origins of Rural Revolution*),伯克利,1978年。
② 参见《诸暨概观》之《诸暨社会现象》一节,第42—43页;还可参见平湖的例子,《时报》,1924年7月22日。关于省一级的领导问题,参见《顺天时报》,1922年3月4日。在学生的鼓动下,较大区域中心内的团体都阐发了学生参与到较高层次学校管理的原则。《时报》,1920年12月13日。
③ 参见《时报》,宣统二年三月十五日,宣统三年三月九日、四月十三日。
④ 《时报》,1918年9月24日。

题上了。① 当该县在1920年代中期要全力应对一场严重的蝗虫灾害时,一个紧急组织相应建立;而农会在其中并未扮演任何重要角色。②

尽管资料的匮乏使得我们很难记录农会在其他各县的骤衰,可以确定的是让嘉兴农会饱受其害的财政问题在其他地方也会出现。在外部区域,财政问题是该协会较晚建立(直至1910年代中期才出现)并且存续较短(经常仅仅持续两三年)的主要原因。③ 一个协会在地方事务的介入程度要看该县各种环境以及精英们的活跃程度,而并非该协会在某一发展区域所处的位置。譬如,位于核心区内部的定海协会在该县森林重建的过程中起到了积极的作用,而这一工程则是由位于边缘区内部的新登自治机构首倡的。④ 位于核心区外部的诸暨在1915年间拥有一个多达160人的协会,实验农场也达90亩之多;而同样位于核心区外部的奉化则只有一个名义上是农会的组织,后者多将资金利用到报刊浏览室以及社会问题处理部门的建造上。⑤

除了在机构功能和货物输入上的不同,所有区域的农会都是一个为精英而设立的组织。甚至乐清农会变成了为地主收取地租的机构。⑥ 在大部分情况下,农会的功能多与地方发展事务(譬如阅读室和道路修建)有关,而非仅与某一具体农业利益相联系。⑦ 可以理解的是,专设的农业组织被建立起来从而处理具体

---

① 《时报》,1920年4月28日。
② 参见第六章。
③ 譬如,参见《遂安县志》,第225页;以及《宣平县志》,重印本,卷2,第548—549页。
④ 《定海县志》,2:11b;《新登县志》,第849页。
⑤ 《诸暨概观》,第112页。《新奉化》,《论说》一节,第55—57页。
⑥ 周起渭:《乐清辛亥革命史料》,收录于《辛亥革命回忆录》,第4卷,第194—195页。
⑦ 《时报》,1920年4月20日。这里描述的是杭县中的组织,它们选出的领导与农业或相关问题并无明显的关联。

的问题,譬如虫害和水利,然而同样值得注意的是:即使是在核心区内部,农会的制度化相比其他精英组织而言也要晚得多。拥有土地的精英则可继续对与基础经济资源相关的事务施加私人掌控。

第二部分
"四个浙江"区域的社会政治生态

引　言

第四至第九章中所提出的有关精英发展形势的假设源于我对乡以及县一级自治机构领导层面的系统分析。自治机构的领导层面为地方精英的社会重要性和政治权力提供了一个大致的指标：在地方上富有影响之人或为这些机构的领导，或与这些领导关系密切。这些机构在各个县都存在，而每个机构中精英的数量也大体相仿；这为我们提供了三组数据（晚清及民国早期县级以下机构、1912至1914年以及1922至1927年的县议会）。尽管资料有限，这些数据仍然可以让我们一窥不同时期这些机构中的精英发展态势。表5至表8中的数据在这一节中会被频繁引用，这些数据不仅具体记录了每一区域中精英的社会与功能背景，而且记录了自治机构不同时期精英间的延续性（个人及亲属）。

各类地方志中的空白及缺陷使得有关自治机构的数据具有高度的不确定性，这些数据的功能主要在于为20世纪初政治发展的社会动因提供一些假设。对地方志以及其他资料（包括报刊、政府报告、通信和回忆录）中非自治机构精英的研究使我有理由相信这些假设可以得到证实。此外,对于自治机构精英的分析为理解总体上的精英功能提供了相对可靠的凭据。但是无论如何,这一分析都充满了一定程度上的不确定性。本书附录C涵盖了有关自治机构数据方法论以及材料方面的详细的描述。

表5 核心区内部自治机构组织的构成

精英特征	县级以下机构领导,1911—1914年	第一届县议会,1912—1914年	第二届县议会,1922—1927年
有功名者	23.4%(49人)	13.9%(16)	7.7%(4)
学校毕业生	1.4%(3)	5.2%(6)	7.7%(4)
兼具功名的学校毕业生	0	1.7%(2)	1.9%(1)
与精英家庭关联(作为唯一身份象征)	25.4%(53)	20.9%(24)	7.7%(4)
没有功名、文凭或家庭背景的功能性精英	14.8%(31)	11.3%(13)	30.7%(16)
仅具有自治机构身份,没有功名或文凭,也没有家庭背景,也非功能精英	32.1%(67)	42.6%(49)	34.6%(18)
非地方性的富有能力者①	7.2%(15)	8.7%(10)	15.4%(8)
曾在清末县以下机构任职	——	21.8%(19)②	5.6%(2)③
曾在第一届县议会任职	——	——	38.5%(20)
总数	209	115	52

资料:有关县级以下的领导:《德清县志》,版本多处可见;《余姚六仓志》,版本多处可见;《镇海县志》,版本多处可见;《镇海新志备稿》,版本多处可见;《海宁志稿》,版本多处可见;《潋志附录》,版本多处可见;《濮院志》,版本多处可见;《双林镇志》,版本多处可见;《乌青镇志》,版本多处可见;以及陈训正所编:《鄞县通志人物编》,版本多处可见。有关第一期自治机构:《德清县志》,版本多处可见;《定海县志》,版本多处可见;《余姚六仓志》,版本多处可见;《镇海县志》,版本多处可见;以及《镇海新志备稿》,版本多处可见。有关第二期自治机构:《德清县志》,版本多处可见;《定海县志》,版本多处可见;《镇海县志》,版本多处可见;以及《镇海新志备稿》,版本多处可见。

---

① 这里的百分比加在一起不够100%,这是由于这一类中生员和现代学校毕业生之间的重叠。
② 这一百分比建立于87人的数据之上(《定海县志》不包括县以下的成员)。
③ 这一百分比建立于36人之上,原因同上。

表6 核心区外部自治机构组织的构成

精英特征	县级以下机构领导，1911—1914年	第一届县议会，1912—1914年	第二届县议会，1922—1927年
有功名者	——	20%(14人)	12.5%(7)
学校毕业生	——	7.1%(5)	12.5%(7)
兼具功名的学校毕业生	——	1.4%(1)	16.1%(9)
与精英家庭关联(作为唯一身份象征)	——	20%(14)	14.3%(8)
没有功名、文凭或家庭背景的功能性精英	——	11.4%(8)	17.9%(10)
仅具有自治机构身份，没有功名或文凭，也没有家庭背景，也非功能精英	——	38.6%(27)	23.2%(13)
非地方性的富有能力者①	——	5.7%(4)②	28.6%(16)
曾在清末县级以下机构任职	——	——	——
曾在第一届县议会任职	——	——	10.7%(6)
总数		70	56

资料:有关第一届县议会的材料:《衢县志》,版本多处可见;《象山县志》,版本多处可见;《新昌县志》,版本多处可见。有关第二届县议会的材料:《新奉化》,《调查》,第55—56页;《衢县志》,版本多处可见;以及《象山县志》,版本多处可见。

---

① 这里的百分比加在一起不够100%,这是由于这一类中生员和现代学校毕业生之间的重叠。
② 这里的百分比加在一起不够100%,这是由于这一类中的重叠。

表7 边缘区内部自治机构组织的构成

精英特征	县级以下机构领导，1911—1914年	第一届县议会，1912—1914年	第二届县议会，1922—1927年
有功名者	23.1%(31人)	20.2%(19)	12.3%(7)
学校毕业生	2.2%(3)	2.1%(2)	35.1%(20)
兼具功名的学校毕业生	0	0	0
与精英家庭关联（作为唯一身份象征）	11.2%(15)	10.6%(10)	17.5%(10)
没有功名、文凭或家庭背景的功能性精英	28.3%(38)	47.9%(45)	31.6%(18)
仅具有自治机构身份，没有功名或文凭，也没有家庭背景，也非功能精英	31.3%(42)	19.1%(18)	5.3%(3)
非地方性的富有能力者①	3.7%(5)	6.4%(6)②	10.5%(6)
曾在清末县级以下机构任职	——	48%(36)③	20.5%(8)④
曾在第一届县议会任职	——	——	5.3%(3)
总数	134	94	57

资料：有关县级以下领导：《丽水县志》，版本多处可见；《寿昌县志》，版本多处可见；以及《新登县志》，版本多处可见。有关第一届县议会：《丽水县志》，版本多处可见；《寿昌县志》，版本多处可见；《汤溪县志》，版本多处可见；以及《新登县志》，版本多处可见。有关第二届县议会：《丽水县志》，版本多处可见；《寿昌县志》，版本多处可见；以及《汤溪县志》，版本多处可见。

---

① 这里的百分比加在一起不够100%，这是由于这一类中生员和现代毕业生之间的重叠。
② 这里的百分比加在一起不够100%，这是由于这一类中的重叠。
③ 这一百分比建立于75人的数据之上（《汤溪县志》不包括县级机构以下的成员）。
④ 这一百分比建立于36人之上，原因同上。

表 8　边缘区外部自治机构组织的构成

精英特征	县级以下机构领导，1911—1914 年	第一届县议会，1912—1914 年	第二届县议会，1922—1927 年
有功名者	36.3%(70 人)	30.9%(38)	19.8%(19)
学校毕业生	1%(2)	3.3%(4)	22.9%(22)
兼具功名的学校毕业生	0	4.1%(5)	8.3%(8)
与精英家庭关联(作为唯一身份象征)	17.1%(33)	19.5%(24)	19.8%(19)
没有功名、文凭或家庭背景的功能性精英	16.6%(32)	15.4%(19)	24%(23)
仅具有自治机构身份，没有功名或文凭，也没有家庭背景，也非功能精英	25.9%(50)	22.8%(28)	5.2%(5)
非地方性的富有能力者①	0	9.8%(12)②	29.2%(28)
曾在清末县级以下机构任职	——	17.2%(17)③	25%(20)④
曾在第一届县议会任职	——	——	13.5%(13)
总数	193	123	96

资料:有关县级以下领导:《昌化县志》,版本多处可见;《松阳县志》,版本多处可见;《遂安县志》,版本多处可见;以及《宣平县志》,版本多处可见。有关第一届与第二届县议会:《昌化县志》,版本多处可见;《景宁县志》,版本多处可见;《松阳县志》,版本多处可见;《遂安县志》,版本多处可见;以及《宣平县志》,版本多处可见。

---

① 这里的百分比加在一起不够 100%,这是由于这一类中生员和现代毕业生之间的重叠。
② 这里的百分比加在一起不够 100%,这是由于这一类中的重叠。
③ 这一百分比建立于 99 人的数据之上(《景宁县志》不包括县以下的成员)。
④ 这一百分比建立于 80 人之上,原因同上。

第四章 核心区内部精英职业基础与模式

尽管没有一个人的事业可以涵盖核心区内部的精英结构与政治的所有特点,绍兴人陈宰埏(1876—1927)的事业发展模式却极具代表性。陈早先介入茶业和丝绸业,他对自己的宗族十分支持;他帮助自己的弟弟获得现代教育;此外,在 20 世纪早期,他还为地方学校提供了一笔丰厚的资金,并且在救灾过程中做出贡献。辛亥革命之后,他被选举进入县议会和县参议会,到了一个更为具体的政治环境中。

陈于 1918 年被选举进入省议会,但他对家乡的关注从未削减。在议会中,他替地方商贾发声,要求减免商业税,尤其是饱受争议的统捐(这是革命之后厘金的一个代替品)以及沿河巡逻船只的征税问题。从省议会工作退下来之后,他回到绍兴担任起商会的领导,并且在 1922 年洪水救灾问题上起到了至关重要的作用。作为本县的长期领袖人物,陈倡议开启并资助公共工程。1926 年,一处颓圮的海塘导致当地洪灾泛滥,他组织地方士绅加以援助。陈在一次求医旅途中去世于上海,这发生在 1927 年 4

月蒋介石对共产党进行清洗的一周后。①

陈的生活历程跨越了将近半个世纪；但是就核心区内部精英的政治与社会发展而言，这却是一个至关重要的时期。接下来的三章将关注核心区内部精英的事业和政治结构，对于20世纪前三十年的政治和社会变化提供一个新的观点。陈的事业所反映出的如下模式值得关注：宗族在精英事业和地方事务中的角色；地方精英事业发展的模式，尤其是高度发达的中心城市对于公共和私人事业的吸引；地方精英对于新组织的介入；士和商之间差异的模糊化。

作为精英基础的宗族

现有材料不足以令我们弄清每一区域中精英权力的经济基础。在核心区域中，商业富裕要比在边缘区域中更为重要。然而，身处核心区域——该区域涵盖最为富饶的土地资源——的精英的地位同样来自土地资产。通过对重要的中国制度"族"的考察，我们可以管窥地方精英的权力基础。这里，我借用弗里德曼（Maurice Freedman）对于族的定义，即由拥有"同一祖先的父系后代"所组成的"永久性组织"。②

宗族优势的来源与比较

核心区内部的宗族较其他区域的宗族而言生产了更多的功

---

① 《绍兴县志资料第一辑》，1937年，16：201b—202b。
② 弗里德曼：《导论》，收录于《中国社会的家庭和亲属关系》（*Family and Kinship in Chinese Society*），斯坦福，1970年，第13—14页。我在分析中，有时会将宗族与家庭分开。

能性精英,其富有程度和知名度也相对更高。这一现象恰好证实了我们对于宗族优势与农业、商业发展程度之间关系的假设。①这里尤其有名的是嘉兴(被潘光旦所研究阐释)和绍兴,这些区域盛产家谱,并将宗族血统神圣化。②宗族的凝聚力和权力主要依赖于共同拥有的祖产,其次依赖于商业活动带来的资金。这两个财富来源都确保宗族的安定,在传统意义上为宗族成员提供了经济基础,使他们可以有资金学习并进而参加科举考试,并且能够平稳度过经济危机。通过对所有区域地方志的研究,我认为祖产在核心区内部的重要程度要高于边缘区域。而在边缘区域,尽管当地也有丰富的族谱记载,但族谱的编纂者显然对于族产的重要性不置可否,并没有将其列入族谱之中;然而,在至少某一个位于边缘区内部的县中,却有关于小规模宗族财产的记载。③

来自核心区域的资料显示,宗族财产的规模上至 2000 亩,下至 20 亩。正如表 9 所指出的,相较于核心区外部,核心区内部拥有更高比例的大型宗族财产。一些宗族甚至有着来自土地及商业利息的储备资金。④

经济权力往往可以转化为政治势力。位于核心区内部和少量来自核心区外部的富有宗族(我将它们称为大型宗族)牢牢掌控着该县政治,它们不仅输出大量政治精英,而且会在一些市镇

---

① 杰克·波特(Jack M. Potter):《传统中国的土地与宗族》,收录于弗里德曼所编《中国社会的家庭和亲属关系》,第 132—135 页。
② 潘光旦:《明清两代嘉兴的望族》,上海,1947 年;以及柯慎思:《绍兴》,第 104—105 页。
③ 参见《汤溪县志》和《龙游县志》中有关宗族的讨论。永康处于边缘区内部。族产研究参见村松祐司《清代绅士地主的土地和官职:浙江省永康县胡氏义田》,《一桥论丛》第 44 卷(1960 年 12 月):第 698—726 页。
④ 《镇海县新志备稿》,上卷,48b—49a。譬如,列表内余姚县的最后一户人家谢氏有着五千元的资金。镇海的叶氏家族却有着两万元的现金资金。

和村镇中使较小宗族相形见绌。这一时期的大型宗族多有如下特征：拥有超过一百亩田地和大量财富，生产社会政治精英，以及拥有一个以先人故乡为轴心可以向外延展的活动范围。来自大型宗族的精英有着广泛的利益和渠道。

表9 核心区域样本县中族产的规模

余姚（核心区内部）		象山（核心区外部）	
宗族	亩	宗族	亩
谢	1400＋	欧	1800＋
谢	1695	沈	50＋
王	589	蒋	
周	800＋	郑	80＋
马	600＋	陈	600＋
冯	324	胡	20
谢	735＋		

资料：《象山县志》，16:34a—b；《余姚六仓志》，16:1a—5a。

如果我们细读镇海和德清县志，我们就会对大型宗族的概括有所把握。镇海至少有十个重要的宗族，它们涌现出很多士绅，以及从近代学堂毕业的学生，并且许多成员都成为官员或重要的商人。在某种程度上，这些宗族在各个重要县一级事务中都有所介入。它们中的八个宗族都有至少一个或多个成员在晚清及民国初年的自治机构中充任要职。如果我们同时考虑这些宗族在新建立的法团中也有其"代表"，那么很明显，这些精英中必定有功能整合。每一个宗族中都有六到七人在县事务中十分活跃。[①]德清县的情况也十分类似，五到六个宗族为该县提供了主要领导

[①]《镇海县新志备稿》，上卷，到处可见。可参见陈、郑、周、方、徐、胡、李、罗、王等各家族。

班底。在晚清时期,他们兴建学校,在农会和教育会中任职,充当乡勇领袖,并且推广桑业以及其他各类公共事务,自治机构成员常常服务于其他事业:大多数的大型宗族负责者对直接参与不以为然。① 宗族在某一区域的统治常常由最为重要的宗族之间的通婚来巩固:镇海的曹氏与李氏、盛氏与谢氏之间的通婚,以及嘉兴的褚氏和沈氏都是有力的例证。② 通婚策略常常能够确保地方宗族的优势,并且在民国年间得以延续。

即便是较小的宗族也在核心区内部的县级事务中扮演了重要角色。这些宗族多坐拥祖产,这使得他们可以掌控周边的市场地带(有时与乡镇一致)。譬如,绍兴沥海所的杨氏与邵氏就各有多达85亩和60余亩的田地。③ 自20世纪初至20年代,杨氏把持着所有的公共职能——慈善、自卫、学校建设、公共工程、防火。他们同时得到了与其通婚的杜家和邵家的援助。地方政治经常表现为不同时期宗族之间的合作与竞争,有时候这种竞争还是来自宗族之内的。杨氏宗族的权力之所以大过杜氏和邵氏,是得益于其功名、土地,以及在1920年代之后介入上海银行业。④

宗族与现代发展

这个时期经济的现代化改变着核心区内部,较小程度上影响着核心区外部,但是宗族团结及其重要性总体上并未降低。事实

---

① 《德清县志》,到处可见。
② 《镇海县新志备稿》,上卷,61a;也可见下卷中谢觐虢的传记:8a—b。而有关嘉兴宗族的信息,参见潘光旦的《明清两代嘉兴的望族》,76—77页。还有《时报》,1910年至1926年,随处可见。
③ 《绍兴县志资料第一辑》第6册《沥海所志稿》,2b;12a—b以及16a。其他例证包括定海的任家,该家族拥有地产30亩,见《岱山志》,8:6a;以及镇海的史家,他家超过30余亩地,《镇海县新志备稿》,上卷,59a以及下卷59a—b。
④ 《绍兴县志资料第一辑》第6册《沥海所志稿》,12a—b。

上，宗族内部资源为很多精英适应现代变化提供了契机：以往被用来资助学生参加科举考试的费用现在被用作他们赶往杭州、上海甚至是东京的旅费。鄞县的张家就特别将为科举而备的资金用来资助出国留学的学生。① 其他的宗族也都利用资金来兴建现代学校。1910年，嘉兴的高家便用了四千余元来兴建一所颇具规模的西式学堂。② 西湖一带的钱家与王家也都在1920年代兴建小学，从而以现代教育来培育新一代。③

在核心区内部，宗族经常推动改革与变迁并为之提供便利条件。在余姚县，一些宗族利用祖产资金来建立炭疽疫苗中心以及药品分配机构。④ 省政府也在地方发展过程中认识到宗族的作用：在1920年末，应嘉兴县行政长官之请，省长奖赏盛邦采为其宗族兴建义庄做出的贡献。⑤ 即使在没有大型宗族的区域，宗族制度依然被频繁模仿。在定海县的岱山岛，六个小型宗族在嘉庆年间组成了六姓公会。这些宗族同意按月在祭祀事务上出资，而余下的钱财便被用来购置土地。截至1924年，他们的地产已多达40亩有余，账下资金也有2000多银元。这些资金被用来资助公会成员的教育以及兴建公会场所。⑥

某些情况下，现代经济发展对于宗族势力有着不利的影响。濮院作为嘉兴与桐乡县之间的核心市镇，自晚明起就成了丝织业的中心。然而太平天国战乱后，濮院的经济地位开始下滑，至20

---

① 刘王惠箴：《传统中国的族规》(*The Traditional Chinese Clan Rules*)，洛克斯特村，纽约，1959年，第187—188页。
② 《时报》，宣统二年十月九日。
③ 《时报》，1920年5月1日。
④ 《余姚六仓志》，16：8b。
⑤ 《时报》，1920年11月28日。
⑥ 《岱山志》，8：5b。这些家族包括刘、张、陈、王、倪以及钱。

世纪,其核心市镇的地位宣告终结,这主要有两个原因。无锡对于蒸汽缫丝机的引入使得商人们的利益中心由湖州转移到江苏,因此濮院之前的地位被江苏的盛泽县取代;另外,濮院与邻近的市镇王店之间的竞争也加速了前者的下滑,而王店则借沿沪杭甬铁路的地理位置优势在民国初年快速发展。[①] 一些证据显示经济的下滑也使得地方宗族的地位有所下降,尤其是那些在丝绸业中占据主导地位的。[②]

  有时,恰恰是发展的动力导致了地方宗族势力的削减。这里的一个有力例证是鄞县的朱家。[③] 朱氏是当地的一个大型宗族,坐拥300亩地产并拥有一个学校。1911年后,族内有雄心并且有实力的精英们都开始离开祖籍,去往其他地方寻求发展。在十年之内,该宗族的学校不得不关闭,而一些土地也只得被变卖。尽管该宗族在1935年重新建立了学校,但各种地方改革努力最终都付之东流,这主要是由于留在本地的精英们缺乏改革的能力和开拓精神。1933年,该宗族的成员向宗族消防组织捐赠了一个动力水泵。然而,这个水泵长期无人问津,其原因是该宗族领导对于如何操作水泵一无所知。在核心区内部,本籍有能力的精英的流失是地方发展的一个特点,这对于地方社群有着深刻的影响。

  在一个人变得更为全面之时(即发展了与某一组织的关系并且有了在某一专业的成就),对于他而言便有了一个向更复杂、更

[①] 参见李明珠的《江南与丝绸外销》,第66、210、282—283页。有关濮院的经济衰退,参见《中国经济消息》,1933年1月至3月,第157—158页。有关王店地位的提高,参见《时报》,1924年6月27日。关于铁路的类似效果,参见《时报》,宣统三年八月三日。
[②] 如果我们做一个早期民国地方功能性精英与晚清时期的对比分析的话,这一衰退就显得十分明显了。《濮院志》,多处可见。
[③] 刘王惠箴:《传统中国的族规》,第188—189页。

多元的社会和政治层面发展的倾向。① 查尔斯·蒂利(Charles Tilly)指出了社群发展、参与模式的变化在某种程度和类型上与外部的介入有关。城市如饥似渴地向外部世界发展,而乡村也小心翼翼地延展着其触角。② 浙江核心区内部发展得越充分,其内部颇具能力的精英便越倾向于向高层次方向发展。这并不意味着向外发展的精英们与籍贯地的事务完全脱节,但他们并不会参与日常的政治与社会事务。一些能力稍差的宗族成员则取代他们的位置:他们多为较低功名的兄弟、未有功名的子嗣或外甥。举例而言,李庚光和戴彦都是生员并且是鄞县当地乡议会的负责人,他们的兄长则都通过了更高一级的科举考试并在省外任要职。③ 正如何炳棣所指出的,对于宗族,这可能意味着"该族稍逊一筹的一支常常被留下来管理财产"。④ 这种情况导致了宗族在地方上势力的削弱,至少是在精英对于地方政治功能的掌控这一方面。然而就整体而言,宗族维系着重要的社会纽带,在许多情况下都会引导着地方变化,并且使得精英们更为适应变化。

精英职业模式

发展程度以及事业流动性

更高水平之间的发展与向该体系中更高层面的靠拢之间的关联可以帮助我们解释乍一看上去反常的现象。一些材料显示

---

① 特恩及姆利纳:《发展与参与》,第142—150页。
② 蒂利:《旺代》,第59及65页。
③ 陈训正编:《鄞县通志人物编》,1934年,第239—240页以及349页。
④ 转引自傅因彻《中国的土地所有制:来自1930年代广东山地的初步证据》("Land Tenure in China: Preliminary Evidence from a 1930's Kwangtung Hillside"),《清史问题》,1978年11月,脚注8,第81页。

核心区内部的县要比外部区域的县产生更多的生员。举例而言，位于边缘区外部的宣平县在整个清代只产生了2位进士(1位是武进士)和3位举人。① 相反，位于核心区内部的镇海仅在光绪年间就产生了12名进士和8位举人。② 然而，外部区域的自治机构却常常有着更多的高级或低级生员。③

正如表10所示，位于核心区内部的上层士绅倾向于离开籍贯地，去其他地方寻求事业发展。除了位于核心区外部的象山县，来自核心区域的贡生比来自边缘区域的贡生更有可能在本县外供职。所有区域的举人都在其事业发展的某一阶段在外供职；但是核心区内部的举人直到退休都会在外供职，来自核心区外部的举人则短暂性地在外供职，而其大部分事业都是作为地方上的功能性精英。④

简言之，事业流动性的模式至少部分依赖于该精英籍贯地的经济发展水平。⑤ 较之核心区内部，更多核心区外部的生员在自治机构中任职，这是由于核心区内部的高水平精英皆有走出其籍贯地的趋势。另外，这一趋势出现的原因也在于核心区内部精英对于自治机构成员这一身份的重要性并非趋之若鹜：许多低级别生员都选择不参与自治机构。就核心区内部的政治复杂性而言，尤其随着法团的发展，自治机构不过是众多组织中的一员。

---

① 《宣平县志》，卷10，多处可见。
② 《镇海县志》，卷19，多处可见。
③ 核心区外部中县以下自治机构自1911至1914年数据的缺失使得我们难以得出一个确凿的答案；然而，正如这样的模式在1912至1927年的县中可以得到运用一样，它的使用度还是符合我们描述出来的这一趋势的。
④ 表10揭示了各县功名者在官方或政治上介入的人数极少这一有趣的现象。
⑤ 第七章到第九章有关于这一区别更为详细的讨论。

表10　光绪年间获得高级别功名者及其日后政治活动范围，1900—1920年

区域/县	举人				贡生			
	总数	县以外	县以内	无政治角色①	总数	县以外	县以内	无政治角色
核心区内部镇海	80	10 (12.5%)	10 (12.5%)	60 (75%)	83	15 (18.1%)	12 (14.5%)	56 (67.5%)
核心区外部衢县	4	1 (25%)	——	3 (75%)	50	14 (28%)	8 (16%)	28 (56%)
核心区外部象山	7	5 (71.4%)	1 (14.3%)	1 (14.3%)	35	2 (5.7%)	8 (22.9%)	25 (71.4%)
边缘区内部寿昌	1	1 (100%)	——	——	35	2 (5.7%)	11 (31.4%)	22 (62.9%)
边缘区外部昌化	0	——	——	——	27	2 (7.4%)	7 (25.9%)	18 (66.7%)

资料：《镇海县志》，版本多处可见；《镇海新志备稿》，版本多处可见；《衢县志》，版本多处可见；《象山县志》，版本多处可见；《寿昌县志》，版本多处可见；以及《昌化县志》，版本多处可见。

低级别精英

获得低级别功名者。我在前文中做出假设，留在籍贯地的精英一般比离开的精英在能力上显得略逊一筹。对于这些低级别精英——获得低级别功名者以及缺乏社会或其他功能认证的自治机构成员——在没有充足资料的情况下，认知他们显得异常困难。大部分的自治机构精英都很有可能拥有低级别或通过购买得来的生员地位，这样的假设是基于两部最为完整的地方志（遂安县和双林镇）和其他县的一些零碎资料。

在遂安县总共111人的县和乡自治机构之中，83%的成员的社会背景可以得到确证。其中，72.8%（67人）有着低级别功名，

---

① 一些及第人士可能已经死于统计之前。

只有9.8%(10人)有着高级别功名。① 在双林的29位议事会和董事会成员中,39.2%(11人)是生员,其余的10.7%(3人)是获得高级别功名者。尽管《双林镇志》对于监生没有给出太多信息,但是在社会背景信息不能确证的人员里(50%),大部分成员的生员地位都是通过购买得来的。② 低级别自治机构的地方志则显示,许多县志中没有得到认可的成员实际上都是低级别生员。③ 此外,鄞县和镇海县的零散传记资料也描绘了县议会和参事会领袖成员的低级别或靠购买而得的功名身份。④

现有的证据既不能完全支持亦不能全盘否定市古宙三(Ichiko Chuzo)的观点,即重要的自治机构职位都"几乎为获得低级别功名者所垄断"。⑤ 在晚清及民国早期县级以下组织的532位成员中,13.3%(71人)拥有高级别功名,15.8%(84)有着低级别功名:拥有高级别功名的领导数量与被明确证实的、拥有低级别功名的领导数量几乎相同。而未被记录的拥有低级别功名的领导数量则永远无法得知。当然,他们中的许多人我并不知晓具体身份。即使是在列出了所有低级别以及靠购买得来的有功名者名单的《遂安县志》中,地区精英中的17%都没有功名、亲属纽带或除自治机构职位外的其他功能。在核心区内部中,这一精英

---

① 《遂安县志》,第246—289页,多处可见。
② 《双林镇志》,8:4b—5b;30:36b—41a。
③ 其中的3人来自岱山和定海的自治机构;4人来自海盐澉浦的机构;还有4人来自嘉兴的濮院。我除了澉浦,已经引用了其他地方的地方志。参见《澉志补录》,1935年。
④ 譬如,参见来自鄞县的证据,收录于陈训正编的《鄞县通志人物编》,第349、608、631—632页。镇海的县议会中有4位这样的人士,而县以下的机构中则有6位。
⑤ 市古宙三(Ichiko Chuzo):《士绅的作用:一个假说》,收录于《中国革命的第一阶段》,第302页。为了确证他的假设,我要追问究竟什么才是"几乎垄断"(virtual monopoly)。

类别从晚清时期的32.1%到1920年代的42.6%,一直占据自治机构领导层面的大多数。

没有社会或其他功能认证的自治机构精英。由于材料本身的特征,我们无法对这些精英进行系统的分析;只有依靠从其他材料中得到的描述来填充。如果我们将他们归入一些现有的(但缺乏分析效力的)概念中,诸如"农业资产阶级""保守地方士绅"或一向流行的"土豪劣绅",尽管看似成立,但其说服力却难以服众。① 然而,很清楚的是,他们从某些来源处获得了很大的威望,或是被选举进入县以下的议会或县议会,或是被同侪选举为议会领袖。他们中的许多都有正规职业,诸如医生、商人或店主,而且在核心区内部中,他们还间或承担现代工业发展的领导责任。② 其他人则来自更为传统的职业:未获生员地位的学者、靠处理地方争端来获得威望的不识字的店主。在绍兴的某乡中,一位议事会成员的唯一功绩便是孝顺和善于处理地方争端。③

他们中还有一些人是靠买卖或欺行霸市来获取权力的,这往往与传统的精英套路不同。譬如,在余姚县,某一个乡议事会的主席与副主席是亲戚,前者绰号海龙王,靠赌博起家,后者绰号灰

---

① 巴斯蒂(Marianne Bastid):《变革的社会背景》("The Social Context of Reform"),收录于《19世纪中国的变革》(*Reform in Nineteenth Century China*),第125—126页。参见周锡瑞(Joseph Esherick)《改良与革命》(*Reform and Revolution in China*),伯克利,1976年,第109—112页。其中有着"保守地方士绅"这样的研究路径。孔飞力同时还假设了他们与"地方恶霸劣绅"之间的关系。参见《民国时期的地方自治》,第292—293页。
② 参见《民立报》,宣统三年四月七日、八月一日;《时报》,宣统三年闰六月九日。同时可参见德清的金有恒,《德清县志》,第98—99、428、430—431页;以及绍兴的章毓嵩,《绍兴县志资料第一辑》,16册,页195b—196a。
③ 《绍兴县志资料第一辑》,第16册:197b。曹聚仁:《我与我的世界》,第102—103页。曹书中有一个例子,讲述的是一位没有受过教育的店主成了社群中的一位精英。他就是这类卷入自治机构运动的人士。

蛇，是当地臭名昭著的讼棍。① 就在同一县中，之前的盗匪头领在获得自治机构权力后，开始攻击从前缉拿过他的衙役。② 在核心区内部，自治机构中随处可见赌徒、吸食鸦片者、文盲、讼棍、秘密社会成员以及前盗贼。③ 核心区内部中不具备功名身份和其他成就的自治机构领导数量是其他边缘区域的九倍之多——由于地方志记载的覆盖范围，我觉得这样的数据并没有在任何区域中发生实质的偏差。④ 这样的现象显示了核心区域精英们的多元化，富有能力之士对于更高程度参与的渴求，以及对于自治机构相对不太重视。

前文已经指出，低级别精英是民国时期土豪劣绅的主要来源。⑤ 这一名词可以用来指称具有任一社会背景的敌人，包括地主、城市政治者、学者以及现代学校培育出的人士。⑥ 这一社会类别中的多样性显示作为一个群体被孤立出来的低级别精英与这一模糊可疑的分化并不相称。自 19 世纪中期开始，很多低级别精英都在地方社会或政治事务方面扮演了重要角色。但是与过去很重要的差别在于清政府将之前并未得到认可的职位制度化了。低级别精英的政治合法化是地方政治发展中的一个重要方面。

---

① 《民立报》，宣统三年七月八日。
② 《时报》，宣统三年三月二日。
③ 譬如，可以参见《民立报》，宣统三年一月廿八日以及八月十二日；还有《时报》，宣统三年二月廿八日，1912 年 6 月 12 日，1913 年 2 月 12 日及 11 月 24 日。核心区内部中新闻机构的地理位置导致其对于核心区域有着更多的报道。
④ 这里我去掉了遂安的数据从而减小地方志报道可能带来的误差。
⑤ 孔飞力：《民国时期的地方自治》，第 293 页。
⑥ 可参见《时报》，1918 年 7 月 20 日，9 月 13 日以及 1923 年 7 月 20 日。

第四章 核心区内部精英职业基础与模式

在外精英

革命时期的精英与籍贯地。在1911年革命前夕,核心区内部的精英向更加发达的区域转移的趋势似乎发生了逆转,这是由于在外精英有一部分返回其籍贯地。有着激进思想的学生都从上海、北京以及日本返程。有着改革思想的官员也都离职回到原籍。这两组人士视清政府的政策为鸵鸟政策,并且认为将现代民族国家建立在稳固的地方基础上是至关重要的。在一些区域,尤其是温州和杭州,返乡精英所带来的改革可以说是19世纪八九十年代早期精英改革的一个延续——譬如兴建西式学堂、创建报刊,以及成立各类改革团体。① 而在诸如临海与黄岩一带,这样的改革则开地方之先例。② 改革激情触动了核心区内部中城市的各个层面。③ 返乡精英(大部分都来自大型或在地方上有影响的宗族)常常与社区领导联手。二者都十分关注国家事务;在22位可以确认的嘉兴乡一级自治机构的领导成员中,18人(82%)是1910至1911年发展起来的自发爱国组织的领袖。④

然而,在辛亥革命之后,返乡精英大都离去,他们的地方策略也随着帝制的废除而被遗忘。从这一角度而言,革命将更多更有

---

① 冉玫烁:《1900年以前浙江的地方改革浪潮》,第226—229页。
② 项士元:《浙江新闻史》,1930年,第36、79页。
③ 汤寿潜是一位显赫的官员,他为人所知是因为担任沪杭甬铁路的领导。他在绍兴临浦的市镇建设学校一事中扮演了领导的角色。《绍兴县志资料第一辑》第6册《天乐志》,21b—23b。唐纪勋作为一位廪贡生在嘉兴附近的市镇中介入了教育改革以期强国的项目中。《竹林八圩志》,6:35b—38a。

精英们对于在地方层面改造国家的兴致盎然反映了其他省份相类似的现象。尤其是路康乐的《中国的共和革命》(*China's Republican Revolution*),剑桥,马萨诸塞,1975年;卢其敦的《中国革命的序幕》(*Prologue to the Chinese Revolution*),剑桥,马萨诸塞,1976年;以及周锡瑞的《改良与革命》。
④《时报》,1910年至1914年,多处可见。

能力的核心区内部精英重新带回到全国性事务中。① 返乡学生都倾向于离开原籍。自治机构数据显示在革命之后，学生们向更发达中心城市靠拢的趋势：辛亥革命后，返乡学生参与县以下机构的数量从寥寥无几直接下滑为零。早稻田大学毕业生、原籍鄞县的陈子豪以及海盐的朱希祖都在清朝末年的自治机构中供职，但在1912年后，二人都赴京或其他省份任职。② 同时，一批此前没有过外地经历的地方精英也随之离去。德清的稽炳元在浙江桑蚕学校获得了低级别的功名，革命前他仅仅在地方供职，却在革命后得到了一系列在外省的职位。③ 至少从这一方面来说，各种证据显示辛亥革命为核心区内部精英的事业发展提供了一股不断释放的力量。

代际成员以及籍贯地之纽带：一个假设。这一释放的影响还在另一个方面得到体现，年轻人可以留在外地而不需与其原籍保持亲密且长久的关系。传统的在外精英对于家乡及社区的事务有着浓厚的兴趣，在其事业发展时期特别是告老还乡之后都积极为之贡献力量。举例而言，来自绍兴的宗能述在晚清时期于江苏任知县，后任道台，他对原籍地的各类事务都有所关注，包括水利、救灾和慈善事业。④

基于非常零散的材料，我做出如下假设：核心区内部精英与

---

① 像前工部主事谢元洪一样的人，离开了地方上的领导职位，转而在他省谋职。《绍兴县志资料第一辑》，第16册，页199b—200a。革命之前地方上的显赫之辈都赶赴北京的议会。这里可参见佐藤三郎编《民国之精华》，重印，台北，日期不详。
② 陈训正编：《鄞县通志人物编》，第630—631页；《近代中国》，第873页。至于其他类似的事例，参见章述洨的事业轨迹，见陈训正，第630页以及《德清县志》中的许炳堃以及蔡焕文，第210—211、418、676—677页；《时报》，1911年12月1日。
③ 《德清县志》，第432及677。还可参见镇海精英顾鹏翔和李镜第的事业轨迹，收录于陈训正编：《鄞县通志人物编》，608—609；以及《镇海县新志备稿》，上卷，75b。
④ 《绍兴县志资料第一辑》，第16册，页195a—b。

原籍地的纽带强度与不同的代际成员有关。① 出生于19世纪五六十年代的在外精英大体在民国年间与原籍地保持非常强的联系,他们都在其事业发展或退休之后为地方做出贡献。② 生于1870年代的地方精英起到了过渡性作用——他们中的一部分对家乡的问题和项目漠不关心,而另一部分则在地方危机之时挺身而出。③ 对于这些代际成员而言,传统的地方事务在晚清时期与在地方基础上建立现代国家相结合了。

然而,1880年代的核心区内部精英就对地方事务全然不顾了。④ 生长于清朝末年,并在民国初期得到学位者,他们受到了革命的熏陶,因此接受革命所来的事业自由,从而对维系与原籍地长辈的纽带显得不甚关心。他们偶尔会回到原籍参与重要的家庭事务,或去拜访祖坟,但是作为返乡精英在地方上承担责任的理想早已消失殆尽。

---

① 黎安友已经揭示了19世纪60至70年代的年龄构成与19世纪80年代的年龄构成是极为不同的:前者多为保守人士,但是在国外的不同专业领域内接受过教育,而后者则为五四运动时期的这一代以及中国共产党领导核心层最早的一辈。参见其《北京政治》,第9—13页。
② 可见绍兴染坊商人吴善庆的传记,《绍兴县志资料第一辑》,第16册,页197a—b;还有嘉兴的沈文华,可见《时报》,宣统二年四月二日,1911年12月3日,1912年5月2日及7日,1913年7月21日,1918年11月29日,1923年7月28日、8月3日以及10月22日,以及1924年3月1日及9月17日。其他例证包括海盐的朱保圻(19世纪50年代末)、杭县的范耀雯(1858年),温岭的金尚铣(1868年),镇海的刘镜兆(音)(1862年)、盛炳纬(1855年)和盛炳纪(1859年),鄞县的王世钊(1860年代)。
③ 后者的一个很好的例子便是褚辅成。关于他的角色概况,可参见我的《浙江的政治与社会》,第二章与第三章。其中与其原籍地没有太大关联的杰出精英包括余姚的邵忾存(1873年),嘉兴的陶保霖(1872年)、沈钧儒(1872年),杭县的陈敬第(1872年)还有绍兴的王家襄(1875年)。
④ 黄岩的郑际平(1881年),余姚的蒋梦陶(音)(1881年)以及陆海望(音)(1881年),包括嘉善的秦炳汉(1885年)还有盛广(音)(1887年)都没有在地方发展中扮演具体的角色。

1920 年代的精英与原籍地

另一股拥有外部经验的返乡精英浪潮发生于 1922 至 1923 年间。惨淡的国内形势使得一些老一辈的返乡者企图效仿晚清年间在地方基础上建立国家的改革项目。然而,他们中的多数人,尽管仍然与社区保持着联系,但现在的关注点是以省为单位,而非乡。① 年轻一辈的现代学校毕业生回到自己的原籍去充当专家,而非如晚清年间的返乡学生一般,在各方面重塑家乡。② 他们在兴趣与规划上与老一辈的地方精英无太大关联,而且与后革命时期的学生不同,他们倾向于在自治机构中承担职位。受到五四运动精神的影响,这些专家们与之前的返乡学生一样,具有十足的民族主义情感,他们还常常参与到政治性的学习集会或重组的国民党中。

现代式的专家与老一辈精英之间的龃龉屡见不鲜。在对现代学校的管理上,县议会中传统精英与返乡的师范或中学学生之间的竞争也日趋白热化。在 20 世纪 10 年代末、20 年代初的教育改革浪潮中,校议事会得到建立,管理并监督每个县中的主要中学及师范学校。而刚刚返乡的毕业生们,受到五四运动反对传统精英情绪的影响,在校议事会的构成和功能问题上,时常与官

---

① 参见我的《省与国:浙江联省自治运动,1917—1927 年》("Province and Nation: The Chekiang Provincial Autonomy Movement, 1917 - 1927"),《亚洲研究期刊》,36 期,1977 年 8 月,第 661—674 页。
② 1912 年后归来的学生都试图以一种专业化的方式来指导地方发展。譬如,从日本农学院毕业归来的鄞县吴家泾以及吴球君就设立了一个成功的矿石化验公司(《时报》,1913 年 6 月 24 日)。

方及非官方精英发生冲突。①

并且地方精英的不满情绪不仅针对那些新式的、专业化的精英,而且还延展到1911年之前就在地方事务中采取行动的改革主义精英当中。在嘉兴,褚辅成于1920年代中期有关害虫控制的做法,引发了强烈的冲突,这也使得县议会不得不自我解散。②通过以上分析不难看出,回到籍贯地的在外精英和留守籍贯地精英的关系在很大程度上依赖于为精英们提供大方向的全国性事件。

---

① 这类例子来自镇海、余姚、嘉兴以及其他一些核心区内部的乡镇。参见《时报》,1924年1月9日以及7月16日。在许多例子中,学校的委员会都从县议会手中得到了管理权。
② 《时报》,1924年5月10日。一些议会行动仍然肇始于县级官僚体系对于议会行为的不认可。

第五章 核心区内部精英的集体性：社会群体与自发组织

历史上中国的政治与社会哲学都十分关注社会群体问题。最为著名的社会群体——士农工商——为这些成员提供了一个超越了宗族与家庭的社会身份。通常而言，地方士绅以及商人——尽管受儒家的贬低——属于精英阶层。在20世纪早期的地方政治之中，上述以及其他精英的社会群体中的变迁显得十分重要。

士绅、绅商、商人

传统的中国士绅，即科举考试的功名获得者，在清政府于1905年废除科举之后便失去了通往精英阶层的渠道。而在1911年前的这几年，各类特别考试仍然存在，其目的是在全国危难之际平息士人的不满。然而，在帝制被废除之后，这一通往精英阶层的渠道被永远关闭了。因此，在县自治机构中供职的、来自核心区内部的生员数量比重从1911年的23.4%锐减到20年代的

7.7％。在传统的中国农业社会,土地往往为某一宗族或家庭提供一定的财富,而这些宗族或家庭可以借财富之力、通过功名身份进入士这一阶层,并且通过为地方做出贡献而承担士绅的职责。① 然而,正如张仲礼所言,截至19世纪早期,大部分士绅都介入到商业活动中,并从中渔利。② 在世纪之交,位于核心区域内的多数士绅都有很大的商业利益。

两位镇海县的士绅可以用来作为例证。③ 盛炳纬于1880年获得进士功名,并在四川和江西一带任学政。1890年返乡照顾病重的母亲后,他于当地建立学校,协助地方慈善事业,并且组织了团练。1907年的保路运动中他显得十分积极,并且在很大程度上介入到商业事务中。在1931年去世以前,他一直都在地方事务中扮演重要的角色。俞汝昌于1872年获得生员功名。随着一度辉煌的宗族走向经济衰落,他与其他生员一道建立了市镇商业网络,后者为他在地方教育、自治机构、地方管理事务中的领导角色提供了跳板。这里还有许多例证可引,④ 这一时期的大体情形是拥有强大商业资源的士绅家族往往首倡改革,并且在其社区中承担了传统功能。

随着士绅在商业事务中的介入,许多富有的商人无论有无生员身份,都与生员一起开始在地方上担负士绅的职责。截至19世纪中期,在核心区域之内,士绅与富有商人之间的功能性差异

---

① 可以参见白蒂(Hilary Beattie)《中国的土地与宗族》(*Land and Lineage in China*),剑桥,1979年。
② 张仲礼(Chang Chung-li):《中国士绅的收入》(*The Income of the Chinese Gentry*),西雅图,1962年,149—195。
③ 《镇海县新志备稿》,下卷:7a—b以及14b—15b。
④ 比如德清徐士骏还有施涵的活动,参见《德清县志》,《中国方志丛书》第191册,第85、87、91、93、210—211、222、423以及677页。

基本已经不存在了。而19世纪末20世纪初社会群体的模糊化也在"绅商"这一名词上有所体现。从历史角度而言,这一名词有两种使用方式。从晚清年间到1930年代的材料频繁使用绅商来指称士绅与商人。然而,在1920年代前,该名词有时会指代一些个体,"商人"意味着他们的事业根本,而"士绅"则只是附属性的。①有时在使用到个体时,并不是用于分析差异性,只是指代一个特定的社会类型(如名词土豪劣绅),而非一个用于分析的类别。大体而言,"绅商"指代购得功名的商人,或广义来讲,在地方扮演士绅角色的富有商人。② 我对于该名词的使用也源于此。对于这一群体而言,其功能角色要比拥有功名更为重要;这些角色同样将绅商与商人区别开来。

　　士绅群体中就有很多绅商的例子。宁波和绍兴府有着众多出色的功能性精英,他们作为商人开始各自的事业,而在事业有成之后便去购买功名。③ 当然,当地同样还有与周文富一样没有功名的绅商,此人是余姚的一位富有米商,其地位来自他于19世纪八九十年代在地方救济、慈善、公共工程方面的贡献。④ 绅商在城市各个层次的经济与政治领域中都具有充分的影响力。

---

① 参见《时报》,1913年12月5日以及1917年8月12日;还有项士元:《浙江新闻史》,第117页。张仲礼曾经指出这一词汇既可以描述由士绅变为商人,也可描述由商人转变为士绅。参见张仲礼《中国士绅的收入》,第150—151页。同时亦可参考陈锦江《清末现代企业与官商关系》,第58页及第255—256页,脚注51。
② 亚洲以及西方的研究者都曾注意到这一社会现象。参见柯慎思的《绍兴》,第9页;巴斯蒂的《社会背景》,第118页;陈锦江的《清末现代企业与官商关系》中多处可见;还有东亚同文书院编:《中国经济全书》,第一卷,大阪,1907年,第175页。
③ 参见《镇海县志》参预修志名单,"预修姓氏":1a—5b;《镇海县新志备稿》,上卷:12a—27b,多处可见;下卷:17a—18a;以及《绍兴县志资料第一辑》,第16册,196b—197a。
④ 《余姚六仓志》,34:12a—b。《绍兴县志资料第一辑》中还有很多其他事例,第16册,182b、197a—b。

总体上商人群体因各式商业规模以及功能活动，在本质及范围方面有着巨大的差异，而绅商是最具政治影响力的。最具经济权力，但较少参与政治事务的则属于居住在上海的新兴工业资本家。他们经常参与到本地的经济发展之中。譬如镇海的周士瀛，他与绅商合作密切，却在政治事务中扮演极少分量的角色。①

缺少经济与政治权力的商人则只能在地方上活动，他们大都缺乏在各个区域、各个省份以及区域之间相联系的能力。② 在晚清年间，他们既无士绅地位，也不承担士绅的职责。他们仅仅在地方的会馆和商会中活跃而已。这其中并不包括地方的店铺所有者，他们多是税收榨取和群众叛乱的目标，而且他们所拥有的资源以及活动范围较之我上文提及的商人都十分有限。③ 尽管一些商人也曾拥有甚至管理过零售商铺，但这只是少数。

我对于清朝末年嘉兴城中企业家的研究强调了绅商与商人之间的不同。④ 这一研究显示，有11名绅商介入到许多的组织当中并扮演重要角色，另有6位商人既没有参与政治组织，也没

---

① 参考《镇海县新志备稿》，上卷：21a；下卷：16b。我没有看到其他有关周氏对政治事务介入的证据。有关买办精英的研究，可以参照郝延平（Hao Yen-p'ing）《十九世纪中国的买办》（*The Comprador in Nineteenth Century China*），剑桥，马萨诸塞，1970年，以及费维恺（Albert Feuerwerker），《中国早期工业化》（*China's Early Industrialization*），剑桥，马萨诸塞，1958年，第16—17、108—123页。

② 参见施坚雅《中华帝国晚期的流动策略：区域系统分析》（"Mobility Strategies in Late Imperial China: A Regional Systems Analysis"），收录于史密斯编：《区域分析》，第一卷，《经济体系》（*Economic Systems*），第327—364页。施坚雅在这篇文章中描绘了旅居他地的现象。

③ 核心区内部内的店铺拥有者在政治上变得越发活跃。参看吴兴肉贩的政治抗议，《时报》，宣统二年一月七日。

④ 这里的绅商包括张守义、蒋莱仙、蒋世芳、高仲莱、陆初觉、沈开儒（音）、沈文华、盛亮周、陶献金（音）、王一君（音）和姚慕莲；商人包括钱竞仁、金泯澜、高如沣、沈兆元（音）、金里灿（音）以及盛邦和。

有加入商会,并且都没有关于他们政治与社会功能的文字记载。然而,这6人却在诸如运输、木材生产、渔业以及棉产品等行业组织的事务中行使着极大的经济权力。尽管他们并未成为有据可查的政治参与者,但是商会以及其他绅商都要采纳他们的意见。直至1911年辛亥革命,商人们都没有公开地参与到政治决策中,相反,他们却捐钱使地方受益,为地方自卫和慈善做出贡献。① 在大多数的民事职责中,士绅与绅商首倡于先,而商人则紧随其后。

晚清自治机构中的精英社会群体

地方上的改革在太平天国运动之后主要是由士绅与绅商主导的。② 清朝末年,这些人士迅速在自治机构和法团中占据领导地位,并与商人和店铺拥有者们冲突频仍。

依靠报刊资料,我得到了杭州议事会1910至1911年间21位成员的姓名。其中的16人(占到76%)是重要的士绅和绅商,14位在米、丝、盐以及银行业都有着巨大利益。③ 在其存在的短短两年中,议事会与商人多生龃龉。来自外城的商人们认为,上海的铁路所带来的商业扩展机会可以通过在西湖沿岸建造剧院来加以把握,这样一来,商业活动就可以延续到晚上。出于对赌博与嫖娼的担忧,议事会对该提议表示反对,理由是他们觉得这样会叨扰公众。这一论辩直到民国时期还未终止。④ 议事会对

---

① 就地方防御一事,可见《乌青镇志》,9:16b以及《双林志》,32:18b—25b。
② 参见巴斯蒂的《社会背景》。同样的论述也出现在冉玫烁的《浙江的地方改革浪潮》以及《城乡连续性》(Rural-Urban Continuities),但是她并没有使用相同的术语。
③ 参见《时报》,宣统二年二月廿七日以及十二月廿三日,还有三年三月九日。《时报》中关于这些人士的论述略显零散。我没有办法确认到底有多少这样的人士。
④ 《民立报》,宣统三年六月五日。关于这场论辩的重新出现,参考《时报》,1914年7月6日和9日。

于船只征税的计划也遭到邻近江干乡商人的抗议,因为这些商人多是船税农民,其中的一位绰号"草鞋讼师",还是乡领导。在这一事例中,郊区的商人利益与市中心士绅和绅商的领导成员发生了冲突。① 1911年秋天,议事会对于米粮加以严控的情形显示了对于商人活动某些方面的不信任。②

　　店主的利益同样受到自治机构中士绅与绅商决策的影响。在嘉兴的一个核心市镇中,酒店店主就联合起来,反对县自治机构对于酒水按杯征税的政策。③ 在山阴县,当县自治机构对于某一商品征税之时,安昌乡的店主们便各自将该商品的价格提高。附近的农民们对于物价飙升极其不满,加之店主们的煽动,决定给自治机构一个教训,因此毁坏自治机构大厅,拆毁两所学校,并且破坏了一位成员的住宅。自治机构要求破坏者进行修补,并对他们进行惩处。尽管其结果并未被记载下来,但有人报道店主和商人纷纷在该事件后向农民们捐赠食物与物资。④

　　简而言之,晚清自治机构组织并不代表商人利益,而是代表了士绅与绅商所关心的,其"士"的方面往往掩盖过"商"的方面。另外,如果我们一味谈及"资产阶级",那我们就不得不对清末地方政治的复杂性做出扭曲。在一个城市等级中,具体的行业、关注度的范围以及活动区域的不同所导致的不同利益产生了不一样的目标。

---

① 《民立报》,宣统二年闰六月九日。
② 《时报》,宣统三年七月廿一日以及廿二日。
③ 《时报》,宣统三年六月十日。
④ 《民立报》,宣统三年七月七日。

民国初年士绅与绅商的公共角色

晚清年间,现代企业的发展往往是官员、士绅和绅商合作的结果。① 我对于杭州电灯公司(设于1908年)、杭州电话公司(设于1909年)经理及主要股东代言人的研究指出,与官场有联系的士绅及绅商——而非商人——是企业重要的发展者。② 当经济欠发达地区有利可图之时,士绅与绅商便于1910年初和1911年分别在安吉和开化建立了煤矿公司(这两个区域同处边缘区内部)。③ 1911年的辛亥革命对于很多核心区内部精英而言有着解放性的效果:就士绅和绅商而言,革命触发了一股发展项目的浪潮,而且还使得所谓的官商公司将全部控制权拱手让出。④ 这些精英项目的拓展也在省政府自由政策扶持下发展起来。譬如,杭州对于丝蚕业的指导精神就要求官员们让该行业自我监督。⑤ 而为了发展矿业,一个省级机构也建立起来。⑥ 在一群士绅与绅商活动的带领下,1912与1913年浙江省一系列企业得以发展,譬如棉厂、电力公司、水泥公司、新型运输公司以及丝工厂。⑦ 这些人士在20世纪10年代末和20年代已经水乳交融,他们作为一个整体被指称为绅。他们在城市各领域的领导身份,也延续到

---

① 有关这类结果,参见费维恺《中国早期工业化》,第16—26页。
② 这些人的名字,参见《时报》,宣统元年十二月十四日;宣统二年四月十日、十七日,七月十七日,以及八月四日。
③《时报》,宣统二年三月廿四日以及宣统三年闰六月廿四日。
④《时报》,1912年5月16日至27日以及9月12日。《萧山湘湖志》中有关于革命带来变化的清楚的论述,3:8b。
⑤《时报》,1913年5月6日。
⑥《时报》,1913年2月17日。
⑦《时报》,1913年4月16日、24日,5月12日,6月25日,7月7日、19日—20日,9月20日,10月14日以及11月4日。

民国初年。在嘉兴，从 1910 至 1927 年，一系列有关地方及全国重要事件——诸如 1911 年革命前的准备运动、1912 年有关英美烟草公司的争端、1916 年对于国家和自治机构问题的辩论、1923 到 1927 年对于稻作灾害的消弭——的会议文档揭示了士绅与绅商之间十分具有连续性的融合。①

士绅与绅商领导地位延续性的另一个例证可以从 1920 年代早期国际救灾委员会的宁波分支机构所获得。该委员会共有 42 位来自镇海的成员，其中的 10 人是世纪之交重要的士绅和绅商。② 从个体而言，他们是镇海区域的关键功能性精英，在 1911 年后承担了超过 70% 的地方职责。而其中只有 2 人参与到晚清以及民国初年的县自治机构中，这也反映了该组织在核心区内部县中相对缺乏重要性。

商人的崛起

然而，士绅与绅商持续性的统治地位不应该使我们忽略商人在地方上的崛起，他们作为地方企业家，常常享有很大的政治权力。③ 在辛亥革命之后，商人们就高调地登上历史舞台。尽管地方志中对于商人地位的问题几乎只字不提。商人在自治机构中有两类：一类是既无功名地位、学位，也无家庭背景纽带的功能性精英；还有一类则是只能在自治机构中找到他们身影的人。这两

---

① 关于这些事件，参见《时报》，宣统三年四至七月，多处可见；《时报》，1912 年 5 月 7 日，6 月 5 日、26 日；《时报》，1916 年 9 月 12 日；以及 1924 年 2 月 19 日，3 月 1 日至 2 日、11 日以及 4 月 28 日。
② 《时报》，1920 年 10 月 17 日以及 1924 年 4 月 18 日。
③ 我的印象是截至 20 世纪 20 至 30 年代，报刊以及地方志在用"绅商"这个词时，只是指代两类人。如果我的想法是正确的，那么这便反映了一个重要的社会发展——地方事务中与士绅无关的商人群体的崛起。

大种类都从晚清时期的47%上升到1920年代时的65%。这些数据显示了商人们在革命之后的大规模介入,其他材料也可证明这一观点。1911年后,自治机构的议会似乎向重商主义倾斜。在杭州,城市商人与议会共同扶持了一家位于城市的蚕行,从而阻止钱财流往他地。① 嘉兴县议会的商人成员则在由火车站到城市旧商业区的黄包车公司的拓展方面起到重要作用。② 上虞县的自治机构向政府申诉,要求撤销遭人怨恨的统捐,统捐自1912年初就成了怨声载道的商人们的斗争目标。③ 相比革命之前,商人对于自治机构税务的抗议要少得多,这也显示了商人与自治机构之间关系的改善。④

其他证据也显示革命之后商人势力的增加。其中很有代表性并具有政治意义的当属沪杭甬铁路的国有化。这由民族主义心态驱使的、要求获取经济主权的雄心却陷入了经济困境。在民国初年,很多原先的议事会委员(在1910年这些人不是士绅就是绅商)都将目标转移到了国家事务中。⑤ 1914年初,当讨论铁路国有化从而捍卫投资者利益的议题被提上桌面时,参会的30人中有19人是在一个或多个企业中起重要作用的商人。他们与清朝末年的铁路精英截然不同。两位绅商公开谈论反对铁路国有

---

① 《时报》,1912年5月8日。同时还可参见《时报》1912年11月20日的报道,这显示了这些机构对于商业的兴趣,他们的行动是在反对垄断性的粪肥收集机构。
② 《时报》,1913年1月25日。关于这些人士的更多信息,参见《时报》,宣统三年七月五日以及1914年6月13日。
③ 《民立报》,1912年2月3日。关于一般的谴责言辞,参见《贸易收入与贸易报告》,1912年,第366页。
④ 参见《时报》,1914年4月3日,其中记载了一位宁波商人因地方税务问题而大为愤怒。
⑤ 譬如,参见委员会成员的名单以及有关股东会面的记录,《时报》,宣统二年九月二日。

化,认为如果国有化,就相当于把公司拱手让与外国人。然而,国有化还是以 7 比 1 的比例被通过。①

在 1910 年代初期,商人与农民将当地政府包围,要求建立茧行。而已有的生丝和纺织业,本来已被新型缫丝机(依托于茧行)压得喘不过气来,则极力反对茧行势力的扩张,他们认为有关新行业缺乏规范造成蚕茧质量下降。这一争端成了新型企业家与想要规避竞争的工业绅商、既有的商行所有者之间的矛盾。② 政府在 1915 年前的决定是要禁止新的茧行的设立,但是在接下来的十年中,省议会则对此有所放松;1928 年,蒋介石政府则取消了所有限制。③ 这一逐步自由化的过程说明了日益上升的企业精神,并且反映了民国早期非士绅的商人所取得的进展。

1914 年后,没有明显士绅背景的商人已经呈现出对于公司董事会的控制。举例而言,在杭州,有 6 位实力强大的商人在 1914 年中期为了编织丝袜而设立了华纶丝织厂。④ 1918 年,杭

---

① 有关铁路国有化以及后来的财政争端,参见《时报》,1914 年 5 月 2 日至 3 日,5 日,8 日,15 日及 19 日;还有《北华捷报》(*North China Herald*),1914 年 3 月 7 日,第 704 页;3 月 28 日,第 969 页;4 月 4 日,第 52 页;4 月 18 日,第 230 页;还有 5 月 9 日,第 485 至 486 页。士绅汤寿潜作为一名公司经理,接受来自政府的两万元现金并且推动该公司的国有化之后,商人们对于他的怨恨进一步加剧。对很多商人来说,这两万元就是贿赂;这一事件后来进一步恶化,原因是有人发现汤寿潜将这笔钱用于弥补由他任股东的杭州本地银行高达 8 万元的财政亏空(《时报》,1914 年 5 月 2 日至 5 日)。尽管 1914 年的事件有其省内的背景,但是其领导者都是来自核心区内部的精英。

② 参见李明珠《江南与丝绸外销》,第 284—302 页。此外,参见《时报》,宣统二年三月十一日;1919 年 6 月 4 日,8 月 1 日以及 5 日。1919 年的商会似乎是强烈支持这一限制的。

③ 《时报》,1918 年 3 月 24 日,5 月 4 日、13 日;以及 1919 年 12 月 22 日,1920 年 3 月 3 日,11 日以及 3 月 23 日。

④ 其中有四位杭州商人,一位安徽商人,还有一位来自嘉兴(此人曾是烟草商与酒贩),《时报》,1914 年 8 月 17 日以及 24 日。

州电话局与电力公司仅有1到2位绅商。① 同样的模式也于1924年出现在嘉兴的一家造纸厂以及一家电力公司。② 1915至1929年核心区内部建立的18所电话公司中,仅有2家公司有着绅商领导人。商人还于1920年代中期在定海县建立电力公司和电话公司。③ 因此,20世纪10年代中期和20年代出现新一代的现代人士已经与传统精英或辛亥革命前夕的绅商阶层有着较少的关联。

在城市的各个层面中都有这些新的创业者的身影。位于新篁中间市场和新塍(嘉兴县)中心市场的商人们都建立起了电话和电灯公司。④ 在当地颇有名望的商人金元敖就上书浙江省实业厅,要求在绍兴临浦的中心市镇一带建立一个工业区,生产纸张、纺织品、刷子、竹制品、木制品以及瓷砖。⑤ 此类情形在20世纪10年代末20年代初大量出现。到了20年代早期,保险业和地产公司也开始在大城市内崭露头角。⑥

商人创业自然导致了更大程度的政治介入。建立一个企业意味着要同地方官就许可问题和一系列规定的问题展开协商。对于这些企业所有者而言这意味着他们要承担税务,到了1920年代时,他们同时还要受到罢工和政治抗议的影响。这意味着他

---

① 《时报》,1918年4月6日以及5月14日。
② 《时报》,1924年1月22日。
③ 《中国经济期刊》(*Chinese Economic Journal*),8(1931年5月),第520—521页。同时也应参考《定海县志》,3:9a—b。
④ 《时报》,1920年3月12日及14日;9月23日。
⑤ 《时报》,1919年4月24日。
⑥ 早在1913年就有一些关于外国保险公司的抱怨之声(《时报》,1913年7月7日)。《中国实业志》中有关于这些公司的描述,8:22—30。中国保险公司在1920年代开始变得重要起来;而在1930年代依旧存在的公司大多位于核心区内部。参见《中国经济消息》,9(1926年10月2日):203。有关房地产公司,可以参见《中国经济消息》,11(1927年3月26日):168。

们要与外界社会相接触,比如到上海去购买机器以及到其他大的中心城市与当地的同乡会构建联系。① 因此,他们的政治介入程度以及政治意识也都随之提高了。

商人在地方日益增长的显示度,从制度层面上而言,就是民国早年非行政中心镇商会的大量建立。政府在1917年规定,每县只能有两所商会,这也表明他们对于商会的潜在权力早已心知肚明。即使是在上虞这样拥有发达市镇的县城,当地政府也不允许有超过两所商会存在。② 在1920年代中期,核心区内部的市镇通过建立子商会而非各自分散的组织来规避上述规定。③

举例而言,截至1924年,嘉兴县就有着多达13所子商会。④ 它们的成员时常会面,探讨政经事宜,也因此展现了强大的政治势力。⑤ 1920年,它们阻拦任命一名有着反商倾向的自治机构代表。⑥ 它们同样强力反对并且成功阻止了以增加警察经费为名义的房产税改革(因为它们认为这一改革会带来更高的支出)。⑦ 县议会往往被丝商所控制,以至于在1925年的一场为期40天的

---

① 有关外部力量介入的问题,可以参见《时报》,1920年4月6日;《中国经济消息》,8(1926年3月6日):127—128以及《中国经济消息》,8(1926年4月17日):212—213。
② 《时报》,1917年11月24日以及1920年12月9日。
③ 《时报》,1923年8月1日,多处可见。
④ 《时报》,1924年9月24日。
⑤ 参见《时报》,1924年1月1日,2月11日,5月17日,8月3日以及16日。地方商会不仅在反对日本以及其他外来侵略时起到先锋作用,而且还在1920年代初期倡导和平与宪法运动(《时报》,1919年5月17日以及7月11日;《顺天时报》,1923年6月12日)。对于商会在五四运动时期的重要作用,参见《关于山东问题的排日状况》,卷二,上海,第455—479页以及卷三,第786至822页。
⑥ 《时报》,1920年12月10日。
⑦ 《时报》,1923年9月25日。商会一般是最为反对地方上与日俱增的征税的。1920年代中期,它们对于烟草税征收的反抗程度已经与早期对于统捐的反抗旗鼓相当(《时报》,1924年7月22日)。

常规会议中,只有三到四次符合最少法定人数,这是由于与会者常常返回各自的丝业机构处理急迫的问题。① 在1924年初,嘉兴县王店镇商会的议程中不仅包括与商业有关的问题,还包括了卫生、御冬以及教育问题。②

在许多核心区内部县中,商会都有着极大的权力。截至1922年,绍兴县的法团已经承担了许多县议会的职责。③ 当战争在1923年波及浙江省并于次年将其完全吞噬之时,商会开始安排防御之事,并倡导和平。④ 省政府也意识到了地方资产阶级的力量及其对政府控制所带来的威胁:1925年夏天,省政府命令道尹于三天内废除在很多县出现的商界联合会。⑤ 商人和店铺拥有者也是1919年以来罢工和抵制运动的主要参与者,这些运动在核心区内部的城市地带遍地开花。商人们在1920年代早期开设许多旨在"强国"的企业,包括了永嘉木材公司和草席工厂以及鄞县制糖公司。⑥

然而,商人们较之绅商而言似乎更在意他们自身的利益。1919年6月,一些商人借经济受损之名,对杭州总商会会长顾松庆提出质疑,原因是后者支持罢工运动。⑦ 商人兴起的一个重要特征来自一种新兴的、对于职业专业化的认同,而商业期刊的出现就是对这种现象的诠释。在商言商,即使强烈的市民意识能够动员一位商人创业者,然而他与"士绅"或者"绅商"还是不一样

---

① 《时报》,1925年5月19日。
② 《时报》,1924年2月28日。
③ 《北华捷报》,1922年8月5日,第374页。
④ 《时报》,1923年8月1日;以及《乌青镇志》,4:13a—b。
⑤ 《时报》,1925年8月9日。商人对于这类行为的抗议纯属无用之举(1925年8月24日);至少我们没有关于这些联合会后续的报道。
⑥ 《时报》,1919年4月25日以及1920年4月24日。
⑦ 《时报》,1919年6月15日。

的。过去,商人隐藏他们的商业动机,为此,他们或者离开本籍,躲避同乡人士的非议,或者是以各类会馆赞助的慈善功能来掩盖这些商业动机。到了1920年代,他们开始摒弃这样的行为:嘉兴运输业的一位大亨公然拒绝为城市内组织的救灾活动募捐,原因是他对于税务一事不满。① 与此同时,官员们也开始向商人们寻求建议,这些商人不是公司的股东就是董事会的成员。② 经济的发展和民族国家的需求使得专业化的商人群体得到了发展。

现代学校的毕业生

随着清末科举考试的废除以及现代教育的兴起,现代学校的文凭逐渐取代了传统功名,成了事业机会的通行证。在核心区内部中,大量的学校得以建立,包括小学、中学以及师范学校,1908年和1920年代初的自治研究所,涵盖法律、执法者以及工业的专门学校,还有大学以及军事院校。此外,许多学校还为那些寻求低廉价格和不甚严苛的教育的人提供短期课程。

教育以及职业机会

与传统教育一样,现代教育中的高层次教育机会与地域及个人的富有程度是紧密相连的。我曾经考察过以下几组学生的籍贯背景:1902和1903年来自浙江的121位留日学生、1906年京师大学堂的82名学生、1917年清华大学的52名学生、1912和

---

① 《时报》,1920年11月27日。
② 嘉兴禾丰纸厂以及电力公司的主要股东都是在商会或公所具有领导身份的商人(参见《时报》,1923年9月22日以及1924年4月18日)。他们经常被要求献计建策(《时报》,1923至1926年,多处可见)。

1920年保定军事学校的306名学生。① 内部区域的县城中孕育了留日学生中的81%(98名)、京师大学堂中的80.8%(59名)、清华大学中的88.5%(46名)以及保定学校中的38.9%(119名)。来自核心区内部的学生在1912至1920年期间求学保定(第1年有55.6%来自核心区内部,而到了第8年则只有33.3%)人数下降较多,这说明核心区内部的精英们对于军事教育的参与程度呈递减趋势。从个人角度而言,镇海县以及乌青和濮院镇的高等级学校毕业生的数量则提醒我们,有多达三分之二到四分之三的学生来自富有的宗族。②

表11反映了民国初年精英的不同教育背景以及具体的学术资历所带来的职业机会,这些值得关注。③ 首先,在海外接受教育的学生在教学和职业工作中颇具影响力,但他们很少回到本省,更不要提原籍地了。1909至1924年间求学美国的浙江学生中,只有10位(9.4%)回到了浙江省,其中7人回到了杭州。剩下的人士则居住在大城市中,尤其是上海、北京以及天津。④ 其次,在所有省一级学校中,法律学校为在上层职位就职的学生提供了最优质的凭信。第三,对于地方精英而言,其教育背景的模

---

① 这些名单见房兆楹辑《清末民初洋学学生题名录初辑》,台北,1962年,以及来自保定军校尚未出版的记录册,《保定军校通讯录》。我很感谢杨格允许我使用他的副本。
② 毕业生的人数,参考《镇海县新志备稿》,上卷:80a—85b,《乌青镇志》,26:40a—43b,以及《濮院志》,17:19a—b。这些数据的来源是建立在我对每个区域中精英的研究之上的。
③ 这一模型只能是假设性的,因为确切的数据由于材料的缺失而无法获得。这是建立在我对地方志以及报刊的详尽研究之上的(来自外部区域的奉化县内的资料也佐证了我的观点)。奉化的数据见第七章。
④ 这一列表来自那些受清华学堂资助赴美留学的学生。参见《归国留美学生名录》(Directory of American Returned Students),收录于《中国名人录》(Who's Who in China),上海,1925年。因为原籍地都不得而知,所以这些人之间并没有被按照区域划分。

式呈现出从省到县再到师范学校及以下学校的态势。① 此外,一个合乎逻辑的预测是:一些地方精英在县以及镇级别学校中接受了一些教育,但这并未被记录下来。

表 11 民国初年精英的教育类型及其职业机会

学校种类	最有可能的职位	与之对应的传统学位
海外、浙江以外	在北京任职或出任政府工作,或者在省行政首府工作	进士、举人
省级法律学校	在浙江外的县内供职;浙江县内的法官职位;税务机构负责人;在教育与自治机构任职	进士、举人
省级中学和师范学校	低端官僚职位,秘书,税官,学校校长,教师,地方教育、反鸦片方面的功能职责;省内县政府的职位	贡生及以下功名
县学校	地方精英功能,税吏,警务助理	生员、监生
军事院校	军事职能,警署	武进士、武举

大多数人都在自己的教育背景上做出他们的职业选择。军事院校的毕业生在现代部队中任职,或在巡防队中任职(1911 后称警备队),又或在海巡和河巡方面任职;截至 1920 年代,所有重要的校长和教师职位都由师范学院的毕业生来担任;法学院的毕业生则在政府部门供职;警察学校也培养了很多日后在县警署任职的人员。② 这些职业因在民国初年所扮演的角色而应受到特别重视。

20 世纪的头十年见证了法律行业的扩张。传统观念对于介入诉讼方面的人是十分排斥的:这些人被认为从法律诉讼中渔

---

① 相较于公立中学,来自杭州私立中学(安定和崇文)的外交官通常可以把从这里毕业的学生带到一个更高的平台。
② 这一概述是建立在对地方志以及报刊的研究之上的。

利,因此为社会所不齿(这主要包括地方官的幕友以及讼师们)。1910年和1912年出台的民法、刑法,加之培养新一代法律人才的需要,促使法政学堂在许多中心城市兴起。① 杭州的法政学堂在1907至1910年间的短期课程中培养了八百余名毕业生。② 辛亥革命之后,许多私立法政学堂如雨后春笋般涌出,培养了大批毕业生,这也就有了规范法政学堂及其课程的必要。③ 在很多情况下,律师不过是接受过现代教育的讼棍。譬如,彭祖龄是一位清代盐官之子,后从浙江法政学堂毕业。他在嵊县任职之时,由于挑动诉讼而臭名昭著。④

1912年,出于规范新兴法律行业的考虑(这本身是社会政治发展的体现),一个新的法团——律师公会——得以成立。⑤ 这一独特现象在核心区内部一直维持至1920年代末,唯一稍有不同的特例是建立于1910年代晚期的金华律师公会(核心区外部)。⑥ 杭州、宁波、永嘉以及金华的律师公会时常会面商讨主要政治、法律事宜。1919年杭州律师公会的146名成员中,至少有21位是当地极富名望的省一级精英,还有很多人是早期国民党的坚实拥趸。⑦ 律师们多受到大城市区域的吸引,即使他们在核心区内部的活动也受到了城市的影响。早在1912年,这些律师

---

① 柯慎思:《绍兴》,第4—7页以及第72—80页。
② 《时报》,宣统二年四月十七日。
③ 《时报》,1913年4月24日及7月21日。
④ 《时报》,1913年10月19日。
⑤ 《时报》,1913年6月22日。有关新法团的规定,请见黎安友《北京政治》,第13—14页。
⑥ 参见《杭县律师公会报告录》,杭州,1919年。
⑦ 可以比较《杭县律师公会报告录》中的成员与此后《时报》和《申报》中(1924至1927年,多处可见)记载的国民党支持者。

便在一起民事案件中为杭州自治机构所聘用。① 截至 1920 年代,嘉兴的商会也聘用律师,担任永久法律顾问。②

管控警察要比监管律师来得急迫得多。警察负责维持治安、提供服务、征收税金,对于居民日常生活的影响比政府其他任何部门都要大得多。1907 至 1911 年,省一级的巡警学堂依靠常规和短期课程,培育了超过 300 名毕业生;1913 年的浙江省有着多达 2000 名巡警学堂学生。浙江学校对于学生的训练参差不齐。如同对待律师一样,政府试图通过对学校的管理来控制警察的日益增长;然而这样的方式却不足以解决这一普遍的问题。③ 警务人员可谓俯拾皆是。商人雇佣自己的警察;法庭需要警察来满足一些特定的需求;地方官同样要培育自己的警备力量。④ 这些警务力量都是处于政府认定的县及县以下警务人员之外的。地方公民时常抗议这些警佐的存在,他们与传统时期的衙门无异,多为威逼百姓、收受贿赂以及倡导赌博之辈。⑤ 在民国早年,与警备力量泛滥相关的问题变得日益严重。

较之警务力量,军校毕业生的角色显得既非普遍,也非具有决定性。⑥ 有时军备力量会在地方和平受到威胁时出动,而在防御问题上,一些军官也会被纳入考虑范围之内。到 1923 年以及之后,才有军队介入地方政治事务的记录。举例而言,在 1923 年,吴

---

① 《时报》,1912 年 11 月 20 日。
② 《时报》,1924 年 2 月 28 日。
③ 《时报》,宣统三年一月九日以及 1913 年 5 月 21 日。
④ 可以参见《时报》,宣统二年二月二日以及三年八月十六日还有 1917 年 4 月 22 日,尤其是 1918 年 12 月 12 日以及 23 日。
⑤ 类似的抱怨之声在材料中随处可见。可以参考《时报》,1916 年 12 月 1 日以及《诸暨概观》,第 138—140 页。
⑥ 军事院校毕业生很少去较小的中心城市。

兴当地的防御负责者被任命为新的政府长官。① 1924年末1925年初，温州驻军统领在被命令不要介入民政的前提下，依旧强烈反对永嘉县行政长官的任命。② 但从整体而言，除非在政治动荡之际（譬如1911年辛亥革命以及1920年代孙传芳和国民党的占领），地方精英极少在议会中面对军事力量的挑战。

同时，在一个教育扩张的时代，教学为师范学院以及其他学校的毕业生提供了就业机会。很多学校因为财政问题很快消失，但很多情况下，它们都换了一个名字，重新出现；有一些则于1920年代从私立小学或中学转变为商业学校，这也从一个侧面反映了当时商人的重要性。③ 晚清时期成立于中心城市的女子学校往往极为短寿，而且常常在地方的经济危机面前首当其冲；到了1920年代中期，女子师范学校和法政学校往往被迫关闭或仅仅勉力维持。④ 从1911年前夕，到五四，再到1923至1927年的国民党地方组织时期，教师们一直处在革命和改革运动的最前线。

而专业技术学校——工程、工业以及农业——的毕业生们在地方事务上直至1920年代都没有发挥什么作用，即使有用，也只是为了某一具体项目。工程生被招来疏浚河道，建造河坝；农业生被招来充当昆虫学家；林木业的学生则被指派负责林木工程。⑤ 工业学校的毕业生往往有着大量就业机会。一份关于浙

---

① 《时报》，1923年8月5日。
② 《时报》，1924年12月1日。
③ 《时报》，1923年11月17日。
④ 举例而言，可以参考《时报》，宣统三年一月六日、闰六月十九日、十二月十二日，1913年4月11日，1914年3月6日、25日，1916年8月4日以及1924年7月16日。
⑤ 可见如下事例：《时报》，1923年12月4日的记载中有关于植树种林的资料；有关昆虫学专家的资料，可见本书第六章；工程师的资料，可见《时报》，1924年1月12日、18日、3月2日以及10日的记录。

江工业学校头四年(1920—1923)的报告指出:在其820名毕业生中,74.5%有着在相关领域的就业机会,另外的10.7%则选择继续深造。① 与军校毕业生和现代律师相同的是,这些毕业生们很少扎根地方社区。

民国初年,新闻业在培育政治观点方面日益重要。清末,改革派官员以及留学归来的学生们在核心区内部中创办报纸期刊。民国时代的最初两年是新闻报纸的平稳期,这一时期来自审查制度的威胁还不像20世纪10年代末和20年代那样严重。项士元在其百科全书般的对于浙江新闻业的研究著作中讨论了1910年代的众多昙花一现式的报刊的政治诉求。② 这一股由现代学校毕业生所倡导的现代新闻业之风在1920年代中期之前都仅仅是核心区内部的现象。

发展中的精英变化

项士元对1900至1928年新闻界精英的研究中描述了一种模式,浙江省核心区内部中精英的发展变化在此模式中清晰呈现。在辛亥革命爆发之前,新闻业的主要领导者大多是有志于改革的民族主义者,他们都希望驱除满人,并且重建地方事业。对于这些新闻工作者来说,1911年的辛亥革命使他们的政治化向前迈了一大步。身兼政治家与新闻工作者两重身份的人士在各自创建的报刊上对新的政党品头论足。在这些出版机构中,重心也由关于民族主义的理想转变为对于政治进程的关注。1917年

---

①《时报》,1924年7月9日。剩下的人不是没有工作,就是在其他地方谋职,或是已经去世。
② 这一讨论很大程度上建立在项氏对于新闻业的研究上,可见《浙江新闻史》,这里面包含了许多有关精英以及社会发展的重要信息。

北洋军阀控制了浙江省以后，这些新闻界精英也都变成了省里的政治家，他们就省务为各自的政派发声。

1920年代涌现出了许多的职业记者，他们并不也从未将充当国家或省级层面的政治家作为自己的主要目标。在专业化浪潮的冲击下，新闻业作为副业或者为支持其他主业而出现的情形已经越来越少。这一时期商业期刊开始崭露头角，为商人的观点传播提供平台，与此同时教育界期刊也开始发展，大谈教育改革之事。随着孙传芳在1924年取得胜利，军界也开始涉足新闻业；但军界对于新闻界精英的控制直到国民党1927年胜利后才宣告完成。

这一精英形象告诉我们，民国初年，核心区内部的精英们既怀有国家关怀，又十分牵挂省的利益。此时期的主要政治关注从革命年代的国家主义（nationalism）逐渐缩减为1910年代末期的省域主义（provincialism）。与这一观念转变同时发生的还有职业化专家的出现，他们在不同程度上与传统精英互相制衡。商人们从士绅和绅商的阴影中走出来，他们深刻地改变了地方经济发展的形态。与此同时，新一代的、接受过专业教育的毕业生也加入了商人们的行列，在城市经济发展的不同层面做出贡献。接受过现代训练的教师和警察则在地方决策和地方考量中有着不可估量的影响。然而，直至1920年代早中期，律师、军事人物、新闻工作者以及其他专业组织由于活动范围多在中心城市一带，因而在地方上的影响显得不甚重要。最终，在1920年代这个逐步政治化的时代里，许多专业人士不是被军政人员所支配，就是与他们融合。项士元的研究指出了这一阶段核心区内部精英发展的主要方面，尤其是与日俱增的分层化、专业化以及政治化。

精英与自发团体(Voluntary Associations),1900—1927

对于20世纪早期核心区内部的精英而言,社会身份不仅仅意味着宗族关系、社会群体以及职业分化。随着国家层面的事件以及政府扶持的机构将许多核心区内部精英政治化,自发组织将他们纳入各个群体,并为他们提供了为国家、省以及地方事务表达意见的平台。这些组织为人际关系的增长提供了便捷,而这种关系也为日后多种政治活动的展开奠定基础。它们为多种社区服务提供组织基础,并成为发展变化的主要动因,在宗族和不同地域群体以及国家之间架起了一道桥梁。它们对于政治发展的重要性实在是太过明显了。

20世纪的前三十年见证了自发组织的两个蓬勃发展时段:1907至1914年以及1916到1924年。这两个时段都在政府部门的政治压迫下宣告终止——1914年是亡于袁世凯之手,而在1920年代中期则是终于孙传芳和蒋介石之辈。组织平稳发展的社会被一些政治领袖视为社会混乱和潜在的分裂;他们因此对新的社会结构和社会进程寻求更深入的控制。

革命时期的团体,1907—1914

核心区域的自发团体出现于1907年保路运动的争端之中。① 直至1912年,它们还一直是以民族主义为目标,希望使中国强大并改革中国。来自国外的威胁是显而易见的,尤其是在

---

① 边缘地区只介入了电报修建以及府城一些学生的自发组织运动。金华、衢州、严州以及处州的学生对于这些运动的支持,可以参见墨悲《江浙铁路风潮》,第144页。

1907年和1910年,英国公然促成了铁路负责人汤寿潜的离职。新成立的临时团体,以及1910年代之前成立于核心区内部主要城市的专业团体,向政府发送意见相同的电报加以谴责。①

为了通过地方发展来建设强大国家,总部设在上海的国民尚武会于1911年在核心区内部中的多个县成立分支机构。② 在所有这类组织的会议中,常见的主题包括民族主义、强身健体、组建民兵以及发行组织期刊的必要性。商会响应这些组织的号召,在核心区内部建立商团。③ 对于大多数中国精英而言,国民体魄的强健是一个新兴的概念。尽管传统精英对于积极的身体运动嗤之以鼻,但新一代精英对于国民体格的关注很自然地导致了他们对于体育训练的兴趣。1910年春,杭州市首办校际运动会。④ 这样的运动会不仅强调身体训练,而且培育竞争意识、增强精英们对于某一学校的认同,最为重要的是,它们加强了学生之间的联系。

参与到这些团体的精英人数很难确证,但可以肯定的是很多人都有所参与:一些组织会议的与会人数大多在100至400之间。⑤ 嘉兴的一位团体领导认为中国人未来应当更加关注国家主权,而非像过去一样,仅仅忠于家庭。⑥ 这位人士没有挑明的是,这样的团体重新定义了中国人对于中国文化集体性的感知。在被各类专业团体及附属机构排除在外之后,嘉兴的妇女们成立

---

① 《时报》,宣统二年七月三十日以及八月一日。
② 《时报》,宣统三年六月七日、十三日、廿五日、廿八日以及闰六月九日;还有《民立报》,6月26日以及7月6日。到嘉兴的上海代表是陈其美。
③ 《民立报》,宣统三年闰六月二十日以及《时报》,宣统三年闰六月廿八日。
④ 《时报》,宣统二年四月二日。
⑤ 注释②中有关于此类会议的记录。
⑥ 《时报》,宣统三年六月廿五日。

了自己的女子体操会,她们争辩道男性过于享乐而不能更好发展社会。① 在1911年夏天的民族主义浪潮中,改良派群体组织起来抵制吸食鸦片和香烟,并且鼓励中国人购买国货从而与洋货进行竞争。②

随着帝制的终结以及"王法"的消失,过去的政治信仰随之土崩瓦解。③ 对于核心区内部的精英而言,革命的发生是与组织伦理的拓展同步齐趋的。1912至1914年的自由共和阶段是各类政治及非政治类团体发展的黄金时期。自晚清以降最为激进的变化是政治党派的出现以及由这些党派所激励的团体的出现。截至1912年春,多达六股党派势力在城市中心发展起来,他们多由留学归来的学生或是来自上海的政治人士建立。许多精英分子肯定接触过快速发展的政治组织:一些报刊报道指出,这些党派会议通常有50至600人参加,许多专业团体和非政治团体的领导都参与其中。④ 除了在国家事务中确立自己的立场,一些党派也在地方改革中做出贡献,譬如限制粮价、兴建孤儿院以及资助地方纺织厂的建立。⑤

民族主义一直是这一时期各团体的驱动力。很多组织都是受到国家主权受损的刺激而建立起来的。核心区内部中形成了很多志在收复1911年后被俄国控制的蒙古土地的联盟组织。英美烟

---

① 《时报》,宣统三年闰六月廿六日以及七月十九日,还有《民立报》,宣统三年闰六月十五日。
② 《时报》,宣统二年六月九日以及十一月廿七日;宣统三年三月九日,闰六月廿六日;《民立报》,宣统三年六月廿八日,闰六月十五日。
③ 这一词汇来自《时报》,1912年1月22日。
④ 参见《时报》,1912年1月22日、2月4日、4月2日、21日、23日以及5月2日;《民立报》,1912年2月25日以及6月20日。
⑤ 《时报》,1912年4月21日、23日以及1913年6月25日。

草公司的一些代理商在税务方面的操作行为违背了嘉兴县的规定①,从而促使地方上成立了保全国权会。② 女权主义组织也同时关注民族主义的问题:志在为妇女争取投票权的男女平等权利会在有关收复蒙古的问题上是最重要的发言者之一。③

与此同时,改良派团体也处于激增时期。出于重塑政体和社会的考虑,许多人加入了学社,关注的问题包括宪法制度、公共权利、民生问题、法律角色问题以及共和主义的准则问题。一些学社倡导经济发展。④ 同样也有一些社团希望当前的混乱态势可以被扼制。一个旨在捍卫"民族精华"的学社就在杭州兴建起来。⑤ 为了改良社会,一个名为尚义团的组织也在嘉兴成立。该组织不接受无业之民,成员定时在供奉地方乡贤的明伦堂会面。⑥ 其名称以及集会地点都体现了新兴组织与传统士人价值的联系。

此外,与教育相关的团体也发展了起来。体育会呈现遍地开花的局面;各个学校也组织专门的健身部门,身体强健成了学校生活中一个至关重要的方面。⑦ 随着1913年校友组织在核心区内部各主要城市的出现,传统精英社会最重要的联系之一——同年,在现代学校系统的新背景下,得到了制度化。⑧

在自由共和时期,各个利益团体以及由民族主义驱动的改良

---

① 《时报》,1912年11月22日至24日。
② 《时报》,1912年5月7日,6月5日以及26日。
③ 《时报》,1912年7月14日;《民立报》,1912年8月31日以及1913年3月1日。
④ 《时报》,1912年1月29日,5月24日,7月15日;1913年4月12日,12月11日;1914年2月7日;《民立报》,1912年1月18日,2月25日,3月26日以及6月20日。
⑤ 《时报》,1912年2月26日。
⑥ 《时报》,1919年4月2日。
⑦ 《时报》,1913年7月21日以及12月15日。
⑧ 《时报》,1913年7月5日以及12月18日。

派组织得以发展。1913年,嘉兴一带的地主组织了田业联合会,讨论如何从拒付田租的租客那里收租的问题。他们最终在一所附属于当地官僚机构的建筑中设立了收租局。① 1912年夏天,四十位来自县议会的代表成立一个组织联盟,要求废除浙江省多年来遭受的漕南米之苦。② 其他一些非自治机构、地域性组织也具备在更高的行政层面将精英们召集起来的能力。举例而言,县一级的精英们便被府一级的宁波公产组织以及嘉兴的浙西商团联合会所收纳。③

总体而言,核心区内部的精英们是在一个与十年前大不相同的组织环境下运作的。大量的自发和专业团体为这些精英提供了众多参与政治和社会事务的机会。这样的参与不仅为他们提供了个人发展的目标,而且还提供了精英网络发展的契机。

袁世凯在1914年对于自治机构的废除,造成了与自由共和时期各类组织蓬勃发展形成了强烈反差的时代。专业团体依旧照常开会,只是商会的自治被新出台的严格规定所限。④ 自发组织受到了压制。在1915年反对"二十一条"的大背景下,许多学生自发成立了带有民族主义色彩的组织,但这事后证明仅仅是短暂存在。⑤ 不过袁世凯没有预料到的是,他如此专制的行径却也促使了专业团体在处理地方以及省一级事务上的发展。代表着当时公共思潮并且象征精英政治制度化的自治机构组织多是处理各项事务的普遍性组织,它们对于各类事务都有所关注。在废

---

① 《时报》,1913年1月9日以及3月6日。
② 《民立报》,1912年8月5日。
③ 《民立报》,1912年3月2日以及《时报》,1912年7月18日。
④ 《时报》,1914年6月29日关于教育会联盟成立的报道。
⑤ 《时报》,1915年5月16日。

除此类组织的风波后,许多有着具体职能的组织在管理水利、慈善以及公共事业上继续发挥余热。其中的一些是由政府扶持或受到政府资助的。与1910年前各界人士为了公共事业各自为战不同,这一时期的各类委员会和组织的设立都有着明确的章程,它们同时配备了专业人士来处理诸如疏浚、建桥以及救灾等活动。① 即使在1922年之后,县一级的自治机构重新兴起,专业组织却依旧在发展。这些组织不仅成为组织专业化的佐证,而且还显示了它们对于市民日常活动进一步的规范化。尽管一些精英依旧以个人名义捐赠大批资金,但晚清时期私人管理城市事务的趋势以及各项事务都能参与的多面手观念已经不再是主流。②

核心区内部的精英组织,1916—1924

随着袁世凯在1916年年中的离世,各界精英兴起了一股前所未有的组织化浪潮。尽管这一时期的专业团体发展激增,县一级的自治机构也重新回到了历史舞台,但最值得关注的是自发组织与会议的爆炸式增长,期间主要的推动力,就如1907年和此后的革命一样,是民族主义。紧随着五四运动,商人和学生团体、爱国社以及各界联合会表达了社会各界的诉求。③ 随着中国在1920年代遭遇各类危机,这些组织与专业团体联合会一道,在各大中心城市创建了一种为民族主义展开讨论以及行动的精英结构。④

---

① 可参见《时报》,1917年12月26日,1918年4月9日、10月24日;1919年4月16日;1920年7月12、14、16日;以及1924年8月9日。
② 南浔的孔家以及张家精英做出了极大的贡献,《时报》,1920年4月15日以及4月21日。
③《时报》,1919年6月20日、11月5日、12月6日以及1920年3月3日。
④ 譬如,参见《时报》,1923年7月1日、16日、18日、25日、31日;1923年10月21日、11月20日;以及1924年9月9日。

这一时期的很多事件都引发了大规模的集会,1919年福州以及天津学生为日本人所杀害、1923年曹锟当选总统的腐败黑幕、1925年的五卅运动,以及北伐之事都在其中。

除此之外,国民大会也在危机之中召开,据报道,这些大会吸引了1000至4000人。① 在晚清时期,为了某一具体目的的大规模地方示威常常在官衙门前开展。② 而自1910年代末以来,这一示威场所换到了现代学堂的操场之上。③ 从象征性的空间角度而言,公共抗议、民族主义以及对身体活动的强调在这一问题上得到了统一。更多并且更大的体育性集会在这几年内于中小学频频开展——1917年5月的一场运动会吸引了来自杭州、绍兴以及嘉兴的超过2000名参与者。④ 这些集会为学生之间的联系创造了条件,而这一条件也在日后的民族主义政治运动和操场集会中派上了用场。⑤

除却民族主义组织,这一时期也见证了组织化发展的三种特征,我将在第三部分中讨论这一问题。首先,这一时期的标志是省一级政治党派以及联盟的形成。其次,核心区内部主要城市之中已有了国民党的组织机构。⑥ 再次,这些组织的形成间接反映

---

① 参见《时报》,1917年1月17日;1919年5月24日,6月30日,12月7日至8日、10日;1920年2月15日、4月15日;1923年1月20日,7月24日、30日,10月11日;1924年2月10日以及5月2日。
② 可见崇德县的游行,《时报》,宣统二年十二月廿六日。
③ 就杭州而言,游行经常在辛亥革命后西湖被清空的一片区域上展开。
④《时报》,1917年5月21日;1918年4月1日、16日,5月17日,9月17日以及9月24日。
⑤ 可见《时报》,1919年5月25日。
⑥ 1916和1917年间,几位精英组织了准政治组织来研习国家以及省内问题。尽管它们的存在仅仅是昙花一现,大多数领导都在1920年代和国民党联系在一起。它们包括1916年嘉兴的团体(《时报》,1916年9月12日)、浙江政务商传会(《时报》,1916年12月1日以及5日;1917年4月24日,5月16日、22日;以及《中华新报》,1917年4月20日),以及求是会——这是以清末杭州著名的求是书院来命名的(《时报》,1917年5月1日)。

了区域联合在国家政治危难时期的重要性。1920年,浙江北部以及江苏西南部的精英成立了吴会,探讨这一区域的共同问题。① 1922年末,这二省的县议会联合会开始讨论他们在促进和平以及采纳宪法方面的可能性。② 太湖区域自治机构联合会也于1925年召开。③

革命时期的组织化趋势也在这一时期得到了延续。妇女组织努力争取妇女政治角色的扩展,尤其是在1920年代初对于省宪法进程的参与。④ 学会则探讨许多学说提出的各类问题。⑤ 从某种程度而言,它们都受到了五四思潮的影响,后者同样孕育了一系列倡导社会改变、学校自治以及军事训练的学生组织。⑥ 此前从未组织过此事的专业团体也开始效仿:杭州警察(1919)、学校教师(1920)以及中学校长(1923)。⑦ 农林学校毕业生以及新闻工作者的职业联合会分别于1923年成立。⑧

核心区内部与外界的联系在这些年内迅速增长。如杜威、泰

---

① 《时报》,1920年6月28日。参见1925年2月23日《时事新报》对于苏浙地区有意组建新政治单元的报道(当地在早期中国构成了吴国)。可见张其昀《论宁波建设省之希望》,《实地学报》,3(1925年5月);5。
② 参见第十一章。
③ 《申报》,1925年6月2日。
④ 《时报》,1923年7月4日、7日、8月18日、10月27日、11月3日和6日;1924年3月21日、8月3日。最后一篇记录了他们拜访烈士秋瑾的坟墓。
⑤ 《时报》,1923年9月4日;1924年1月4日、9日、29日;2月11日以及7月21日。这些讨论理论的组织包括嘉兴的合会、吴兴的学社以及余姚会。而讨论实际事务的包括九九会(该会建立于1921年9月9日,当天浙江出台了第一部宪法)以及兴余会(由1921年的支部所命名)。《时报》,1916年10月22日;1918年12月4日、6日;1919年6月16日;1920年4月15日、5月26日、8月14日;1923年7月12日、14日、16至17日;1924年3月22日以及8月10日。
⑥ 《时报》,1920年1月17日、3月5日、6月6日;1923年7月24日、6月11日以及7月2日。
⑦ 《时报》,1919年3月21日、24日、5月9日至10日;1920年1月12日;1923年12月10日;1924年2月18日。职业组织继续建立公所并且开始成立现代工会。
⑧ 《时报》,1923年7月5日以及12月4日。

戈尔一样的著名演说家都在大城市向学生以及学会讲话,来自韩国的名气稍逊之辈则在较小城市中就亡国主题进行演说。① 有着域外纽带的核心区内部精英组织在这一时期蓬勃发展。许多城市和大镇中的基督教青年会、小城市中的红十字会分支以及位于宁波的华洋义赈会都是很好的典例。② 总体而言,类似组织以及团体的激增显示了核心区内部精英作为一个整体而言,变得更加政治化,有着域外视野,并且对于其专业化角色在愈发分化的社会政治空间内的位置有所意识。男男女女皆加入各类组织来获取目标、抗议(政府)决定并且互相壮大。

1924 与 1927 年之间,成立组织的愿望与孙传芳的压迫政策相互冲突。包括国民党在内的政治上活跃的组织或被毁灭或被严格控制,其领导多受牢狱之灾。③ 1927 年年中以后,国民党的军政政府通过打压自发团体主义并将其重新纳入准官僚单位之内,继承了孙传芳的打压政策。专业和职业组织的成立要得到政府的允许,政府对爱国组织以及学社的成立心怀猜疑。④ 完全自发的团体主义时期宣告终结。

---

① 杜威于 1919 年来到杭州,泰戈尔则在 1924 年来到于此。有关来自韩国的演说家,参见《时报》,1920 年 1 月 13 日,里面有他嘉兴之行的记录。
②《时报》,1918 年 12 月 6 日;1920 年 10 月 17 日;1924 年 4 月 18 日。红十字会在 1924 年 9 月的战争以及北伐运动时期出现。
③ 项士元,《浙江新闻史》,第 107—128 页;《时报》,1924 年 12 月 17 日;1925 年 12 月 29 日;以及《申报》,1926 年 3 月 12 日。
④《寿昌县志》中有党派促使设立的一批组织。这样的政策很大程度上削减了地方上的积极性。

第六章 核心区内部精英与政治决策

评价地方精英目标的一个明显方式便是研究这些精英为自己制定的政治计划。而分析这些精英为了实现这一计划所采取的政策制定模式可以阐明精英内部之关系、地方权力形势以及精英变迁趋势。①

地方官与地方精英

地方议题的管理都要在不同程度上涉及县行政长官,因此县行政长官的角色对于我们理解决策的背景和模式便显得至关重要。清代知县常被描绘为父母官,他们在地方上有着极大的权

---

① 关于决策制定对于精英研究的重要性,参看大卫·哈马克(David C. Hammack),《美国城镇权力研究中的问题,1800—1960》("Problems in the Historical Study of Power in the Cities and Towns of the United States, 1800 - 1960"),《美国历史评论》(*American Historical Review*)第 83 卷(1978 年 4 月),第 323—349 页。

力,维持一县的秩序并且监管税收。① 民国初年县行政长官的职能与清代几乎无异,只是在1912至1914年以及1916至1917年间,由于县地方法庭的存在,其司法职能与清代有所不同。尽管县行政长官职能的大致范围在全省内几乎一致,但与地方精英相关的实际角色在每个区域内都有所不同。

在辛亥革命之后的一些核心区内部县内,县行政长官似乎要服从于县议会。譬如,鄞县议会就控制着县行政长官;而嘉兴县议会也成功地阻止了一位县行政长官的任命。② 然而,在袁世凯于1914年加强中央集权的影响下,各个区域内地方行政长官却在财政、司法和地方管控方面超出了其本身的职权范围。核心区内部的精英们持续不断地就滥用税收以及私改收税时间从而中饱私囊的问题对行政长官进行批判。③ 这样的批判显示出行政长官经常在地方事务上投入经费颇少,收来的税也都进了他们的口袋。④ 譬如,屠宰税就明显为县行政长官所滥用。当地方法庭在1914年被废除之时,司法权力又重新落回到行政长官的手里。⑤ 尽管这些法庭在1916年和1917年间被简短地恢复,但是大多数县的司法权力直到1927年都还是掌握在县行政长官手中。⑥ 在这些年间,县行政长官们过度地行使这些权力。1914到

---

① 华璋(John R. Watt),《中华帝国晚期的知县》(The District Magistrate in Late Imperial China),纽约,1972年,第11—14、85—87页;瞿同祖(Ch'u T'ung-tsu),《清代地方政府》(Local Government in China under the Ch'ing),剑桥,马萨诸塞,1962年,第14—35页。
② 《时报》,1912年1月14日以及1913年6月25日。
③ 参看《时报》,1917年10月5日,11月5日;1918年4月18日,8月2日;1920年11月13日;1924年1月14日,12月19日;以及1925年9月8日。
④ 参看何炳松《浙江小学教育的现况及其罪人》,《教育杂志》,16(1924年9月),第1—2页。
⑤ 参见《时报》,1920年1月18日以及10月21日。
⑥ 县法院于1922年在绍兴、嘉兴、吴兴、临海、丽水、建德以及衢县地区重新建立。

1916年的两年间,他们实施了愈发严酷的刑罚措施:督军吕公望不得不禁止县行政长官掌握生杀大权。① 县精英对于行政长官的指控主要源于过度而又不公的判罚以及刑事民事案件中的威逼勒索。②

更为重要的是,民国初年的县级行政长官具有超出其职权范围的警察权力。在1914年新建民兵体系的影响下,行政长官有权力在危机之时调动警署力量,并且可以掌控冬季的防匪项目。③ 然而,许多地方的行政长官的控制都超出了监管民兵的范围。由10人或以上组成的临时警察署在革命时期已在多县扎根,但革命过后,它们仍然受到行政长官的掌控。1916年10月,吕公望将这一机构废除;但是这些机构仍然得到特殊县税的支持,从而以其他名义保留下来。截至1918年末,它们俨然成了县行政长官的私人雇佣兵,并且成为威逼勒索的罪魁祸首。省议会于1918年末进行投票,要求废除临时警察署,但是这一决定是否得到落实,或在何种程度上得到落实就不为人知了。④ 1920年代,尽管省方面已勒令废止该机构,县行政长官们却依旧自作主张,增加警备人数。⑤

在所有地方税收中(可能的例外是屠宰税),地方警察征收的房税招致了最多的不满。尽管精英们意识到警察对于保全他们利益的重要性,但是其中又交织着警察中的腐败现象以及警务人员的傲慢,这使得地方上对于警察经费的使用十分矛盾。嘉兴县

---

① 《时报》,1916年7月13日。
② 参见《时报》,1917年4月18日。
③ 冬季防御的领导问题,参看《时报》,1915年11月18日。
④ 《时报》,1918年12月22日及23日。
⑤ 夏超所发布的命令,参见《时报》,1925年4月23日及8月5日。另外,《申报》于1926年8月30日也有后续报道。县官有时也在危机之时建立额外的防御部队。《时报》,1917年4月22日。

在1923年年中增加房、茶和酒税来资助地方警务力量,然而与此同时,杭州一带的县议会和商会却提出抗议。① 尽管当局的决定是要提高收取房税的效率,而非增加房税本身,但精英群体依旧对此大加鞭挞,认为这只是为地方上的威逼勒索披上一层伪装。不久之后行政当局决定将警所升级为警局,这一决定增加了警务支出,也自然导致了税收的增加,有关警察税的问题再一次爆发。② 行政长官显然掌控着警察事务;地方精英组织仅仅充当建言献计的角色,他们经常是反对的一方。

县级行政长官与地方精英之间常有冲突,但他们亦能够和平共处。清末的改革家们多认为地方官与当地劣绅之间的紧密关系是地方上的一个显著特征。③ 地方长官一直保持着与核心区内部商业以及地主精英的密切联系,商会就是一个很好的经济联盟。譬如,鄞县的地方长官就依赖商会来资助水警。而在上虞,尽管当地的行政长官被绅商指控滥用职权且监管无力,但是他凭借着与重要商会的联系依旧把自己的官位保留了下来。④

民国年间尽管税种繁多,但主要税收来源依旧是土地税。主要税收都被上缴到杭州以及国家,附加税则被用在地方上。因此行政长官们十分关注从地主处如期征税,而地主们的税收则依赖于佃农上缴的租金。只是这些佃农在庄稼欠收和高昂租金的双重压力下往往很难悉数上交租金。但是天灾之后的减税——这当然有利于缓解佃农的压力——却十分罕见。⑤ 在很多情况下,

---

① 《时报》,1923年8月27日以及9月13日。
② 《时报》,1923年10月24日。
③ 《时报》,宣统三年四月十六日。
④ 《时报》,1913年1月13日以及10月24日。
⑤ 《时报》中1920年4月18日到7月16日内有零散的请求,还可看到对此反应的缺失。

行政长官和地主精英联合起来,从而确保租金的上交。

清末上虞的地主们至多只收取了70%～80%的租金。1911年夏季的一场台风过后,他们成立了农业事务所,要求征收90%～95%的租金。由于县行政长官拒绝为受灾佃农提供任何救助,这引发了佃农烧毁衙门的过激行为。① 位于农业富庶区的嘉兴地主们也长期与佃农就租金问题发生冲突。精英们普遍认为,太平天国运动过后,佃农们权力过大,只有通过强权来使其屈服。② 1911年初,当石门县的佃农组织起来要求地方官处理激增的租金征收,地方官立刻调来军队进行镇压。③ 可以说在民国初期,类似的佃农运动是十分突出的。④

比起动员军队,设立统捐局往往是处理租金问题的一个更为常见的方法。1913年,嘉兴与平湖县便设立了类似的机构来应对佃农的叛乱。当嘉兴议会决定降低地产拥有者的税额之时,议长就带领田业联合会来达到收取租金的目的。⑤ 尽管省政府在几个月后关闭了这些统捐局(因为这超越了县的权力范围),但地方长官与地方精英一道,于1914、1916、1917、1924以及1926年重新设立了统捐局。⑥ 这些统捐局附属于县衙门并由衙门人员供职,它们采取了多项措施:1913年,它们为速交租金者提供奖

---

① 《民立报》,宣统三年七月七日。
② 小岛淑男:《清末民初浙江省嘉兴府周边的农村社会》,载东京教育大学东洋史研究室编:《山崎先生退官纪念东洋史学论集》,东京,1966年,第186—188页;《清末民初江南的农民运动》,载《历史教育》第16卷(1968),第121—123页。
③ 《时报》,宣统二年十二月廿六日。
④ 可以参见《时报》,1913年12月23日;1916年4月22日;《民立报》,1912年12月25日;以及《北华捷报》,1912年12月14日,第734页。
⑤ 《时报》,1913年1月9日以及2月13日。
⑥ 《时报》,1913年1月9日,3月6日;1914年1月7日;1916年4月22日;1917年12月7日;1924年8月12日;《申报》,1926年3月5日。

赏；1917年，它们逮捕不服从管理的佃农。我只发现了一份有关统捐局影响佃农大家庭的记录。1924年1月，王江泾（中间市集）设立了一所统捐局，用来处理拖欠租金的1046户佃农家庭。由于该统捐局所采取的行动，597家佃农家庭在8月初便上缴了5776元租金。此外，254户家庭显然受到了威胁并因此主动缴纳了欠租。就这样，81％的佃农家庭因为受到统捐局直接或间接的压力，支付了一些额外款项。① 而在没有统捐局的年份中，自治机构代表便负责与欠租佃农理论。1920年，这一方式在嘉兴县的新塍引发了骚乱。②

我的研究指出，核心区内部的地方行政长官并非如地方精英一般，十分介入"社会管理"之中。县行政长官的主要关注点在于税收的管理和收取，后来还包括处理动乱问题。诸如教育、经济发展以及社会服务一类的地方项目的兴起和指导则多交与核心区内部的精英之手。县行政长官偶尔也会首倡兴建学校或道路，就像1912年的定海和1913年的镇海；③但在地方发展问题中，核心区内部的行政长官们多扮演建议者或是资金提供者的角色，他们的角色与其他区域的行政长官是截然不同的。

县以下的行政区域边界划分

人口普查以及在县以下的自治机构区划分界限对于一个区域的精英而言至关重要，这也引发了很多争议。在核心区内部精

---

① 《时报》，1924年8月12日。
② 《时报》，1920年1月15日、20日。
③ 《定海县志》，2：6a；《时报》，1913年11月17日。这里可以与施坚雅关于精英非正式管辖的观点作比较，《城市与地方体系层级》，第336—344页。

英中,围绕一个镇或县中心划分地域成了一个棘手的难题。① 杭州的西湖区域(位于城墙之外)精英便对其并入城区之内颇有微词,他们认为杭州与西湖牵涉的利益大相径庭,而属于西湖的利益只有建立一个西湖自治区才能得到最好的维系。尽管最后西湖区域保全了自己的利益,但这也使得两区精英之间的关系不甚愉快。② 双林区域行政官员将周边市镇容纳进来的做法招致镇中精英的不满,因为这一区划方式阻碍了当地市场发展的规划。最终,双林精英们取得了胜利。③

绍兴地区有关自治机构区划的详细记录强调了这一进程中的各个方面。④ 该城被划分为 39 个坊,而每一个坊的总部都设立在社庙之中,这些社庙多是以往救灾以及御冬等事的处理之所。坊与坊之间的界限其实并没有划定;人们可以决定他们从属于哪一坊。在城市之外,模糊的界限划分为地方士绅所摒弃,他们希望划分明确的界限,这招致了极大的反对声。⑤ 在中国,政治界限感并不强烈,这一明确划定界限的方式与长久以来的传统相悖。举例而言,位于山阴与萧山县之间、人口众多的天乐镇历史上一直被划分为三个部分;然而尽管其中一个部分属于山阴,它却由于地势相

---

① 根据晚清自治机构的规定,镇是拥有超过五万人的非行政中心,乡则只有不到五万人。有关这方面的争端,可见《时报》,宣统二年八月十一日、十月十二日以及三年五月十日。
② 《民立报》,宣统三年三月九日以及八月十二日。后者显示了该城市对于西湖选举代表的鄙夷。
③ 《双林志》,32:18b—19b。双林需要这个乡的人数才够得上大镇的资格。
④ 以下信息来自《绍兴县志资料第一辑》,第 11 册:6a—8a。
⑤ 规定中只是指出人口在五万以下,因此有关乡的规章变得十分模糊。正如孔飞力所指出的,乡的规模以及数量是因地而异的(《地方自治政府》,第 279—280 页)。在浙江省所有区域的所有县中,一般这一数量是 5 到 10 个。然而,有着 21 个乡的余姚以及拥有 42 个乡的绍兴(当时是分作山阴和会稽的)完全把它们的乡建立在旧有防御组织"都"之上。

似(亦可能是市场上的联系)归萧山所辖。① 因此将其划入山阴自治机构的举措便引来了极大的不满。

市场网络是镇区划中最为根本的考虑标准。由于市场联系，一个邻近安昌的渔村尽管处于该镇的区划之外(5至6里)，但是依旧被划入到该镇之中。然而，当安昌试图将一个与经济无关的镇纳入自己管辖范围之时，当地的精英便表示反对。这场争端直到自治机构于1914年被废除才告一段落。杨望镇进行区划之时，不仅囊括了与该镇毗邻的村落，而且还将属于潞富镇市场体系的峧里村纳入其中。峧里因与潞富镇的其他村落存在着长久的矛盾，尽管与杨望之间有一山相隔，但依旧愿意纳入后者的区划之中。两镇的精英因而展开了激烈的争端，他们都声称享有划定峧里的权利。然而，潞富镇依靠属于自己的市场和地形，最终自治机构将峧里划给了潞富镇。

习惯以及精英们的偏好成了嘉兴区划中的其他考量因素。譬如，有两个小镇在同一市场体系内形成，并且地势相仿且人口稀疏，但它们还是由于不同的风俗习惯而被划分为两个区域。又例如，一个镇包含一些市场位于其他镇的村落，则是由于这些村落与此镇具有相同的地形与类似的风俗。而在另一个例子中，一个拥有单一市场的镇却包含了其他几个额外的村落。在一些大一点的村落中，精英们都要求为其村落争取各自所需的镇，从而便于分化市场体系。

自治机构运动给了各个地区的精英一个根据各自政治经济利益来选择具体政治空间的契机。② 选择是为了保证利益，例如

---

① 革命之后，山阴成了绍兴的一部分。
② 一位鄞县参事会成员曾经提出过关于自治机构区划的问题(《时报》，1913年5月10日)。

保全市场或是维系之前的社会联系,防止城市利益进一步侵蚀更多的农村地区,促进有着共同利益区域的发展。从这一角度而言,政治边界在核心区内部中变得更为重要。

地方自治机构的角色

辛亥革命以前县级以下自治机构的计划包括传统精英的关注点:公共工程、慈善、救灾、公共道德以及教育。在帝制时代晚期,这些属于个体士绅或非士绅精英的管辖范围;如果特别机构得以成立用来处理某一具体问题,那么这些组织也多是暂时性的。随着1910以及1911年自治机构的成立,对于这些事务的控制从私人空间走到了政府促成的公共空间,这也是20世纪政治发展的一个重要方面。举例而言,在绍兴,清季的赈灾粮仓多由额外土地税所支持,受到绍兴徐家的管理。而在1911年,该家庭将此职责交与自治机构来处理。① 与此相类似地,始建于1870年代的桐乡县青镇的孤儿院在1910年被镇议事会所接管。②

随着传统士绅的功能逐步转移至公共领域,资助地方上的水利、慈善以及防御工程的问题变得重要起来。为了在公共领域中提供此前由富有地方精英所提供的服务,一些商品以及运送这些商品到市场的船只都要被征税,这包括香烟、鱼、肉、酒、竹子以及锡纸。③ 这些

---

①《民立报》,宣统三年六月八日。
②《乌青镇志》,23:6a。
③《时报》,宣统二年十二月十四日;宣统三年四月十一日,闰六月十日。有关相似的为新学校而征收的税务问题,参见中村恒《清末江浙农村社会反对学堂设立的一个侧面》,《历史教育》,10(1962),第77—79页。而一般的项目,则可参见《时报》,宣统三年二月十八日、廿五日、三月十一日、廿一日、廿三日、六月四日;以及《民立报》,宣统三年七月廿九日。另外还可参考《余姚六仓志》,34:13b—14a。

经济上的递减税通常影响着非精英的消费者以及商人,他们的抗议常常演化为暴力:在1911年早春的镇海和嘉善,学校以及自治机构部门被烧毁,一位镇海市镇的工作人员被杀害。①

自治机构将自己视为公共领域中传统公共道德的捍卫者。嘉兴县提出削减妓院,并且制止在一所寺庙附近发生的"奸淫"行径。② 核心区内部的士绅以及绅商们通过扶持教育,将自己视为儒家道德伦理的支持者。海盐县澉浦镇地方志的编撰者指出,一些精英鼓励教育是为了对抗来自上海并在附近地区无所不在的崇商习惯。③ 此外,当时比较流行的观点认为现代学校是地方发展的来源,并且还能为国家的强大做出贡献,这同样推动着精英对于教育的支持。

自辛亥革命之后,县级以下的机构将更多的注意力集中于现代化发展项目。除了杭州——革命前的咨议局已经在当地建立了路灯并将街道清理制度化,晚清县级以下的机构并未进行任何现代化工程。④ 形成强烈对比的是,就在1912与1913年间,这些机构开始建立起电灯公司、电话系统、现代诊所与药店、为有志向的学徒与商人开设的借贷机构,以及现代教育机构和报刊阅览室,从而使得有兴趣之人能够了解政治、社会以及经济发展问题。⑤ 而像双林一样的较小中心城市也同样参与到建立路灯和开始道路清洁的事业之中。⑥

---

① 《时报》,宣统三年七月一日,八月廿二日以及八月廿四日。
② 《时报》,宣统三年三月廿一日。
③ 《澉志附录》,2a。有报道称,1910年在澉浦引起极大动荡的人都来自上海(《时报》,宣统二年四月二日)。
④ 《时报》,宣统三年二月十八日记载了有关杭州方面的行动。
⑤ 参见《时报》,1912年4月16日;1913年6月7日,7月20日至21日,8月7日,10月2日,10月13日;以及1914年1月19日。
⑥ 《双林志》,32:18b—19b。

在宁波和绍兴,革命之后的镇议会以及管理者开始着手解决传统难题,尤其是防洪问题。① 与之鲜明对比的是,在晚清年间,这类难题是由士绅以及各宗族来解决的。可以确定的是,同样的精英仍在自治机构的组织中供职。但这一框架却是极为重要的,这一框架也得到了改变;现在,自治机构是水利争端中有着合法名分的一方。当一些地方显赫之辈妄图对水利问题大包大揽而非交给议会处理,各县地方人士皆怒不可遏。② 镇上的精英很快意识到,由政府认可的议会才是他们实现地方利益的合法渠道。随着具有自我意识的精英们政治化的增长,传统事务也演变为公共领域的一部分。

县议会于1912年成立,负责管理涉及多镇而超出县以下自治机构管理范围的事务。然而,县议会与县以下议事会的职权却没有明确的分工:它们同样收取税务、鼓励教育并监管公共工程、慈善以及救灾。由于县议会一般控制县以下机构的资金来源,大多数争端皆由财政问题而爆发。县议会与乡镇议事会在海盐以及镇海县资金问题上的冲突就是一个典例。③ 1913年末,鄞县以及县级以下的机构要求负责民事的行政长官来划分它们之间的职权。④ 现有材料指出,这样的政治斗争在核心区内部是一个常见特征,这也显示了精英对于不同政治机构价值以及意义的丰富感知。

现有材料中没有任何有关县或县级以下自治机构表达民族主义情感的记录。当一位宁波议员在1913年提出反对袁世凯善

---

① 参看《时报》,1913年6月7日,7月30日,8月8日以及9月21日。
② 参见《时报》,1913年9月15日。
③《民立报》,1913年6月29日;《时报》,1913年4月17日。
④《时报》,1913年12月18日。

后大借款后,这一革命活跃区的议会却对此提议置若罔闻,议长甚至指出这样的议案后果难以承受。当此议员再次提出相同的议案之时,该提议很快就被埋没。① 唯一能够激发议会讨论的国家事务就是中央政府对于县的高额征税问题。②

自治机构的代表们从1914年起直到1922年议会被重新设立,都是县行政长官的代理者,负责在地方事务上进行调查或建言献策,而这在之前本是议会的职责。③ 这些代表充当着地方政府与其他精英组织之间的纽带。有时行政长官会邀请一些镇的代表来讨论县里的问题,从而形成一个实际意义上的县议会。④

第二届县议会(1922至1927年)较第一届县议会(1912至1914年)而言有着很大不同。第二届议会与一些重要的专业团体——譬如道路、疏浚以及公共卫生委员会——同时存在,这些专业团体所扮演的角色履行了第一届县议会的职责。于是乎在1920年代,县议会主要负责收取税务,而非管理具体事宜。⑤ 这一职能显然已经获得议员们的自我认可,同是也意味着他们对于一些项目承担监管职责;鉴于持续不断的财政问题,县议会对于地方项目监管更加严格。⑥

---

① 《北华捷报》,1913年5月17日,第505页。
② 这里的一个主要例证是来自核心区外部的奉化县议会,该议会曾被省政府禁止讨论这一问题(《时报》,1913年12月31日)。
③ 参见《时报》,1917年9月26日、10月3日、22日、12月20日;1918年10月24日;1919年8月30日、10月20日、12月1日;1920年3月3日、8月1日、4日以及10月25日。
④ 参见《时报》,1918年8月20日、10月8日;1920年1月22日以及4月15日。
⑤ 可见《时报》,1923年10月29日、11月24日;1924年4月28日、6月14日、7月15日;以及《时报》,1925年12月19日;1926年7月2日以及27日。
⑥ 这些例子来自《时报》,1924年1月11日、5月15日;1925年1月14日;《申报》,1926年5月8日,7月6日;以及1926年8月31日。

尽管教育问题在两届议会中都被摆到了桌面,但具体关注却各不相同。在第一届会议期间,主要的任务是组织并兴建现代学校,持续地为教育集资。而到了1920年代,尽管经费依然是个棘手的问题,议会却主要关注起控制,这包括控制有着激进倾向的教师与学生,与教育行政机构和校务委员会争夺对于中学和师范学校的控制,并且抑制由预算缩减而导致的学校罢工。① 核心区内部对于建立以现代国家发展为目标的现代学校的追求在某些县演变成为镇压学生抗议和激进思想的一场争端。

1920年代县议会以及参事会所阐发的民族主义表明了第一届议会以来地方层面上民族主义的发展,第一届议会对于民族国家事业不甚关心。而第二届议会的眼光则超越了地方事宜,放眼到省务以及国家事务之上。它们频繁要求设立省宪法;在1923年提倡抵制腐败的总统选举;在五卅运动后频发电报,要求中国政府在面对外来侵犯时采取行动。②

地方财政支出与政治上的优先考虑:以嘉兴为例

通过分析公共资金,我们可以推测政府的行政进程以及领导层对轻重缓急的考量。有关民国初年地方政府层面的预算信息少之又少,但我却发现了嘉兴县自治机构自1918至1923年的预

---

① 《时报》,1923年8月13日,12月18日;1924年1月9日,2月21日,3月8日;以及1926年,11月6日及13日。
② 参见《时报》,1923年10月11日,以及《申报》,1925年6月7日至13日。尽管我们不可能得出1920年代鄞县的25位议员中参与辛亥革命的具体人数,但是其中有三位在1911年介入其中。这里我们可以比较《时报》中1924年4月25日的报道与《宁波国民尚武分会旬报片段》,《近代史资料》I(1961年),第543—548页。

算以及1923年该县的教育预算。① (见表12)

表12 嘉兴县自治机构支出

支出种类	1918		1923	
	总额(元)	总额的百分比	总额(元)	总额的百分比
行政:工资及运行费用	1320	9.9	7894	30.3
行政:人口普查	2314	17.5	a	
慈善:育婴堂	3300	24.9	14711	56.6
慈善:贫儿院	1000	7.5	2188	8.4
慈善:贫民洗衣所	960	7.2	已废除	
慈善:丧葬	332	2.5	464	1.8
慈善:赈粮	600	4.5	600	2.3
教育:补助;公共演讲	580	4.4	a	
农业:昆虫控制	367	2.8	a	
牲畜疫苗	155	1.2	150	0.6
公共工程:修建凉亭	1000	7.6	a	
公共工程:公井	536	4	a	
其他:欧战救助金	800	6.0		
总额	13275	100.0	26047	100.0
年剩余额	7061		2140	

资料:《时报》,1919年10月3日及1923年11月21日。
"a"代表自治机构支出中并未对此项做出预算。

---

① 这一信息来自《时报》,1919年10月3日;1923年10月21日、30至31日,11月2日、21日。在1918年,这一自治机构系统是代表系统。第七章和第九章有其他区域的预算数据。

自治机构的资金主要来自土地附加税中固定的 20%；此外，一些县也征收了新的消费税或者在已有的消费税之上拨出为自治机构使用的款项。① 嘉兴县 1918 年的预算可被分为 5 个部分：行政、慈善与社会福利、附属教育支出、农业以及公共工程。其中 6% 的被标注为欧战救助金的支出反映了精英将地方款项用于非地方事业的意愿，这也同时反映了核心区内部逐渐兴起的世界主义。

预算的最大一部分（46.6%）投入了慈善和社会福利方面，这包括县育婴堂、贫儿院、贫民洗衣所、赈粮以及丧葬费用。自治机构的行政支出占据了总量的四分之一，这包括代表的薪水以及民国初年人口普查的支出，其中代表们薪水和机构运行两项加起来占到了近 9.9%。公共工程（兴修一座极富盛名的亭子以及挖井）花费了 11.6% 的资金，教育补助方面花费了 4.4% 的资金，而与农业相关的资金只占到 3.9%。

各县的教育预算并非来源于自治机构的经费，而是来自土地附加税的 40% 以及其他各项税收：一部分是房税、船税和娱乐税。此外，一些收入来源于学校和前书院的土地租金。教育扶持机构负责这些教育经费。第一届议会资助了教育以及农业协会，而到了 1918 年，这样的财政联系由于资金的缺失而逐步消失。② 资金的断流同样昭示着自 1910 年代末开始的专业团体与自治机构相分开的趋势。这一预算上的差异在 1923 年有着地缘上的影

---

① 《宣平县志》第 425 页含有额外土地税分配到其他项目的百分比。大多数县的自治机构基金还不到县政府总收入的 20%。除了额外土地税，各县还会征收其他各类税款，收取公共土地上的利益以及县学校的学费。譬如，奉化县 1922 年收取的 33 950 元中，有 6850 元（约 20%）用于自治机构之上。参见《新奉化》，第 1—30 页。
② 截至 1918 年，教育会在财政上已经受教育推动办公室的掌控，而农会则是自给自足的。

响,之前与自治机构区域一致的县教育区域在重新建构的学区之中呈现分化的态势。①

或许最能说明问题的预算项目是与农业有关的小额开支。嘉兴作为中国最为富饶的农业区域之一,饱受水利和虫害之苦。然而,本该负责管理这些问题的农会在1918年宣告关闭。当农会向县行政长官征求自治机构资金中的20%之时,县行政长官将该问题交与自治机构议员来处理。县行政长官最终选择支持议员们的看法,宣布并无余款来支持该农会(尽管当时还有7000元的预算余额),并且告知后者应当自理。② 这一插曲反映了自治机构对于农会插手农业问题的不满。尽管这些议员批准拨付367元来控制虫害,但这样微不足道的金额较之问题的严重性显得杯水车薪;而到了1923年,即使这样微小的经费也不复存在。

自治机构的预算在1918至1923年增加了将近两倍,某种程度上这是由持续增长的通货膨胀率所带来的,③不过预算的增长率却远远超过了通货膨胀率。

1923年自治机构69%的预算都用在了慈善和社会福利问题上,只有很小的一部分被用于诸如为牲畜打疫苗这样的非行政事务上。这其中并无项目与教育、公共工程以及虫害(尽管这一年的瘟疫十分严重)相关;这一年该县的贫民洗衣所也被废除。较之以前,地方精英通过自治机构提供了更少的服务,却花费了更多的费用。尽管议会和参事会讨论了很多议题,但是对于财政的掌控已经在逐步缩减,这与同时期商会的拓展形成鲜明对比。

---

① 《时报》,1923年10月8日。
② 《时报》,1918年9月24日。
③ 有关通货膨胀的数据,参见《定海县志》,"食货",页1b—5a,以及《诸暨概观》,第45—50页。

更具典型意义的例证是这一时期分配给议会及参事会行政功能的预算,这占据了1923年预算的30%(较之1918年预算的9.9%)。从整体上而言,行政功能的缩减和支出的增加显示了20年代精英权力相比于民国初年而言对于地方政府积极掌控的下降;这些机关的存在是为了精英们能够更好地谋利,却牺牲了那些承担自治机构税务的人。1923年9月,某镇的商人向县行政长官申诉,要求废止自治机构所收的消费税,理由是自治机构已不再提供公共服务。县行政长官拒绝了这一提议,他认为这项存在了多年的税收是有必要的。议会成员上书支持县行政长官的决定,他们认为一旦没有了税金,自治机构的进程将会一落千丈。①

1923年嘉兴县的教育预算(41 523元)较之自治机构的预算总额(26 047元)要多出60%。管理教育并不像管理自治机构一样花销巨大。前者只有预算中的8.2%被用于行政事宜,而后者却有30.3%的预算要用到行政方面。教育支出一般花在县学校、镇学校、奖学金、童子军以及图书馆上。尽管自治机构在1918和1923两年都有盈余,教育上的支出往往要多于其收入(1923年便出现了5000元的亏损)。②

---

① 《时报》,1923年9月25日。
② 由于教育机构总是在资金方面有所诉求,自治机构对其一直心怀芥蒂。《时报》,1923年11月26日。

决策的关注问题与模式

核心区内部的土著与客民

　　核心区内部在晚清与民国时期一个甚为棘手的问题是本地人与客居者之间的矛盾。由于本地人之间纽带的强大,历史上这两个群体就充满了矛盾。本地人满怀猜疑地固守着他们认为属于自己的优越条件,宗族也为其提供了反对客民的领导阶层。然而商人出于其职业的缘故,通常不会如此激进。

　　浙江北部在太平天国事件后几乎成为无人之地,因此大量来自人口过度膨胀的宁波和绍兴以及农业欠发达的台州和温州的移民都涌入此地。难以避免的利益冲突导致了械斗并且在1883年导致了数百名客民被杀。① 由于受到极大的歧视,一些客民在清末便沦为匪徒或进入鸦片种植行业,这令本地精英十分头疼。② 到了民国初年,两者之间的冲突仍是主旋律。③

　　许多客居者在核心区内部的经济地位日益显赫,无疑招致很多本地人的愤慨。据报道,客居者在1912年控制着嘉兴土地的30%。④ 县议会通过向移民拥有的土地按每亩征收额外土地税的方式,进行打击报复,引发了客民极其强烈的反对。⑤ 这些客民为地方经济发展做了很大贡献,他们为嘉兴王店镇所修的桥以

---

① 《乌青镇志》,40:11a—12b;《新城志》,4:7a—8a。
② 参见《时报》,宣统元年十一月三日、十七日、十九日以及十二月一日;宣统三年三月十五日、廿二日以及闰六月十六日;1912年5月14日;1913年3月26日以及4月21日。
③ 《时报》,1917年9月25日;1923年1月28日;1924年5月31日以及6月9日。
④ 《时报》,1912年10月22日。
⑤ 《时报》,1912年10月22日。

及定海的灯塔集资。① 澉浦地方志对于来自绍兴的客民大加赞赏,这是由于他们为当地带来了棉花和山药,这些农作物在多沙的土地中易于生长,而这个时期澉浦的盐业已走下坡。②

尽管有证据证明客居者为公共工程的改善做出贡献并且在核心区内部的经济生活中扮演着重要角色,本地精英依然持有巡按使屈映光在1915年报告中勾勒出的有关移民的偏见:客居者多慵懒、善变且不可信任。③ 土著禁止客民参与到当地的政府工作以及民兵组织活动中。④ 在有些地方,本地精英禁止客民参与到诸如电力和电话公司一类的现代项目之中。尽管在嘉兴内存在着连通两个市场区域的重要需求,地方精英仍然在1914年中期叫停了由客民启动的电话公司工程,他们宁可等到1920年,也要让本地人士承担此责。⑤ 1921年,一家由客民开办于濮院镇的电力公司由于没有本地人的支持而举步维艰。⑥ 总而言之,核心区内部的客民常常在他们的行动中受限或受到管控。⑦

在大多数核心区内部县之中,地方精英有足够的力量抵制客居者对于地方利益的控制。然而,在一些欠发达的县中,那些来自核心区内部的客民有时可以控制地方经济。宁波人对于温州诸种商业贸易行业的控制就招致了很多敌对情绪。1913年,来

---

① 《梅里备志》,1:22a 以及《定海县志》,3:4b—5a。
② 《澉志补录》,2a,21a—22b。
③ 《屈巡按使巡视两浙文告》,4:16a—18a。
④ 《时报》,1913年7月14日;《双林志》,32:20a。对外来人的控制是建立团练的一个明确理由。
⑤ 《时报》,1913年6月9日。就其于1920年的成立问题,见《浙江的电话规划》("Telephone Scheme in Chekiang"),《中国经济期刊》,8(1931年5月),第521页。
⑥ 《濮院志》,14:17a。
⑦ 与外来者的联系程度对当地的经济等级水平起到一定作用,注意绍兴商人在杭州经济中扮演的重要角色。

自宁波的经理和工头被请来成立并监管普华电灯公司,这是因为该公司的拥有者认为"本地人没有完成这一工程的能力",以致于宁波工头与心怀嫉恨的温州本地人之间的矛盾层出不穷。①

水利问题

对于核心区内部而言,水利的管理问题一直存在且至关重要,这包括获取充足的饮用水以及灌溉水,在洪灾与海灾面前提供保护,以及保证商业航线的畅通。除却像海塘一样需要政府支援的大型工程,传统上而言,个体精英都负责处理这些问题。他们在民国初年也扮演了重要的角色,为这些工程捐资并且负责管理。②

辛亥革命之后,自治机构成为水利控制问题的主要处理者。在水利问题上,堤坝的位置是重中之重:建于某一区的堤坝有可能会阻断另一区的灌溉。水利的历史也因而成为一场斗争的历史。在鄞县,应当地居民的要求,来自该城区以及五个镇的自治机构代表于1913年组织起来兴修堤坝;然而有一个镇的某都则对此计划持反对态度。在几番激烈交锋后,地方官不得不派他的代表与县议会议长一道来处理这一争端。③ 虽然其结果不为人知,但是这一事例中的决策过程值得注意:地方首倡,县以下自治机构的关键角色以及县行政长官和议长的从中调和。有时,就如1913年10月的镇海,县行政长官通过召集镇上的管理者以及议事会,倡导兴建堤坝,但大多数情况下是由地方精英来负责传统

---

① 《贸易统计与贸易报告》,1913年,第1008页。
② 有关富裕精英在疏浚和建坝方面的介入,参见《时报》,宣统三年二月二日;1913年6月12日;1920年4月15日、21日;《激志补录》,6a。
③ 《时报》,1913年6月17日至19日。

水利工程的。① 县议会在这些争端上主要扮演争端仲裁者的角色，只有在县以下机构无法处理它们的时候，才会调停并监管这些工程。

土地开垦往往与水利保护一道而行。有着很多土垦机会的绍兴府就成为个体富有精英眼中的目标；然而，正如在水利问题上一样，自治机构依靠着自己政府合法性的地位开始在这一问题上占据主导。在萧山县著名的湘湖一案中，私人创业者于1903至1910年试图开发此地的努力在1911年被县以下议事会和管理者所接管。② 在1914年县议会被废除之前，余姚县的一个镇议事会阻拦了上虞县精英经营土垦的项目，该议事会指出这样的项目应归自治机构所辖。这一事例显得尤为复杂，还在于所谓的开发者是客居者，而反对者是一位身居上海的余姚人，正是他想要亲手接管此项目。③

随着浙西水利议事会于1913年的成立，由公共机构来接管水利项目的趋势进一步发展。这一组织由省议会建立，为丝绸、棉花以及船税等税源地所扶持，其最初的目的是监管嘉兴、湖州、杭州三府运河的疏浚工程。当时运河水系通行不畅，而淤泥与水草的存在也阻碍灌溉的优化利用。④ 水利议事会隶属于议会以及巡阅使，并且主要由省议员组成，它有着决定哪一项水利工程

---

① 《时报》，1913年10月19日。有关其他例证，可见《时报》，1916年9月23日；1917年3月7日以及4月30日。
② 请见我尚未发表的作品，《湘湖地区的发展：精英与政府的融合，1903—1926》("The Development of the Lake Xiang Region: Elite and Government Interaction, 1903-1926")。也可见《萧山湘湖志》(1925年)、《萧山湘湖续志》(1927年)以及《湘湖调查报告书》(1927年)。这一项目也涉及其他上述提到的趋势，包括精英的反对、政府的调和及最终介入。
③ 《时报》，1914年1月16日以及1924年3月2日。
④ 《时报》，1913年7月6日。还可参见《贸易统计与贸易报告》，1907年，第381页。

得到资助的权力,并且通过工程事务所来分发资金。① 此议事会在监管众多地方项目上的成功鼓励了钱塘江以南的绍兴和宁波府的核心区内部精英们成立他们自己的浙东水利议事会。② 议事会处理整个地区水利问题的做法超越了对于某一籍贯地的关注:杭州湾北部的运河体系不仅互相联通,还与西湖以及太湖相联系;绍兴的河流被视为三江体系的一部分。

在1920年代,浙西水利议事会对于项目分配不甚关注,但对于管理资金却很上心。因此分配、考察以及监管项目的任务便落到了由工程师组成的水利委员会手中。③ 正如县议会一样,议事会变得更加在乎过程而非实质,其多为党派纷争所害并且提供的服务越来越少。在被议事会告知没有疏浚河流的资金之后,南浔的士绅于1920年威胁要收回议事会得到的水利附加税并为自己所用,原因是他们在把税款交与议事会之后根本看不到结果。④

在20世纪的前三十年,对于水利以及土地开垦的控制逐渐从私人的士绅、绅商手中转移到了自治机构,再到具体的水利机构并最终到了由工程师和专业人士组成的专门委员会手中。正如湘湖项目所显示的(该项目出台甚至在国民党掌权之前),下一步便是政府官僚的直接管理。⑤ 持续不断的专业化标志着地方

---

① 《时报》,1917年12月7日,10月12日及19日;1918年1月21日。
② 《时报》,1917年12月26日以及1918年1月6日。
③ 《时报》,1923年7月26日以及1924年3月2日。
④ 《时报》,1920年5月18日。核心区内部的项目还包括疏浚杭州南边的南湖以及太湖(《时报》,1924年1月18日)。后者反映了宏观区域活动的重要性:在一场略显不安的合作中,浙江与江苏自1919年起就试图疏浚。但是截至1926年,太湖工程委员会宣布破产,其留下的只有大量的调查报告(《时报》,1919年7月2日;1920年12月14日;1924年1月12日,2月16日,3月5日以及11月25日)。尤其还需要指出的是,活动范围超过了地方、省界乃至整个区域。
⑤ 顾士江:《萧山乡土志》(出版地不详,1933年),第10—12页。

事务的制度化,而水利管理中的一个重要模式便是政府在地方问题中的介入。

慈善和社会福利

地方的社会福利项目尽管与水利工程有着相似之处,譬如县以下自治机构所呈现的重要性等,但是其管理方式却截然不同。在此方面承担多职的普遍化机构甚是重要。县一级的自治机构在20世纪一二十年代就慈善事业上保持着财政预算上的控制。但是当各地如杭县一样建立慈善董事会后,该机构则主要负责监管整个社会服务项目。在董事会以及自治机构中,精英之间就款项使用问题持续存在争执。① 商会同样在救灾项目中扮演着重要的角色。这些商会及其商人会员都为了慈善事业而捐款;商人经常被要求按照成本出售粮食,或者是在灾情面前,负责粮食的分配。②

较之水利问题,政府在社会福利方面的介入要大得多,它们在1913年组织成立习艺所并且在1915年成立慈善机构——因利局。③ 如果我们仔细研究一下县一级习艺所的问题,那么我们就可以看到这一区域中精英的结构以及政策问题。习艺所的主要功能是将无家可归的穷人召集到一起并教会他们一些手艺。根据规定,每一个县的县城以及市镇中都要设立一个习艺所,由县行政长官以及县议会来管理,地方领袖担任领导。这样,某一社区内的主要精英便时常与自治机构的代表们相会面,从而讨论地方问题。精英们对这些习艺所的介入与其说是出于人道主义

---

① 《时报》,1919年4月16日、23日、28日,5月6日、8日,以及7月11日。
② 《时报》,1920年3月22日,5月16日,7月9日、21日,以及11月27日。
③ 《时报》,1913年4月19日;1915年7月4日。还可参见《屈巡按使巡视两浙文告》卷四,多处可见屈对于设立该机构的倡导。

的考虑,不如说是出于他们对穷人眼不见心不烦的态度。① 至1924年在杭州,作为某一时代标志的习艺所,交由警察负责。②

从最初开始,核心区内部的县就在抱怨有关习艺所资金不足的问题。③ 进入习艺所如果愿意的话,可以在此居留多达22个月。该机构制造出的产品60%是为公用,而余下的40%则由工人自行销售。④ 随着1920年代经费的严重匮乏,县议会一个接一个地废除或削减习艺所的各项功能。一份详细的嘉兴议会调查报告指出,在1928年,尽管有28名学徒在习艺所注册,但实际上只有18人身处该所,而这其中至多有12或13名为学徒。而在后者当中,有6人学习纺织,3到4人学习编藤条其余各人皆整日无所事事。鉴于这份报告并且考虑到嘉兴纸厂提供可替代的工作,议会决定将习艺所废除。⑤

尽管政府以及地方机构在慈善方面多有参与,但社会福利依旧主要依赖于自愿捐助。会馆常常为自己的成员以及当地社群提供援助。⑥ 诸如华洋义赈会在宁波分支机构之类的志愿组织也贡献颇大。⑦ 还有大量捐款来源于为慈善事业和援灾而举办的剧场表演。⑧ 社会救济管理是传统方式与现代方式合力而为的产物。或许广泛的、富有普遍性的慈善事业并不适合在其他领域卓有建树的专业化方式。政府的参与则反映了在新的形势面

---

① 《时报》,1916年11月17日。
② 《时报》,1924年6月14日。
③ 《时报》,1912年11月11日以及1913年11月6日。
④ 《时报》,1913年4月19日。
⑤ 《时报》,1923年11月2日。
⑥ 参见第三章;《时报》,1923年8月14日。
⑦ 《时报》,1920年10月17日。《乌青镇志》,6:9a。
⑧ 《时报》,宣统三年闰六月、十月;1912年1月10日;1917年11月10日;1920年9月17日;1924年3月5日。

前,地方精英仍然是需要被提醒来履行其传统职责的。

与虫害的斗争

自晚清以来,嘉兴、杭州一带的农作物便饱受虫害,尤其是螟虫之害。开始于1923年极为严重的虫害使得六个县(嘉兴、嘉善、平湖、海盐、海宁以及杭县)失去了大约40%的农作物。① 而不到两年的时间里,螟虫之害便蔓延到绍兴、宁波、温州以及台州。由于嘉兴府虫害甚重,政府以及地方精英都努力进行控制。

1910年代末,在一场试图教育农民如何防范虫害的徒劳努力中,自治机构的代表们仅仅象征性地拨了少量金额。但在1924年初,根据杭州方面任命的由省一级农业专门学校专家组成的委员会建议,浙江省昆虫局于嘉兴成立。这一机构提供科学与教育的双重服务——既调查农作物的毁坏,又为移除虫害出谋划策;此外,该机构还到处做演讲、出版并分发小册子、展览昆虫不同生长阶段的标本。②

与此同时,嘉兴精英也创建了一个旨在与虫害作战的组织——除螟会。很明显的是,精英们都避免与县农业会有任何瓜葛,原因是后者在1918年已经名存实亡。尽管县议会于1924年投票同意在虫害问题上斥资一万元,但它并未成为反虫害运动的领导者。除螟会是一个临时专设机构,由在全国赫赫有名的嘉兴精英褚辅成所建。褚准备建立成永久性机构(每日工作,且有一到两名专职人员)和一所团体,成员定期会面且主要职能在教育方面。他邀请代表所有自治机构区域内的34位精英加入,并且

---

① 大多数记录都在《中国经济消息》,8(1926年1月16日),第29—30页,以及(1926年10月30日)第249—252页。
② 《中国经济消息》,9(1926年10月30日),第251页。

任命一人为研究负责人,另一人为抗螟虫做宣传工作。① 地方精英、学生、教师以及官员都在这场斗争中被动员了起来。这一运动是地方精英与政府支持的专业人员共同努力的结果。两者都通过多种方式使更多的民众了解虫害,并且调动当地居民的积极性。

这场运动主要运用了两种消灭害虫的方式——在害虫孵化之前便清除虫卵以及利用灯光吸引飞蛾并在夜晚将其杀死。1924年,海盐政府发放了2万盏灯给当地农民,平均每十亩一盏灯。1926年嘉兴政府发放了5万盏灯。每一个村中的1到2人负责将这些灯置于一个木制的容器之上,容器内部放满油和水,这样飞蛾会自己落入其中;而一些志愿者则在夜间巡逻,确保灯的正确使用。在1926年,当来自嘉兴自治机构的资金被大规模削减后,县政府则征收土地附加税来资助这一项目。农民们在将未孵化的卵以及被杀死的蛾上缴之后,受到奖赏,这包括奖章、来自县行政长官的表扬信以及诸如酒、肉和奖金一类的礼品。② 这些除虫害方法据说在控制螟虫方面颇见成效。

此次危机中,专业人士与临时专设组织将传统机构取而代之,承担了领导职责。这一巨大的努力不仅需要政府的扶持,也需要当地居民的自愿参加,同时几乎确定的是也需要一些自发的捐助。与水利和一些慈善工作一样,反螟虫运动反映了功能专业化以及差异化的趋势,同时还反映了公共领域在管理地方问题上取代私人领域的趋势。

---

① 《时报》,1924年2月19日、25日、3月1日至2日、11日、4月28日,以及5月3日。
② 《中国经济消息》,9(1926年10月30日),第251—252页。参见费谷祥《浙西治螟概况及进行方针》,《中华农学会报》,15(1926年3月),第13—27页。

第七章　核心区外部的政治与精英结构

　　原籍属于核心区外部县但是在核心区内部求学的学生经常会回到家乡为原籍地贡献力量。1922年,一位来自奉化县的学生在返回原籍时,对当地人的信念大吃一惊,因为当地人相信,只有合适的天子出现,地方与国家上的问题才能得到解决。这位学生认为经济与政治发展之间是有关联的,因此他建议,政治上的无知可以由更好的通讯、交通方式来改善。① 与此较为不同的是在1923年,一位来自金华的在外求学者通过在原籍地设立带有两个议事机构的村自治制,从而直接推动当地政治的发展。② 无论如何,在外接受教育的现代化人士以及身处核心区内部的改革人士都将核心区外部看作一片发展地带。

---

① 《新奉化》,《论说》,第53—54页。
② 《时报》,1923年8月10日。

精英事业的模式与趋势

核心区内部的诱惑

关于晚清核心区外部的精英,因为县级以下自治机构数据的缺失,要对这一层级以及这一时期做出定论将是徒劳。① 一些例证指出,晚清时期的核心区外部与核心区内部一样,有着很多怀抱改革之心的官员以及学生返回其地,他们都下定决心要在地方的基础上建设一个国家。② 而在民国初年,与核心区内部模式不同的是,这些返乡者都与其原籍地有着更为密切的联系。与核心区内部的精英相比,核心区外部的精英在资历以及社会政治资本上都显得略逊一筹,因此他们没有能力或者没有意愿在更发达的地区与核心区内部精英相竞争。无论何种解释,大量例证表明返乡者多选择留下。③

然而,核心区内部对于能力出众且有雄心壮志的核心区外部精英而言仍有着巨大的吸引力。譬如第一任金华县议会议长蒋瑞麒就被吸引到核心区内部:蒋在1914年成了杭县习艺所的领导者。④ 尤其值得注意的是,多数接受过现代教育的学生在家乡之外度过职业生涯。1922年的一份省立宁波第四师范学校奉化

---

① 一个相对合理的推测是晚清时期核心区外部的数据与民国年间其他区域呈现出相同的模式:与核心区内部相比,它们有着更多的生员人数、较少的现代毕业生,而且也有着更少的从宗族走出的精英。
② 参见诸暨吴忠法和楼守愚、象山欧仁衡、衢州孔宪荛的传记:《诸暨概观》,《人物小志》,17—18 以及《诸暨社会现象》,127—128;《象山县志》,26:16b—17b;《衢县志》,13:33a 和 44b,12:34a,3:26b。
③ 在上述提及的人中,只有楼氏永久地离开了他的原籍地。
④ 《时报》,1913 年 12 月 6 日;1914 年 3 月 29 日。

县学生名单就印证了这一趋势。① 在78位毕业生中,只有12人(15.4%)留在了他们的原籍地,78.2%(61人)的毕业生在其他地方谋职。而在离开奉化的人中,90.2%(55人)留在他们原籍宁波府的核心区内部县(鄞县、镇海、慈溪),4人(6.6%)去到了上海,还有两人去了汉口和北京。此外,由于浙江的11所师范学院(除了位于杭州的省立第一师范学校)声望略逊于省一级的中学以及专业学校,因此毕业于后者的学生很有可能在其原籍地外享有更大程度的流动性。

20世纪10年代末与20年代的精英模式

尽管核心区内部的精英在辛亥革命之后便有了显著变化,但是自治机构的数据显示核心区外部精英的变化直到20世纪10年代末甚至20年代才出现。除了科举功名人数的下降,核心区外部第一届议会与第二届议会的构成也有着明显的区别:受过现代教育的人数从8.5%一跃成为28.6%;而有着在原籍地之外工作经验的人数从5.7%上涨到28.6%(其中的一些人是回到原籍地的旧官员);那些只拥有精英宗族认同的人士数量从20%下滑到14.3%;尽管这样的现象并不常见,但只有10.7%的第一届议会议员或者是他们的家庭成员在第二届议会中出现,而在核心区内部中,这一数字达到了38.5%。这些具有少量延续性的数据的准确程度也可以由边缘地区的相近数据来佐证。即使辛亥革命对于核心区外部精英的影响不甚强烈,我们也可以说革命所孕育的改变了的政治环境使得若干年后核心区外部精英的变化成为可能。

---

① 《新奉化》,《调查》,第38—43页。

在1920年代早期,接受过现代教育的专家以及一些颇具影响的官员返回原籍效力。一些毕业生在地方上成为专家,譬如北大农学学生郁林森就在他原籍桐庐县建了一个实验农场。又比如说衢县一位毕业于林业学校的学生回到他的籍贯地负责监管模范林业站(但后因管理不善而毁)。① 其他人则回到了更为普遍性的岗位上,包括参与自治机构。回乡的官员通常在自治机构中任职或者担任更广泛的领导职务。譬如,诸暨的卢钟岳曾任县行政长官、国会议员,回到原籍后成了县议会议员、县路政组织负责人以及省宪会议的成员(他是1920年代从核心区内部返回的)。② 奉化人庄景仲——此人是一位商人、官僚、省议员以及教育家——回到原籍后带领救灾活动、出任县议会议长,并且被选举为省宪会议的成员。③

由17个成员组成的奉化县议会为我们呈现了一幅1920年代核心区外部现代教育毕业生与返乡官员相互融合的场面。④ 官员与毕业生各占议会的47.1%。他们中只有11.8%(2人)在第一届议会中出现。这一数据反映了前文提到的两届议会之间较小的延续性。议员年龄多在26至62岁,平均年龄为42.8岁,中位数为42岁。有一半的议员是出生于1880年之前的(多为1860至1878年),而另外一半则出生于1880年后(其多为1886至1896年)。如果我们将他们与黎安友有关1860年代至1870

---

① 关于桐庐的信息,可参见《时报》,1920年5月1日;而有关衢州学生的案例,可见《衢县志》,6:30b。
② 《诸暨概观》,《五年来之大事记》,第11—12页以及《诸暨概观》,第108—109页。
③ 《新奉化》,《调查》,第55页。
④ 《新奉化》,《调查》,第55—56页。由于这两种类型的人士都在地方上任职,因此奉化的数据与核心区内部有所出入。而且就归来官员的数字看,这一数据也可能是非典型的。

年代出生的人与后二十年内出生的人之间差异的论断相联系的话，我们至少可以把这一届县议会理解为两代人互动的一个平台。此外，他们的社会背景以及事业经验也大不相同。8名现代学校毕业生中的5位来自较为年轻的群体，而所有有功名者的年龄都要超过年龄的中位值。在8位前官员中，只有2位的年龄是低于中位值的。尽管我们没有可以显示议员之间关系的议会讨论记录，但是这一议会以及核心区外部的其他议会相比于核心区内部的议会，更多地反映出是两代人之间的会议；在核心区内部，自治机构的领导班子并没有太多的老一辈精英。核心区外部此时正处在发展变化的初级阶段，与核心区内部已经历的过程相比，前者精英之间的党派之争更为激烈。两个区域的差异往往是由它们对于改变的接受程度所致。①

在这些相对欠发达地区，商人群体并不如核心区内部一样极具特殊地位且政治上甚是活跃。衢县早期农业、教育、自治机构的现代化发展以及后来现代工业的兴起都是由士绅和绅商所领导的。② 与此相类似的是，诸暨县城以及主要市镇枫桥的电力公司并非如同核心区内部一样由商人来担任领导角色，而是由士绅和绅商掌控。③ 在金华，绅商于1920年初集资成立了一个汽车公司。④

---

① 参见第十一章。
②《衢县志》中有高振声、孔庆仪、叶如璋以及项桂的传记，3；30b，35a；6；30b—31a；23；61b，63b—64a；以及 24；23b。
③《诸暨民报五周年纪念册·诸暨概观》，第110—114页。另外，《诸暨民报五周年纪念册·五年来之大事记》，第3页。
④《时报》，1920年2月2日。

接受过现代教育的精英及其职业

法律与新闻业。就民国初年在核心区内部扮演重要角色的职业——法律、新闻业、警察以及军队——而言，前两者的重要性在核心区外部显得大为降低，而后两者则保持着与核心区内部相对一致的模式。核心区外部的唯一一所律师公会坐落于金华，这也是1920年代核心区外部唯一有着法庭的地方。① 在类似诸暨一样的核心区外部县城内，传统的法律方式依旧占据主导，据报道，1925年的诸暨有着大约200名旧式讼师，却只有7位新式律师。②

新闻工作者在核心区外部也扮演着不甚重要的角色。钱塘江流域的金华县曾经出版由改良派创建的报刊《新报》，但其只在1904年短暂存在。该报宣告破产后，当地直到1918年才出现《新金华旬刊》。③ 地方政府在1913年阻挠了兰溪教育会出版新报刊的主张，原因在于该报刊刊名《中华民国共和》显得过于有煽动性。④ 就整体而言，核心区外部的县城直到五四运动时期才发展了现代新闻业——这比核心区内部晚了10到20年。兰溪在1918或1919年出版过一个短刊《兰溪日报》，但仅仅维持了不到6个月。⑤《诸暨民报》在1919年9月开始发行。这一报刊成为自由主义学生批判旧式精英的喉舌，也由此在1921至1922年间

---

① 参见《时报》，1919年5月9日，以及阮毅成《阮荀伯先生遗集》，台北，1970年，1：28。
② 《诸暨民报五周年纪念册·诸暨概观》，第135页。
③ 项士元：《浙江新闻史》，第40、98页。
④ 《时报》，1913年12月1日。
⑤ 项士元：《浙江新闻史》，第98页。

遭到由县精英创立的另一份报刊的反对。① 其他诸如富阳、余杭、平阳一带的核心区外部县城都是在国民党于1927年掌权之后才开始创设报刊的,而这些报刊也主要充当了国民党的喉舌。② 法律行业现代化的缓慢以及现代新闻业出现的迟滞使得核心区外部看上去依旧颇为传统。

与管控有关的行业。 与前文所提到的职业形成鲜明对比的是,核心区外部的警察与核心区内部一样,对居民生活影响重大。资金不足、警务腐败、人手不足的现象在核心区外部同样存在。③ 1923年诸暨的预算指出,警备预算在当地预算的总额中占到33.8%,只比教育支出少了一点(35.4%)——这的确反映出当地警务工作的重要性。④

在1920年代,地方上对于晚清时期的警察以及司法官员持一种怀念的态度,他们认为这些官员在地方政治环境中扮演着积极的角色。这样的观点从某些角度是可以说得通的,因为晚清最后几年的警察以及官员一般都是从地方上有影响力的精英中遴选的,而这些精英就如同诸暨县以抗洪著称的警务机构一样,秉承着传统的精英模式。⑤ 而到了1920年代,一些寡廉鲜耻的生员或监生便在各县中担起了警务职责。⑥ 时人对于诸暨县的情形曾有如下描述:很多监生或生员变为腐败成性的警佐;他们毫无工作经验(从现代警察学校毕业的人士都倾向于在核心区内部

---

① 项士元:《浙江新闻史》,第88页。
② 同上,第171—172页。
③ 参见《时报》,宣统二年十一月十六日;1917年3月4日,8月4日;1920年3月9日;以及《申报》,1926年6月18日。
④ 《诸暨民报五周年纪念册·诸暨概观》,第75—79页。这些局设立在县的首府以及五个市镇中,其中63人在县的局中供职,而85人在镇中供职。
⑤ 《诸暨民报五周年纪念册·诸暨社会现象》,第97页。
⑥ 参见衢县的朱仁德(音译)、许杰(音译)以及汪仲廷(音译)。

第七章 核心区外部的政治与精英结构

任职);他们常常与当地豪绅狼狈为奸。这样的情形与晚清颇受非议的衙门之吏极为相似。①

在这样的环境之下,低端的法律工作者大量出现。一位县行政长官最多可以拥有 6 名承发吏以及 8 位司法警察。但一些证据显示,1921 至 1922 年的诸暨知事却有着多达 24 名承发吏和 34 名警察。衙门工作人员数量的上升一部分源于讼棍所怂恿的诉讼案件的增加。在 1920 年初,一个县每天处理的民事和刑事案件加起来只有 3 到 4 件,但是这一数字到了 1923 年年中已然上升到了 23 件。② 由于相关材料的缺失,我们很难评判其他地区是否也有着类似的警务支出以及跟管控有关的工作人员膨胀的情形。然而,来自各个区域有关警察人数膨胀、腐败以及花销问题的抗议显示这样的情形似乎也在其他地区存在。

与核心区内部相类似的是,军队在地方政治事务上直到 1924 年都没有扮演持续发挥影响力的角色。每当危机爆发之时,军队就会被派发并驻守在关键城市一带,譬如位于钱塘江畔的兰溪以及衢县。③ 核心区内部的部队往往会支援地方上的民团,从而应对类似于诸暨、嵊县以及新昌一样的不稳定地区。④ 只有孙传芳在 1924 年末对于浙江省的全面控制才标志着军队在地方事务中扮演着更为广泛的角色。举例来说,军事指挥部于 1924 年末驻扎在兰溪的富庶而又有影响力的嘉兴会馆。⑤ 军队

---

① 《诸暨民报五周年纪念册·诸暨社会现象》,第 71 及 96 页。
② 《诸暨民报五周年纪念册·诸暨概观》,第 135—138 页。
③ 《时报》,1923 年 2 月 11 日;1924 年 3 月 19 日以及 5 月 31 日。
④ 这些县的综合情况,可见《屈巡按使巡视两浙文告》,4;74a—75b,81a—83a;以及 84a—86b。还可参见《时报》,1924 年 7 月 18 日以及《诸暨民报五周年纪念册·五年来之大事记》,第 6 页。
⑤ 《时报》,1924 年 9 月 24 日。

145

在地方上的征收以及勒索也在1924到1927年成为地方生活的一种常态,影响着核心区外部的经济民生。①

总的来说,尽管核心区外部没有完全经历核心区内部所经历的一些现代化,1920年代的问题却在此体现得淋漓尽致——首先是警备人员的膨胀,然后到了1920年代中期就是军队持续不断的影响力。

自发组织

核心区外部的组织化发展同样滞后于核心区内部。较之核心区内部,作为商业活动活跃度标准的商会在核心区外部的成立要晚了一年多。尽管在政府的倡导下,教育会与农会在核心区内部与外部几乎同时成立,但在大多数核心区外部各县,革命之前的组织大多限于自治机构以及专业团体。而在辛亥革命之后,组织化运动在核心区外部变得更为显著。奉化的精英在1912年成立了小的团体并且召开会议,讨论地方事宜。②

但直到五四运动时期,核心区外部的精英才体验到核心区内部精英已经历的自发组织的爆炸性增长。诸如金华县工业学社一类的学社就融合了科学与经济发展的研究兴趣。③ 许多县都拥有政治和教育学会,诸如诸暨的青山俱乐部以及愚社,象山在1923年成立的俱乐部,以及奉化的剡社。④ 在这一时期内,如同

---

① 有关衢县的记载,见《时报》,1924年12月19日;有关兰溪县的消息,见项士元《浙江新闻史》,第157—158页。
② 《时报》,1912年6月20日;《民立报》,1912年2月12日。
③ 《时报》,1919年3月25日。
④ 《诸暨民报五周年纪念册·五年来之大事记》,第5页;《象山县志》,14:38b;《新奉化》,多处可见。剡社是《新奉化》的编辑和出版方。

核心区内部县城一样,市镇精英们成立了农会与教育会。① 奉化精英在个别镇及全县成立了水利局。②

截至 1920 年代,体育会、校友会以及职业团体三种团体类型在核心区外部变得普遍起来。前两者呈现出核心区内部与外部之间的差距。核心区外部的第一次体育集会举行于 1919 年末,比核心区内部晚了足足九年。核心区内部在 1910 年代中期已经建立了多个操场,但在核心区外部,即使是较为发达的衢县也要等到 1926 年才建立了第一所操场。核心区内部的校友会在 1913 年便得以成立,而诸暨最早的校友会也要追溯到 1924 年。诸暨有关各类组织联合会的记录中最为明显的就是各种职业联合会(譬如,教师、铁厂工人以及店主)以及教育会。③ 这类保护伞式的组织显示了一些团体中相较于地域组织更为广泛的发展。

县内政治与政治结构

自治机构机关的角色

核心区外部县级以下的自治机构在存在的那几年(1910—1914)受到了地方的认可,具有合法的政治经济功能。举例而言,尽管对于象山县而言,建设一座桥梁对于当地交通极为重要,镇议事会却因资金不足而无从起步。就在一位当地士绅筹得款项开始筑桥之时,乡民却对此极力反对,理由是这一工程没有得到

---

① 《时报》,1920 年 12 月 16 日;《诸暨民报五周年纪念册·五年来之大事记》,第 1—11 页。
② 《时报》,1924 年 5 月 16 日。《新奉化·调查》,第 54 页以及《论说》,第 33—35 页。
③ 《诸暨民报五周年纪念册·诸暨概观》,第 131—135 页;《衢县志》,3:28a。

议事会的指导。① 议事会在市镇事务中得到如此大的合法性体现了当地对于新的政治制度的接受,这同时反映了之前从属于私人领域的事务向公共领域的转移。与此类似的是,诸暨一部具有现代色彩的地方志讲述了一所由私人在1902年建造的医疗所于1910年被县议事会接管的故事。② 县级以下的机构同时首倡并参与了一些现代式的变化。诸暨的13个乡议事会成立了一个联盟,监督新收取的教育税支出情况。③ 革命之后,这些议事会建立了小型示范工厂,这与革命后核心区内部县级以下自治机构对于经济发展的兴趣有着异曲同工之妙。④

根据关于地方事务的许多报告以及两届县议会的信息,一些证据显示,核心区外部的议事机构拥有的制度性权力并没有同核心区内部一样。⑤ 前者制度性不甚强大,部分原因是它们没有把财政资源用在实际的公共项目上,而是用于议员的薪水和其他行政支出。1923年嘉兴自治机构的行政支出占到总预算的30.3%,奉化县的这一数字达到68.3%,而诸暨这一数字竟达到72.3%。用于行政事务的开销如此之大,以致于《诸暨概观》的编者指出,自治机构是满足地方精英自我壮大的制度产物。⑥ 尽管对于议会精英而言,这意味着极大的自我强化,但是这样的预算

---

① 《时报》,1913年9月15日。
② 《诸暨民报五周年纪念册·诸暨概观》,第119页。它直到1914年一直受议事会的控制,后来转手由私人管理并且还受到了县里的补助。
③ 《诸暨民报五周年纪念册·诸暨社会现象》,第81页。
④ 《诸暨民报五周年纪念册·征文》,第56页。
⑤ 就其评价而言,见《衢县志》,3:28b;也可关注《新奉化·调查》第52页中涉及的一系列议会事务。
⑥ 《诸暨民报五周年纪念册·诸暨概观》,第56页。关于诸暨的预算,请见《诸暨民报五周年纪念册·诸暨概观》,第75—79页;关于奉化的预算,参见《新奉化·调查》,第1—29页。

决策却使得议会在处理需要资金的地方事务时缺乏应有的制度性权力。更为重要的是,在地方的政治环境中,制度化的议会权力被县行政长官以及县内的官僚体系所削减。《诸暨概观》的编者并不以议会的权力为然,他们认为县行政长官多与地方精英商讨后做出重要决策,这些精英被他邀入核心圈成为建议者,而这也是晚清遗留下来的制度。① 县行政长官控制着有关公共工程、慈善以及教育的预算,这与核心区内部截然相反,后者的自治机构以及专业团体常常把持甚至负责分配当地的资金。

表13 核心区外部县内支出

支出	诸暨(1923年)		奉化(1922年)	
	元	百分比	元	百分比
自治机构	10428	19.6	6853	24
教育	18872	35.4	11986	42
各项公共工程	6008	11.3	2250	7.9
慈善			7474	26.2
警务	18016	33.8		
总额	53324		28563	

资料:《新奉化·调查》,第1—29页;《诸暨概观》,第75—79页及第135—140页。

县行政长官与地方精英

在欠发达的地区,县官在倡导地方工程时比当地的精英要扮

---

① 《诸暨民报五周年纪念册·诸暨概观》,第56、75、79—80页;以及《诸暨民报五周年纪念册·诸暨社会现象》,第34、68、104页。这些编者的确认可议会在某些领域的角色,而且他们还把1914至1922年间的自治机构代表称为县的实际行政机构。然而是县官任命了这些代表,那么这些人很有可能来自他的圈子。

演更为重要的角色;①而且核心区外部的县行政长官在社会管理方面的重要程度远超核心区内部的同僚。譬如,衢县县令在1898年设立了农业事务局,专门用来推动南部各乡蚕业的发展。这一短寿的机构在1902年被农务会所取代。到了1908年,在县令的指导下,该农务会已经负责起灌溉工程的调查与指导,为提振当地农业做出贡献。②另外,在1920年代的诸暨县,县行政长官首倡建立县道路团体,并且召集富裕的士绅,组织救灾以及防御工作。③

一份关于乐清县桥梁建筑的详细报告不但显示了地方精英极大的影响力,而且更为深刻地反映出地方官对于当地的控制,这与核心区内部是截然不同的。④一位郑姓民众因为担忧乐清与永嘉县之间一座木桥即将坍圮,在1918年底将这两县的士绅召集起来开会讨论。大家决定不仅要建桥,而且要建河堤,并委任该郑姓人来领导这一工程,后来就集资问题又组织了一次会议。第二次会议讨论了三种集资的方法:用实物缴纳土地附加税、现金附加税以及向富户和商人额外征收。就在当地其他精英反对这一税务解决方案时,郑姓人则向道尹汇报,道尹就命令两县的县行政长官接手此项目,即使这一行为极有可能导致精英所反对的税务的增加。

有些时候,精英要求地方官在地方决策陷入胶着时进行仲

---

① 核心区外部的精英很显然也倡导了一些公共工程。譬如,当洪水在1915至1916年间将诸暨的堤坝冲垮之时,来自84个村的两百位代表聚集到于氏祠堂中一起讨论堤坝的重建问题。八个村落进行了分工,这一工程在八个月内便宣告完结(《诸暨民报五周年纪念册·诸暨概观》,第103页)。
② 《衢县志》,3:30b。
③ 《诸暨民报五周年纪念册·诸暨概观》,第117页;《诸暨民报五周年纪念册·六十年掌故》,第22—27页。
④ 接下来的记载见《瓯海观政录》,第22—27页。

裁。在1913年奉化一场建坝事件中,一位当地人劝说来自多个村庄的几位士绅和绅耆来探讨如何资助该工程。一些人同意土地附加税的主意,而另一些人则持反对意见。当通过核算,发现这一工程仅仅依靠征收附加税仍旧不够时,倡议者便请求县行政长官减免那些已经同意缴纳土地税的农民的费用,但并不包括其他人。县行政长官接受了这一提议。① 简单来说,无论县行政长官是某一举动的首倡者,还是主动加入到某一事项之中,抑或是被精英所说动,他们在核心区外部扮演的角色都比在核心区内部重要得多。

自19世纪前期以来,核心区域的地方精英在官僚控制的背景下获得的自主权日益增多。到了晚清以及民国初年,核心区内部的精英逐渐从后台走到前台,开始倡导并且领导许多公共工程。《诸暨概观》的编者指出,到了帝制末年,核心区外部地方精英与县行政长官之间达成了一种平衡。② 可以肯定的是,他们之间的关系不可能总是和睦的。县行政长官有时觉得组织起来的议会精英难于控制。而精英对于县行政长官的不满也导致了很多弹劾的发生:在1911到1927年间的52份正式弹劾中,来自两类核心区域的弹劾就有34个(核心区内部18个,核心区外部16个),占到总数的63%。③ 县行政长官与地方精英之间的矛盾并没有因为县行政长官的短期任职而有所缓和。来自诸暨的报告显示,1920年代的县行政长官因为知道自己很有可能被调离,因此便在当地滥用职权,大敛财富。④

---

① 《时报》,1913年8月24日。我没有任何关于这一计划如何展开的资料。
② 《诸暨民报五周年纪念册・诸暨社会现象》,第96—97页。
③ 《时报》自1912至1926年的报告中有很多这样的弹劾报告。
④ 《诸暨民报五周年纪念册・诸暨概观》,第138—139页。

县预算——一种差异化的指标

奉化(1922年)、诸暨(1923年)以及核心区内部中嘉兴(1923年)的现有预算资料不仅指出了区际差异,同时也反映了区内差异。一个用来比较核心区内部与核心区外部中县支出的最为详尽的类目便是自治机构以及教育。嘉兴县(67570元)这两类预算要比核心区外部诸暨(29300元)和奉化(18839元)多出两倍之多。就每一万居民平均而言,嘉兴县达到1602元,诸暨仅有555元,而奉化也不过只有846元。① 由于奉化与诸暨的预算项目所包含的信息量不同,因此两县之间逐项的对比是不可能的。(见表13)

慈善支出并没有被正式列入诸暨的预算之内,这一项的缺失也显示了该县的发展水平。反之,嘉兴县的慈善支出则被纳入自治机构的预算;在奉化,这也是一项县政府开支。这一预算上的不同反映出嘉兴与奉化县都在很大程度上将本属于私人领域的孤儿院以及救灾项目转移到公共场域之中。与之相反的是,诸暨内的孤儿院和救灾项目仍然从属于私人领域。根据《诸暨县志》中有关孤儿院支出的数据(假定我们得到的数字是完整的),与奉化县(总预算的26.2%)相比,诸暨县(总预算的12.9%)很少把资金用于孤儿院上。② 与其他核心区外部的县城相比,诸暨可能要在警备方面投入更大财力。这一预算上的不同也验证了屈映光1915年的报告,他声称奉化县发展迅猛,其主要特征在于官员与士绅之间的合作,而诸暨则是一个为自然灾害和诉讼所累的不

---

① 鉴于这三个县中自治机构的额外土地税以及教育的具体分配情况,这一比例就这两项支出而言也是相同的。
② 这一计算排除了诸暨的警务支出,否则的话,其比例更低。

稳定之地。①

核心区外部与其他区域

与核心区内部的关系

屈映光在 1915 年的报告中指出,在他调查的 14 座核心区外部县城中,有 12 座正在通往发展的道路之上。屈氏对于发展的定义包括更好的运输工具(新的运输线路和更好的船只)、模范桑业和农业站的设立、建立现代工业的计划、发达的贸易以及学校的兴建。在绝大多数情况下,屈氏都将这些发展归功于官绅合作。② 然而,就整体而言,核心区外部的经济以及政治发展来源于核心区内部以及省外的参与。对于核心区内部日益壮大的企业家和省政府而言,核心区外部为他们提供了投资的机会,同时也成了他们实现民族国家复兴的基地,从而与域外列强争锋。

核心区内部县中除了温州的永嘉,都没有太多的矿产,仅有盐、少量的煤以及诸如石灰和黏土一类的非金属资源。而核心区外部却有着丰富的矿产——铁、铜、锌、银、锰、锡、钼、钴和锑,同时还有着诸如煤、铝以及萤石一样的非金属资源。③ 外部区域因此成了核心区内部开拓矿产的目标。譬如,诸暨的山脉就有着大量的煤、锌和银矿。在清末,杭州以及上海的企业家就将英德两国的矿业工程师带到此处勘察矿产,只是由于交通不畅以及资金

---

① 《屈巡按使巡视两浙文告》,4:60a—62a 以及 74a—75b。
② 《屈巡按使巡视两浙文告》,4:60a—65a、74a—75b、81a—86b、102a—103b、128a—130a、141a—144a、147a—150a。20 世纪初以及 1920 年代的其他报告则指出新昌与常山之间相似的发展模式。可见,林传甲,《大中华浙江省地理志》,第 237—238、273—274 页;以及魏颂唐,《浙江经济纪略》,第 248—255、378—387 页。
③ 《中国实业志》,6:8—185,多处可见。

缺乏,未能得到开采。① 与此相类似的是,杭州、绍兴的商人于1880年代曾尝试在衢县开发煤矿,但最终铩羽而归。② 在民国初期,矿业企业家们多驻扎于核心区内部。我在零散的材料中整理了18位对核心区外部煤矿、银矿以及萤石有兴趣的矿业企业家。他们中的11位(达到60%)来自杭、鄞以及定海一带的核心区内部;其余之人也有可能来自核心区内部,只是我们无从知晓。③ 由于巨额的资本投入和其中涉及的风险,只有极为富有的商人才会涉足采矿业。

民国建立的最初几个月,省政府在鼓励商人开采这些资源方面起着至关重要的作用。1912年5月,省政府拒绝了桐庐以及建德商人开采银矿的要求,原因是这一计划与省发展的整体规划不符。④ 掌控省政府的精英意图与核心区外部的精英相抗衡,捍卫自身利益。1913年初,省政府建立了省矿业局,进而开始鼓励核心区内部的企业家们将眼光拓展到位于外部区域的衢州、严州、金华一带。⑤ 1918年,身处瓯海的道尹向上海和杭州的企业家们宣传核心区外部的铁矿,鼓励他们来到此开采。⑥ 到了1920年代初期,浙江省实业厅成员将该区域划为矿业和林业发展的目标。⑦ 我从概略性的材料中得出的印象是核心区外部的商人们——诸如衢州的叶正荣以及诸暨的唐尔民——直到1920年代

---

① 《诸暨民报五周年纪念册·诸暨概观》,第110—111页。
② 《衢县志》,6:35b。
③ 这一列表来自《时报》《中国实业志》以及《中国经济消息》。
④ 《时报》,1912年5月28日。
⑤ 《时报》,1913年2月17日以及12月11日。
⑥ 《瓯海观政录》,2:533—535。
⑦ 《时报》,1920年2月27日。

中期才开始大规模地开发地方矿物资源。①

为了保卫中国的主权,省政府不仅在这三个外部区域中鼓励采矿工业的发展,而且到了1917年还鼓励工业生产,尤其是在重要中心城市金华和兰溪一带。② 在屈映光的建议下,从1915年开始,省政府频频提倡发展桑业、农业以及林业农田。③ 政府在外部区域鼓励工农业发展的举动成为20世纪20至30年代更为复杂的农业工程的先兆。政府的政策同样鼓励极具热忱的学生改革家们返乡,就如上文提到的桐庐和衢县的毕业生们建立试验农场。

尽管地方士绅和绅商开启并资助了一些工农业项目,但是外来者同样参与其中。④ 一度蓬勃发展的云野林牧公司(位于安吉、长兴交界处)就是由两位非本地人所领导的,其中一位是国家众议院的议员,而另一位则曾经在浙江实业厅任职。⑤ 安徽商人——可能是来自徽州——每年来到兰溪,在此监督蜜枣的制做以便出口。这些商人在地方庙宇中设立临时的机构,从当地农民处购得枣并将其分配给县城较为贫穷的妇女进行加工。这些外来人控制着准备过程、价格和市场,而本地的商人并没有介入。⑥

有些时候核心区内部的精英会以家长式的口气指导外部区域的事务:临海的一位企业家于1918年提出在三个外部区域县

---

① 《衢县志》,6:35b 以及《中国经济消息》,7(1925年9月12日):157。同时可以参见寿昌商人为了得到采矿许可而做出的努力《时报》,1919年3月30日)。
② 《时报》,1917年12月16日。
③ 参见《时报》,1915年3月30日;1918年3月23日,5月28日;以及1920年2月27日。
④ 关于地方项目,参见1918年3月23日《时报》中记录的新昌与嵊县的现代蚕业农场;还有衢县的林业站和县托儿所,《衢县志》,6:31a-b。
⑤ 《时报》,1919年3月20日。(译者注:准确时间应是1919年3月22日。)
⑥ 《中国经济消息》,9(1926年9月18日):165。

建立并规范蔗糖试验农田。① 有些时候外来投资者摇身变为核心区外部县城内的领导。曾一度担任过浙江军政府财政司司长、军政府财政参议的庄景仲在余杭县运营一家木材公司；几年之后，他成了县农会的主席，尽管他来自奉化。② 衢县客商与地方绅商在公共工程方面合作密切，在地方商人团体中发挥重要作用，并且经常参与政治讨论。然而，他们并没有直接参与商会以外的自治机构或者专业团体。③

只是有时被核心区内部精英视作发展的趋势却被外部区域的精英理解为臣服和剥削。《诸暨概观》的编写者就指责来自绍兴（核心区内部）之人常常管理或使得诸暨县城的店铺成为附属者。他们直言，诸暨已然成了一个"殖民地"，因此他们希望该县钱庄主还有工人可以挺身而出，领导该县的经济发展。他们很明确地指出，症结的根源在于本地人控制的商业与财富的下滑。④ 同样的态度在温州当地也有出现，原因是这一时期的温州本地人为来自宁波的企业家所控（温州其实是核心区内部相对欠发达的地区）。在1918至1919年间，嵊县、嘉善、长兴县一带的地方精英对外来企业家的入侵表示了强烈的抗议。⑤

从理论上而言，本地人与外来人都毫无疑问可从上述工程中谋利。然而鉴于同乡会的强大以及方言、习俗之间的差异，冲突却显得难以避免。不过，本地精英的愤懑并没有像核心区内部一

---

① 《时报》，1918年5月28日。
② 《新奉化·调查》，第55页。
③ 《衢县志》，4：50b以及24：23a—b。同时可以参见《时报》，1914年2月10日；1916年10月6日；以及1917年10月22日。
④ 《诸暨民报五周年纪念册·征文》，第56页以及《诸暨民报五周年纪念册·诸暨概观》，第110—114页。
⑤ 《时报》，1918年3月7日，11月26日；1919年1月10日。

样演化为全面的歧视政策。外来商人时常与核心区外部的本地人在公共事务上携手合作。就诸暨被其他更发达地区"殖民"这一观点而言,我们其实并没有太多的材料可证明类似的现象也在其他外部区域存在。极有可能的是,在核心区内部精英看来是发展的积极方面——譬如发展国家的同时壮大自己——在核心区外部精英的眼中却变得充满矛盾。后者能够理解地方在更广泛的贸易网络中参与程度的加深,也能理解地方经济的拓展,但是他们对于从属于外来者一事则心怀疑虑。

基督教传教士

相比于其他区域而言,给核心区外部带来更多问题的外来人群便是基督教传教士。截至1870年代,中国内地会(China Inland Mission)、海外传道会(Church Missionary Society)和美国浸信会(American Baptist Missionary Union)都已经在核心区内部和外部的多县建立起传教基地。① 核心区内部有着最大数量的传教士,然而报纸以及地方志关于该区域内传教士引发严重问题的内容很少。尽管由于教会购地而引发的纠纷频频发生,但是这些争端多以和平方式解决,这可能是因为在宁波、杭州和温州一带驻有领事官,而且这些城市到核心区内部其他地方的交通也十分便利。② 反之,核心区外部距离西方政治权力较远,而且当地居民对于外国人在中国的存在也不甚习惯。同时核心区外

---

① 海思波(Marshall Broomhall)编,《中华帝国:总情与传教调查》(*The Chinese Empire: A General and Missionary Survey*),伦敦,1907年,第78—79页。
② 梅藤更(D. Duncan Main)就介入了杭州的一场争端之中(《时报》,1918年12月29日;1919年1月3日,9月30日;以及1920年7月27日)。还可参见1924年的乍浦事件(《时报》,1924年3月14日)。

部本地人与传教士之间的关系也因为该区域常常受到边缘区内部匪患的骚扰而变得错综复杂。反传教士的骚乱往往与其他社会问题结伴而生。

传教士在衢县人数众多：当地有 11 座天主教教堂（只有 3 所是建立于 1901 年之前）以及 5 座耶稣教教堂。外来传教士于 1905 年和 1920 年在县城的西部山区建设了度假区，这在当地精英之中引发一阵恐慌，因为他们担心这里会成为第二个莫干山，后者已经成了来自上海以及浙江核心区内部杭州西北部传教士的休假胜地。① 在 1900 年的夏天，秘密社会的匪徒因受义和团运动的鼓舞而猖行，衢县也成了他们的主要目标。匪患的消息在当地引发了一场骚乱，知县、传教士和当地教民都被杀害。尽管这些匪徒并没有就此攻占衢县，但是当地人的骚乱却揭示了社会不安与反教活动之间的关系。②

与此相类似的是，象山县 1906 年的一场起义本是由个人恩怨和贪婪所导致的，但与此同时也披上了一层反教的外衣。当地的一位基督教信徒因为想要在一座尼姑庵里建立近代学堂而与尼姑结下了冤仇。尼姑们便把此事告与武生张小金，并声称基督教正在毁灭中国，必要除之而后快。张氏后来加入宁波王锡彤的帮派，并以义和团的"扶清灭洋"为口号。于是他率领四百余匪徒向一位跟他有诉讼纠葛的教民索要钱财，并烧毁教堂，绑架了几位传教士，直到县城部队出马，才将这场骚乱平息下来。③

诸暨县在 1900 年也有过被义和团运动煽动起来的骚乱，只是相对而言当地传教士关于财产以及财产权的持续纠纷更为引

---

① 《衢县志》，4:48b—50a。
② 《衢县志》，9:36a—38a。参见冉玫烁，《早期的中国革命者》，第 130—131 页。
③ 《象山县志》，9:71b—73a。

人注目。当海外传道会与一位和尚之间的矛盾在1893年升级为暴力时,这样的恩怨一直持续到辛亥革命之后,并在1914和1916年酿成两场灾祸。通过这两次事件,传教士与地方精英之间的矛盾进一步激化。在第一次事件中,地方精英不肯将已经划归为学校财产的土地售与传教士,而在第二次事件中,地方精英则希望阻止将公共土地出售给教会。诸暨的精英在第一次事件中取得了最终的胜利。而在第二次事件中,在杭州已有着强占土地记录的梅藤更(Duncan Main)向地方官施压,迫使其接受教会的要求。① 尽管这些事件最终都没有演化为冲突,但诸暨精英在未来几年中对于传教士所怀的怨恨却是地方上一个显著的特征。

民族主义的传播

教案不仅可以被视为由外国人出现而引发的社会动乱,而且还可以被视作排外民族主义的佐证。在20世纪的前三十年,核心区外部的精英被卷入到一个超出他们本地的世界——先是到省,然后到国家。

金华府城以及衢县的一些精英就参加了1907年的保路运动。通过发布声明以及购买股票,这些城市中的军人、学生、商人和士绅都展现了极强的排外情绪。上海和杭州的一些核心区外部同乡会还组织起来抗议向英国借款。② 至于有多少核心区外部的精英因保路运动政治化现在还很难定论,但是可以肯定的是核心区内部有更多的精英参与此事。

---

① 《诸暨民报五周年纪念册·诸暨六十年来掌故》,第18—20页;《诸暨民报五周年纪念册·诸暨概观》,第122—124页;以及《诸暨民报五周年纪念册·诸暨社会现象》,第42页。
② 墨悲:《江浙铁路风潮》,第144、386、392以及399页。

核心区外部广泛的民族主义意识直到五四运动以及1920至1925年的一系列排外事件之后才有所发展。在五四运动之后，学校罢工和商人们的抵制运动在包括兰溪、金华、余杭、瑞安、诸暨在内的核心区外部屡见不鲜。① 各界精英组织国民大会、自发团体推广国货。② 诸暨的一个鼓励使用国货的团体到处张贴告示抵制日货，该组织内的学生成员日夜监视入港的船只，避免其携带进口品。在县城的报刊阅览中心内，精英们竖立起一座纪念碑，上面刻有"二十一条"的款项，警戒时人勿忘国耻。③ 其他核心区外部县城也加入到民族主义运动之中，如1919年末的富阳、五四运动后的桐庐和新昌。④ 来自上海的学生讲演者造访钱塘江沿岸的核心区外部并讲述自己的五四经历。与之相呼应的是，当地的学生和商人筹资并且做极具鼓动性的展示，将筹集得来的资金捐至上海。⑤ 专业团体同样极为活跃。譬如，诸暨教育会就计划（但从未真正实施）建立一座纺织厂，从而增加地方为国家财富的贡献。⑥ 五四事件之后，许多县内的专业团体纷纷谴责帝国主义的行径并呼吁抵制洋货运动。⑦ 此外，大多数核心区外部的县议会就省和国家事务频繁展开辩论，对于五卅惨案也表示强烈抗议，这与它们1912至1914年的缄默不语形成鲜明的对比。⑧

---

① 《时报》，1919年5月27日、6月6日、7月18日以及8月12日。
② 《时报》，1919年12月17日以及1920年9月17日；还有《诸暨民报五周年纪念册·五年来之大事记》，第1、3—4页。
③ 《诸暨民报五周年纪念册·诸暨社会现象》，第82页。
④ 《时报》，1919年12月17日；《申报》，1925年6月9日至10日、13日以及17日。
⑤ 《时报》，1925年6月23日。
⑥ 《诸暨民报五周年纪念册·五年来之大事记》，第1页。
⑦ 《申报》，1925年6月8日至10日、13日以及17日。这些县包括兰溪、诸暨、金华、新昌和桐庐。
⑧ 关于省内宪法事宜，参考《时报》，1925年4月29日；有关五卅惨案的报道，见《申报》，1925年6月10日、13日及17日。

总体说来,核心区外部的发展模式与核心区内部显然不同。这包括:经济、自发组织以及民族主义的发展较为缓慢;精英的功能类型在20世纪10年代末和20年代初才开始变化,而不是在辛亥革命时期;地方官较之地方精英在倡导和管理社群事务上的角色更为重要;以及这个区域成为核心区内部以及上海创业行为主要目标的演化过程。

第八章 边缘区内部的政治与精英结构

屈映光在1915的报告中屡次指出核心区外部县城的迅猛发展或者说巨大潜力;与之相反的是,他描绘的边缘区内部却是乡土气息浓厚、积贫积弱以及动荡不安的形势,他同时希望精英与政府之间的合作可以在日后衍生出积极的变化。① 尽管边缘区内部与核心区外部有一些相似的发展模式——譬如发展指标在时间上的不同、民国初年变化对功能性精英的影响、县行政长官和精英相对重要的角色以及外来开发者对于本地的开发,但是两个区域在事业模式、精英交际、政治计划以及具体的组织优势方面仍存在着巨大的不同。

---

① 《屈巡按使巡视两浙文告》,4:13a—15a、19a—21a、48a—49a、93a—101a、111a—113a、116a—127b、131a—135b,以及138a—146b。

边缘区内部的精英模式:青田县的刘氏家族

　　位于青田县西南部南田乡内的刘氏家族是晚清和民国初年边缘区内部的政治和精英模式的一个缩影。① 刘家在南田山附近狭小但又富饶的土地上生活已有五个世纪之多。其家谱中记载了20多代人,包括一位进士以及许多生员。不过有几代人的生员数量很明显有凑整之嫌,这显示了某一时期家族的衰败以及随之而来的族谱凌乱。这一家族似乎从乾隆初年(大约1750年)至道光初期(大约1830年)保持着较为繁荣的景象,继之便是半个世纪的衰退,直到1880年代的短暂复兴。此后家族大体上较为繁荣,但在1930年代又走向衰弱。刘氏家族在县内秩序不稳定和政治激变时期仍然能够焕发新生命的事迹揭示了其对于变化的迅速适应能力以及把握机会的能力。

　　在19世纪末年的三位刘姓兄弟中,只有一位考取生员。三兄弟都参与到了同治以及光绪年间的家乡防卫之中,此类防卫主要针对秋收之后过来劫掠的地棍和山匪。为了保卫南田区,青田知县于1885年重新设立了保甲制度,刘氏家族的精英们参与其中。以此而论,清末边缘区内部的主要事务——防御和管控——是拜地方官所赐,而非来自刘氏家族本身;而知县所采取的方式也非民兵组织,而是传统的监管体系。

　　20世纪早期,这三兄弟的九位儿子以及四位孙子至县级以下的自治机关和现代学校中就职。刘氏宗族培育了一乡之长及其助手(这是1910—1914年县以下自治机构的首要职位)以及

---

① 《南田山志》,1935年。

1914—1924年间的两位乡代表。此外,有三人在1908年和1913年参与了乡小学的建设和拓展。自治机构与教育之间的联系在空间方面同样明显:学校的一层楼成了自治机构的办公室。

在这些子孙中,有五位具有低级功名(生员,其中一位是捐纳的贡生),还有一位有较高的功名(常规考取的贡生)。与前期相比,该时期宗族出现了很多具有功名之人,这反映了宗族的壮大,也使得这十三位中的九位可以走出青田从而接受现代学校教育。其中的一位参与到20世纪早期的留日潮流中,就读于日本法政大学。而其余六人则自1905至1908年间毕业于浙江武备学堂。在日本接受教育的孙辈后来被选入晚清省咨议局,并且在1912年后于省内外担任过县行政长官一职,这为他的宗族带来了荣耀。六位从军事院校毕业的学生中有三位成了军官(两位在宁波警备队,一位在浙江第一师),其余的学生一位在1920年代初充当浙江督军的幕僚,还有一位在1910年代担任宁台镇守使的副手后,成为宁波警备司令。

刘氏家族所在的南田山并非经济发达之地。直到1935年当地才有了第一所邮政局。在1932年所有的十所学校中,有七所是在1927年后建立的。县教育局直到1930年才通过任命校长的方式"认可"了乡一级的学校。该乡直到1935年都没有医疗诊所。南田山的这些方面是典型的边缘区内部特征,现代化的事物直到20世纪二三十年代才缓慢发生。刘氏家族在通往现代化的路上已经走在了前沿。从传统的士绅领导功能到在自治机构和教育中充当的角色,再到省内民事、军事职责,刘氏家族显示了该宗族在一代人之内的蜕变及其功能的拓展。这一宗族的历史显示了晚清民国年间边缘区内部的特征:对防御和管控的优先考虑、军事在职业流向上的重要性、县行政长官与地方精英之间的关系，以及发展的滞后。

精英事业的模式与趋势

令人惊讶的是，边缘区内部的地方志对于宗族产业竟只字不提。大多数繁荣的宗族都应该有着作为其财富根本的土地，尽管它们所拥有的数量要比核心区内部少得多。几乎可以肯定的是，刘氏家族拥有自己的产业。村松裕司曾对永康县的胡家做出过论述，该宗族在 19 世纪中期坐拥超过 140 亩田地。① 坐落于河流沿岸的乡村拥有着一县之内最为重要的宗族。② 而那些距离水路干线较远的山地乡村则鲜有强大的宗族。由于贫穷且人口流失，这些地方也没有太多精英的存在：在有记载的 20 世纪早期汤溪县 155 位精英中，3 个（总数 10 个）没有河道的乡村仅仅出了 13 位精英。③ 而更为贫穷的乡村出现的功能性精英则来自许多不同的家庭。

关于寿昌、丽水和汤溪县的分析指出，重要的贸易中心（尤其是主要溪流或县边界一带的港口）及其乡村之内并不一定就包含主要的、在政治上有统治力的宗族。④ 这些区域内似乎有着更为

---

① 村松裕司：《清代绅士地主的土地和官职：浙江省永康县胡氏义田》，第 698—726 页。
② 这样的例子包括厚大的范氏、兰源的戴氏与吴氏、黄堂的冯氏，以及外北乡的张、邵、王氏。寿昌地区有着同样的趋势：大同乡（黄氏和翁氏）、县城（诸葛氏、翁氏、叶氏以及江氏），以及常乐（叶氏和陈氏）。常乐溪流入核心区外部的一个富有县城——兰溪；而物产丰富的市镇地区则被并入寿昌地区，从而阻止财富向兰溪的流动。无论如何，自然倾向于兰溪的常乐在寿昌当地事务中产生了很多重要的精英。
③ 这些乡包括开化、白沙以及瑯玡。
④ 通过对地方志的阅读，可以发现这样的现象在寿昌的仁丰乡（这里的叶氏家族扮演重要职责但并非持垄断地位）、汤溪的洋埠乡以及丽水的西义乡可以见到。关于丽水的信息，参见《中国实业志》，10：126—127。

灵活的精英结构,个人或新贵家庭都有机会扮演重要的地方政治角色。对于155位汤溪精英籍贯地的调查显示,汤溪内的两个非行政市镇从1900年到1927年仅仅产生了两位功能性精英。然而,许多拥有权力的精英和宗族来自城镇边缘地带:该县有记载的57名精英都来自这些市镇方圆十公里以内的村落。大多数边缘区内部(其他核心区外部亦是如此)河谷内的强大宗族都有着一些支持其经济力量的商业利益。

正如附录C所指出的,一份关于政治、经济功能的分析表明,自治机构功能中73%～85%的职能都是由边缘区域的自治机构精英或其宗族来承担的。因此,通过分析自治机构的数据,我们可以做出有关这些区域中政治精英的详尽分析。

四个有着详细地方志记载的县中,只有一位在乡镇自治机构供职的晚清人士有在县外任职的经历。① 与晚清时期的核心区域相比,边缘区内部人士在外乡任官或是在外地上学后回归本籍的现象是很少见的。这一区域中所产生的官员数量很少,比起更为繁荣的区域也少了许多拥有功名者。此外,来自边缘区内部的学生在外地求学并不多:1902至1903年间留学日本的121名浙江学生中,只有5名(占到总数的4.1%)来自该区域,1906年求学北京的73人中,也只有4名(总数的5.5%)来自此区域。不过作为处州府首府的丽水县是一个例外,其行政地位弥补了较为迟滞的经济发展。作为行政中心,该地有能力提供更多的政府奖学金,同时也更有可能吸引有着改革之志的晚清官员。这其中,孙寿芝便是一个典例,他身为举人并任某县教育官员,后于1910年返回丽水为地方教育改革出力。晚清最后十年,一些学生返回丽

---

① 表7中列出的3.9%包括那些此时期在区域之外供职的人员。

水建立著名的革命阵地——织布公司;他们中的许多人在府中学或县内小学中任教。①

与核心区外部一样,精英类型并没有在革命年间发生改变。第一届议会中有48%的议员曾在晚清的县以下自治机构中供职,较之核心区域,该区域仍保持着革命前后更大程度的精英连续性。与核心区外部一样,各种机会开始在20世纪10年代晚期和20年代早期出现。第二届议会中95%的议员既没有在第一届议会中供职,也非第一届议会议员的亲属。正如来自丽水的工业家毛管封一样,这些人士中的一些很有可能是绅商;其他一些人就与同样来自丽水的朱一士类似,他们的资历都不太为人所知(这些人占到总数的5%)。② 在所有成员中,超过35%是来自县外学校的毕业生——他们或来自府内或来自杭州、上海、北京等地。③ 这些毕业生中,55%(11人)来自杭州和上海的法政学校;35%(7人)来自本府和杭州的师范学校或中学;其余则来自专业院校、小学或其他机构。核心区域中常见的精英为外部世界所吸引的趋势在边缘区域中锐减甚至出现逆转:较之其他区域,更多现代毕业生在边缘区内部的政治中扮演重要角色。

在这些县城中,得到一张文凭或证书就像得到一张通往传统精英地位的通行证,这就同得到这些证书在其他核心区域中就像是得到通往专业岗位的通行证的道理是一样的。拥有海外留学经历的学生所掌握的权力极大。譬如,来自丽水的刘廷煊毕业于日本的庆应大学。他选择了留在丽水,在20世纪10年代至20

---

① 毛虎侯:《辛亥革命在丽水》,第200页。
②《丽水县志》,1:12b、14a,4:40a,8:58b—59a。
③ 可参考丰桂丹的事业轨迹,见《汤溪县志》,9:46a、47a、50a;以及项华龙:《丽水县志》,2:36b,8:53a。

年代担任教育协会的负责人,在10年代末出任劝学所学务总董,继而在20年代兴办学校,并于1923年为一家钢铁厂出资,又在20年代任职于县参事会。1918年刘氏与教育会会长傅廷珏之间的通信反映了后者(并没有接受现代教育)及其他人士对于前者长期把持领导地位心怀妒恨。①

较之核心区域而言,来自边缘区域的在外精英更倾向于回到原籍,这不仅在归乡学生身上有所体现,而且在旧式精英身上同样有所呈现。举例而言,在清代省咨议局担任议员且在民国时期具有确切职业的人群中,来自边缘区内部三分之二的人士(12人中的8人)都在县事务中起到过积极作用。② 这与核心区内部的三分之一(18人中的6人)以及核心区外部中的36%(14人中的5人)形成对比。(来自边缘区外部的4人中有确切职业的2人都回到了原籍。)与此类似的是,在1920年代,有着仕宦经历的旧式精英都返回其原籍地,担任功能性领导的角色。③

高质量精英大批回归的原因很难有定论。很多人显然是在城市接受教育期间,被新的民族主义、专业化以及工业化的观念所感染。重新建设家乡的理想主义观念也促使他们返回原籍。其他一些人回乡毫无疑问有着家庭原因,他们需要承担宗族的职责,或者借新获得的资历来光宗耀祖。还有一些人可能认为当他们在家乡以外获得这些现代资历后,回到乡里会享受更高的名望并拥有更多的权力。曾描写过原籍浦江的散文家曹聚仁就把这

---

① 《丽水县志》,8:53a,59b;《瓯海观政录》,2:464—465。
② 这些数据是从报刊和地方志中得来的。这八位人包括傅殿修(音译)(东阳)、萧健(音译)(武康)、黄志璠(浦江)、莫如滋(安吉)、谭献(丽水)、汪秉豪(新登)、王秉庸(音译)(淳安)以及应贻诰(永康)。
③ 参考《汤溪县志》,10:161b—163a。

些原因一一罗列出来。他描述了一位参与杭州革命的人士。此人没有像同僚一样加入省政府,而是衣锦还乡,成为一位"土皇帝",而他的名望主要建立在他在核心区内部的经历和人脉。①而在另一个例证中,前省咨议局议员汪秉豪拒绝放弃对于家乡新登的控制;他在1912年中期被杭州政府的军事力量所驱逐。② 地方人士对于从杭州和上海回来之人的仰慕也从侧面反映了后者回乡的心理根基。③

士绅与绅商

边缘区内部的地方志指出,尽管这些县城中主要要素是非商业的,但是绅商常常在县中发挥重要领导职能。譬如,新登县的富商周家就在慈善和政治事务上扮演重要角色。④ 而来自同一县的袁志成则在19世纪末年积累了大量财富,这使得他在地方上甚有权力,且在清朝的最后15年内担任知县的重要助手。袁志成兴建学校,领导团练,在县级以下自治机构中任职,并且领导农会。袁氏的影响力使他得以前往杭州,并于1906年与其他三位来自新登的精英一道在杭州建立了县会馆。⑤

与核心区域不同,边缘区内部从晚清至1920年代的现代化人士都是清一色的士绅或绅商,史料中并无本土的商人在经济发展中变得至关重要的记载。丽水谭氏家族的功名者曾建立了一家纺织厂——该厂于1904年变为革命阵地,也在1924年建立了

---

① 曹聚仁:《我和我的世界》,第106—107页。
② 《时报》,1912年6月22日。
③ 曹聚仁:《我和我的世界》,第56、104页。
④ 《新登县志》,见《中国方志丛书》第204册,第912—943页多处可见,第1518页。
⑤ 《新登县志》,载《中国方志丛书》第204册,第774、849、1179—1180、1462以及1502页。

一家纯粹的经济企业——软垫厂。此外,该地1919年成立的电灯公司和1924年的火柴公司的创始基金都来自一位有低等功名者兼当地商会主席——郑宝琳。1923年普生冶铁厂的创立资本也由从日本留学归来的刘廷煊所筹得;另外,当地的一家水泥厂也是由一位之前在晚清乡里任职的有低等功名者所成立的。①边缘地区中传统精英支持者以及功能性模式的强大商业团体的缺失,部分原因在于当地整体商业水平的低下,以及士绅的优势地位、希望士绅领导延续等传统主义的存在。

政治结构:县内寡头和县行政长官

自治机构精英及宗族在边缘地区对地方功能性精英有着统辖作用。表面上看来,一些人会认为自治机构是重要的地方机构;然而其重要性却只是名义上的。精英行为模式表明了自治机构的制度弱点。在新登县,曾任职于晚清城镇乡自治会的人至少26%又在民国城乡议事会或县议会中任职。在县与乡中同时任职使得在县中工作的精英们不可能返回其原籍乡中供职。新登县乡议事会的存在仅仅是名义上的——该议事会由指定的、在地方上颇有名望与权力的精英们组成,他们仅仅如过去一样偶尔聚到一起商议事务。新登县的其他人士同时在不同自治机构中任职:洪锡承既是清代省咨议局的议员同时也是县议会中的一员。尽管在我所见的材料中,新登县代表的流动程度并没有在其他县中出现,但是一些零散的案例也指出了边缘区内部制度化的缺失。譬如,寿昌县的陈善瑛在两个乡镇议事会中各担任议长与副

---

① 《丽水县志》,4:39a—40b。

议长。① 乡镇仅仅包括市镇与村落,因此中心城市、重要市镇或县城所在的吸引力都不能解释这一安排。一个更为合理的假设是陈氏既受到原籍地的吸引,又对于两个不同的贸易体系产生兴趣并因此在两个体系中供职。这一新的行政区划对于他的约束力形同虚设,就像不同行政区划间试图防止一乡对于另一县的趋同是一样的。

新登县一些极有权力之人的事业轨迹同样揭示了自治机构制度化的缺失。介入多项事务的吴宝三、洪锡承以及袁志成尽管都在晚清机构中任职(至少是名义上的),但没有出现在此后的机构中。② 这些人仿佛是对新的机构进行了"尝试",后又觉得这种对于他们角色的制度化实际上是多余的。有权力的精英对自治机构多有规避(这些人中只有一位在议会中有亲属),机构代表流动性大,精英往往被吸引到县内工作——这几条与核心区域截然不同,显示了在被县以及县以下行政当局认可的自治机构中,精英功能的制度化只得到了极小程度的接受。

边缘区域政治结构最有标志性的特征便是县寡头集团的存在,这一寡头集团尽管人数不多(一般在八人以下),却在多个领域有着重要影响:与核心区域相比,县领导集团的个体多元性要小得多。③ 该寡头集团来自强大的宗族或者富裕的新兴家族,所有这些人都在19世纪90年代末至20世纪20年代扮演着重要的角色,这便导致了县一级政治方面极大的延续性。在新登,一

---

① 《寿昌县志》,载《中国方志丛书》第182册,第584页。
② 《新登县志》,载《中国方志丛书》第204册,第832、911、913、916、921、931、1382、1387、1462—1463以及1502页。
③ 从某种程度上言,核心区内部也被宗族寡头所把持;但是核心区内部的结构使得个人领导有着更多的多样性。

个由五人组成的寡头集团不仅帮助县行政长官并在所有重要社会事务中出力,而且还与核心区内部缔结关系,沟通位于杭州的新登县会馆。① 来自寿昌的寡头集团包括四位多功能精英——其中一些精英与核心区内部联系紧密——以及一位来自安徽的商人。② 丽水的寡头集团并非基于宗族,而是来自辛亥革命前由秘密社会成员、帮派人士、学生和自治机构精英所组成的革命联盟。这一领导阶层一直延续到1920年代,他们在县自治机构中有着代表,同时也派人参加杭州的省议会,另外还在县内任官(在1914年被捕之前,任上的一些人依靠贪污公款中饱私囊)。③

现有资料的匮乏使我们难以得知每一个县的寡头是否有或是否频繁地像团体一样聚集到一起。在那些对于全县而言都极其重要的社区防御或公共工程之类的事务中,县行政长官常常会把他们召集到一起,以获取建议和帮助。每一个县的寡头集团都与更为发达的区域有所联系;通常情况下,寡头集团中的所有人都有这种联系。边缘区内部中的政治结构并不是开放的;富有的乡镇往往由一到两个宗族把持,而在该区域的县中,一个由非常胜任职位的精英们组成的寡头小集团则把持当地事务。1920年代的毕业生返乡浪潮并未从根本上改变县内的寡头结构,因为这些归来的毕业生似乎只集中在某些行业上。④ 这些返乡学生的活动范围与寡头精英相比显得十分有限;尽管他们在地方上扮演

---

① 这五位是洪锡承、吴锡璋、吴任仁、吴宝三以及袁志成。由于《新登县志》1922年出版,因此其中并没有关于1920年代政治结构的信息。
② 这样的多功能精英包括蒋钟翰、蒋宗干、费寿钿以及翁家福。来自安徽的商人名叫程秉泮。参见《寿昌县志》,载《中国方志丛书》第182册,第125、221、231、367—370、372、374—375、424、442、449、495—496、528、532、535、582—586、589—591、787—789以及1230页。
③ 《时报》,1914年1月7日;同时可参见1913年12月27日。
④ 刘廷煊是这个有限范围中唯一的例外,他的活动范围在上文中有所提及。

第八章　边缘区内部的政治与精英结构

了重要的角色,但是他们通常以县行政长官和寡头集团的助手的形象出现。

　　鉴于寡头集团的存在以及早期自治机构的羸弱,一个引人注目的问题便是这些机构在 1920 年代是否发展成为更为强大的制度性力量。详尽的迹象——具体而言便是制度规章方面争端的与日俱增——显示制度性意识在这一时期已经开始发展。当各类组织应付处理规章之时,它们常常会确定出制度上的安排以及分工。形式以及会议流程成为它们关注的重点。制度层面上的不断冲突当然反映了其权力的缺失,因为它们把精力浪费在毫无意义的争端之上。然而很有意思的是,在核心区域,流程和规章的问题在第一届议会中扮演了极为重要的角色,但在边缘区内部,这些问题的重要性直到 1922 年才显现出来。① 举例而言,由于没有贯彻内部选举流程,天台县议会在 1923 年末陷入骚乱。② 到了 1925 年中期,同一议会如蔑视官方规章一般,拒绝选举议长并且选择了 5 位委员组成委员会来负责这次议会。③ 议会与委员会之间的冲突在各个区域俯拾皆是,在武义、青田、丽水和淳安一带尤其显著。④ 在 1924 年宪法会议的选举过程中,共有八份报告递交到了杭州,要求就其流程问题进行裁决,其中五份来自

---

① 《时报》,1913 年 2 月 23 日,3 月 29 日,4 月 14 日,5 月 8 日,10 月 7 日,12 月 6 日以及 12 月 31 日。
② 《时报》,1923 年 12 月 23 日。
③ 《时报》,1925 年 5 月 22 日。
④ 《时报》,1923 年 9 月 14 日,12 月 23 日;1924 年 5 月 2 日、17 日、22 日;以及 1925 年 5 月 4 日。在汤溪,县行政长官与精英并不懂得如何采用议会程序以便取代已退休的议长(《时报》,1925 年 4 月 5 日)。在一些情况下(譬如永康),规章的问题一般是由县行政长官提出的(《时报》,1924 年 6 月 29 日)。

边缘区内部（另外一份来自核心区外部，两份来自边缘区外部）。① 这些县城的关注点或许反映了1920年代与日俱增的关于制度及其功能的意识。

县行政长官在倡导和控制地方事务上相比于核心区域显得更为重要，因为核心区域内多由个人或精英团体首倡类似的项目。20世纪10年代末至20年代丽水和浦江的县行政长官就在传统的教育、慈善和公共工程方面组织并且指导了地方精英们。② 1911至1927年间的控告书显示，比起核心区域，边缘区域内县行政长官与该县的精英并没有太多的冲突。③ 在总共52份控告书中，边缘区内部有10份（19.2%），而边缘区外部有8份（15.4%）。这些县城内精英的缄默尽管不能直接证明二者之间有着极好的关系，但至少可以显示他们之间稳定的共生关系。

法团的制度化及其角色

边缘区内部中封闭的寡头集团与县行政长官的控制阻碍了专业团体的制度化发展。与核心区内部相比，边缘区内部商会的成立要足足晚了三年。就整体而言，本地人和外来士绅似乎比制度本身要重要得多。形成鲜明反差的是，核心区域的经济发展和持续增长的功能分化促进了商会的壮大，但是经济发展的不足却阻碍了边缘区内部中的制度化。作为边缘区内部经济最为富庶的地区，丽水的情形可能最有说服力。丽水警察当局曾经向杭州

---

① 《时报》，1924年3月20日，5月17日、24日，7月14日以及17日。参见5月24日有关核心区外部的报道以及4月13日和7月14日有关边缘区外部的报道。
② 《丽水县志》，2：34a—b；载《中国方志丛书》第258册，第241页；以及《时报》，1920年12月2日、23日。
③ 《时报》自1912年至1926年的报道中有很多类似的弹劾记录。

方面索要补贴,以建立一所电力公司。一位来自省政府电力部门的勘察人员于1919年末报告说该县的商业发展如此滞后,成立这样的一个公司意义并不大。然而,警务人员的不断要求最终迫使该勘察人员认可了建立这一公司的要求。① 因此,地方官僚体系内部人员在经济发展中发挥了极为重要的作用。

正如其他区域一样,该区域中的农会也十分羸弱,主要是为在议会或其他专业团体中供职的精英提供另一个框架。② 我在研究过程中并没有发现任何倡导农业发展的证据。县行政长官和县内重要精英,而不是专业团体,参与到农业问题的决策中。又譬如,是自治机构代表,而不是专业团体,在新登县建立并管理着两所护理机构。③

在所有的专业团体中,教育会有着最强的制度感,并且在1920年代的许多县内促成了地方上的改变。这些团体主要由返乡学生组成,后者多与核心区内部保持着密切的联系。较之边缘区内部的传统精英来说,这些学生由于其核心区内部同僚的影响而有着政治关怀,因此比边缘区内部的当地精英更为关注国家政治大事。④ 在1920年代早期,这些学生参与了指导教育的行动:永康、东阳、丽水、武义一带的罢工与集会无疑受到了核心区域内类似事件的影响。⑤ 教育团体同时还领导着五卅

---

① 《时报》,1919年12月29日。
② 其在税务问题上与法团和议会一道通过电报来表达抗议,而到了1925年后,他们的关注范围则上升到全国事务(《时报》,1920年12月2日;1924年4月13日、6月9日;以及《申报》,1925年6月10日、12日以及13日)。
③ 《新登县志》,第849页。
④ 《时报》,1920年4月12日。
⑤ 《时报》,1920年1月20日、3月2日;1923年12月25日;1924年3月20日以及6月18日、24日。

运动。① 民族主义在边缘区内部直到 1920 年代中期才受到关注,这又一次反映了该区域与其他发达地区相比的落后。

除了秘密社会,该区域的县城直到 1920 年代中期都没有太多具有现代特征的自发团体,而这之后教育团体与核心区内部的联系才造就了一些自发形式的会议。② 武义县的妇女组成了自己的协会来探讨妇女在选举机制中的代表问题,这与核心区的活动如出一辙。③ 一些公共工作协会得以成立。④ 尽管该区域或许有着更多的自发组织,但是我们没有关于它们的记录,因此不得不得出这样的结论:与核心区域相比,边缘区内部没有太多专业团体,即使有,它们的存在也是短暂存在,很难长存。

《寿昌县志》详细记载了国民党 1927 年胜利后当地组织的"革命"化。在政府的激励下,店铺主人、制衣工人、竹木工人都得以组织起来。当地出现了负责管理公共财产、负责重修地方志以及重建地方的各类议事会。⑤ 与清代专业团体类似,这些都是由政府扶持的,因此与核心区域中的自发组织大相径庭。正如民国早年的边缘地区一样,各类组织在 20 世纪 20 年代末和 30 年代的激增反映了当地的政治发展主要依托于政府的扶持。总体而言,这些县城内的政治变化往往来源于省政府、当地政府以及归来学生与核心区域的联系。

---

① 《申报》,1925 年 6 月 10 日、12—14 日。
② 据称,1913 年,青田县的一次官府勒索事件使得当地建立了公益联合会,但这一组织很快就被地方官员和警务力量打压下去(《时报》,1913 年 5 月 3 日)。这样的一个组织在当地绝对算是例外。
③ 《时报》,1923 年 12 月 6 日。
④ 《时报》,1924 年 8 月 21 日。
⑤ 《寿昌县志》,4:11a—14a。

第八章　边缘区内部的政治与精英结构

政治计划

社会动乱的控制

边缘区内部中至关重要的方面就是维系秩序：处理各类匪乱、械斗以及无法管束的赌博群体——花会。① 县警备力量一般会与由地方精英管理的团练联手处理后两类问题。②

匪乱有两种：季节性爆发的匪乱和更有组织的土匪。在所有区域中匪患都是反复出现的问题，尤其是在庄稼短缺或是自然灾害频发的时候。然而，核心区内部的匪患只是零星出现并多发生于某些地区——与江苏接壤地带，太湖南岸运送丝绸之道，绍兴府萧山、绍兴、余姚三县，以及从外部区域流出的河流的下游。匪患在核心区外部和边缘区内部尤其猖獗。核心区外部的发达使得来自边缘区内部的土匪以本区为根据地，进犯核心区外部。譬如，天台和仙居的土匪经常依赖诸暨煤炭和烧窑工人的帮助，袭击位于核心区外部的诸暨居民。③ 边缘区的各县也成为土匪重组的安全港。在1920年代初期，一伙已被击退的诸暨土匪逃到外部区域的安吉和孝丰一带，并在此招收了一大批本就满腹怨恨的竹子砍伐工和烧炭者。④

---

① 参考本章第一个脚注中的相关引用。
② 寿昌团练领导层的38人中有26人在清代县以下的自治机构中担任过职位（《寿昌县志》，6：30a—35a）。团练经常开展于相对较为商业化的乡镇一带。在寿昌，较为发达的商业乡镇与高度发达的区域有着一样多甚至更多的民兵单位，这一模式与省内的情形相仿，较为发达的中部区域往往和核心区内部一样成为匪徒的目标。参见该地方志的第4至第6卷。
③ 《诸暨概观》，《诸暨社会现象》，第75页。
④ 《诸暨概观》，《六十年来掌故》，第22—27页。

县行政长官和地方团练负责指导季节性防御。① 然而，在更有组织的匪患面前，县行政长官还是要依赖省民政长官指挥的警备队。这些警备队分布在没有任何现代军队驻扎的核心区外部各个县中，它们的责任就是支援地方武装力量。② 杭州同样为嘉、湖一带以及省东部（侧重于台州周围的核心区外部）建立了镇守使。③

与传统土匪组织一样，民国初年的土匪也效仿精英及精英政府的政治结构。④ 他们同时模仿核心区内部中民族主义政党的名称和口号。核心区外部和边缘区内部中常常见到自称公民进步会、忠义党、民族救援会一类名称的土匪组织。⑤ 1914年8月，一个由土匪周永广领导的七千人武装组织竟打起了孙中山的革命旗帜，上写"浙东反袁军"。⑥ 与华北和华中的白狼（the White Wolf）相仿，周的团伙跨越多县，在造成破坏的同时也传播了共和民族主义。

消灭核心区外部、边缘区内部以及两区交界处泛滥的鸦片种植是另一项与管控相关的职能。⑦ 尽管一些得到特别任命的禁烟委员在1912至1913年使用奖励的方式来加速鸦片种植的消亡，但大多数委员仍依靠武力。在1913年秋天的瑞安，军队将一

---

① 《时报》，1917年12月20日。
② 军政长官朱瑞在1915年末时指出他们的人数达到6000之多（《时报》，1915年11月13日）。他预计现代军队应有两万人。
③ 《海关十年报告》，第99页。
④ 参见有关仙居和天台在1912年的起事，还有常山在1915年的动乱（《民立报》，1912年11月9日；《时报》，1915年6月6日）。
⑤ 其他例证可见《时报》，1917年8月5日以及1923年10月21日。
⑥ 反袁组织者在1913年联系到周氏，并且得到他参与反袁的保证。关于周氏的运动，参见《时报》，1914年7月30日，9月9日以及12月23日。周氏在1915年被捕并处决（《时报》，1915年3月17日）。
⑦ 《瓯海观政录》，1：298—306。

位抵制禁烟农民的农田夷为平地。① 而在宁海,一群农民组织在一起保护他们的鸦片,他们只有通过贿赂的方式才能确保执行任务的军队不毁灭其农田或见到他们就开枪射击。②

财政困难与非管控层面的计划

地方精英在非管控方面的事务上其实并没有太多的资金。③ 一些边缘区内部县的财政状况已经捉襟见肘。仙居县行政长官于1917年末报告称该县政府已经破产。④ 淳安县行政长官同时担任统捐局的领导——这样的一个安排可以确保一些商业税被纳入地方财政之中。⑤ 由于这些县中的财政都不甚乐观,因此能够用于公共事务上的钱财也十分有限。在核心区域,因为当地精英在地方项目中常常起到领导作用,因此地方政府财政上的限制似乎还不是一个太大的问题。但是在边缘区域,地方政府却是公共事务方面的决定性因素。

一些零散的材料指出警备方面的开支高得惊人。一封由三百多名安吉县居民共同发出的电报抗议称,安吉县已无力承担杭州所规定的"清乡"费用。⑥ 1924年,青田县居民对一个新设的警务机构提出抗议,理由是当地太穷因此无法支持该机构的存在。⑦ 然而,可以理解的是,精英们却依旧向警备力量寻求

---

① 《民立报》,1913年1月19日。
② 《北华捷报》,1912年12月21日,第804页。
③ 如来自缙云的抱怨之声,就称匪患使得商业交往变得十分困难(《屈巡按使巡视两浙文告》,3:133a—b)。
④ 《时报》,1917年10月19日。
⑤ 《时报》,1919年4月17日。
⑥ 《时报》,1923年11月29日。
⑦ 《时报》,1924年7月4日。

保护。①

教育支出同样带来了抗议。屈映光在1915年的报告中指出，边缘区内的县城没有太多学校和学生，只是这一情形阻碍了当地的发展。② 核心区域在清末由于建校问题经历了一些波折，而边缘区域中更大的风波来源于1914年学校普查的展开，当地人认为这可能预示着税务的增加。③ 江山县行政长官在注意到县学校学生的缺失时，就与当地富有的士绅召开会议，商讨为穷人建校的问题。只是解决方案不仅没有对症下药，而且导致当地士绅也不再对学校进行支持，官员转而靠新征收的木材税和桐树油税来提供资金。④ 浦江县行政长官将地方精英聚集一堂，商讨为学校集资，他们决定加收税务，而商会和农会则抗议难以承受。⑤ 北京的教育部在1920年代末采取了一项破天荒的政策（至少对浙江县城是这样的），废除了武义县自1912年起就开始征收的学校额外税。⑥

包含汤溪县学校位置的地图告诉我们富有的乡镇比穷困的乡镇拥有更多学校。几乎所有的学校都坐落于河流和溪水沿岸，且聚集在该县北部，这是因为当地有着县城和两个大的市镇。⑦ 经济发展与学校建设之间的关联反映了富有乡镇中税收甚高（至少在民国初年，一些乡镇会征收它们自己的消费税），也同时反映了负责建立学校的宗族精英的活动。

金钱显然不是精英修建学校决策中的唯一考虑。思想观念

---

① 《时报》，1917年12月27日；1920年9月20日；以及《瓯海观政录》，1；261—270。
② 参见第162页脚注①中的引用。
③ 《时报》，1914年8月5日、14日、21—22日以及31日。
④ 《时报》，1919年8月3日。
⑤ 《时报》，1920年12月2日。
⑥ 《时报》，1920年11月20日。
⑦ 汤溪县的地图对于在1931年前设立学校的村镇有特别的标识。

和视野也发挥了一定的作用。有关汤溪的材料就显示,拥有最多功名人数的乡镇却有着最少的现代学校毕业生,而且该乡镇在建校方面也非常滞后(在1916年前仅有两所学校,该县十个乡镇中只有两个是如此地缓慢)。这一例证显示了传统保守主义对于改良的影响。而作为主要贸易中心的乡镇也在建校方面显得滞后(只在1916年前建立了两所学校),这可能是由于商人们对于学校建设并不感兴趣。无论如何,重要商业乡镇中学校的缺失与其他不甚富裕却在当时建立至少五所学校的乡镇形成鲜明反差。同时,有着最多毕业生人数的乡镇则在1926年前建造了最多的学校。(我们可以想象一位满怀抱负的现代毕业生回到原籍,设立学校。)

　　财政紧缺也对慈善机构和救灾项目的发展颇具影响。尽管官方对于习艺所的建设颇为提倡,但各县由于资金紧张也只得应付了事。① 在汤溪县,监狱也同时成了习艺所,这显示了边缘区内部社会抚恤与当地动乱控制之间的联系。由屈映光组织成立的救灾机构也于1915年无疾而终。② 孤儿院从精英方面得到的资助不多,因此要向县行政长官寻求帮助。③ 总而言之,动乱以及财政困难阻碍了地方项目的发展。

职业军人起源:核心区外部与边缘区内部

　　尽管浙江的军事领导者和毕业生来自各个区域内,但是该省精英一个主要特征在于大量军事精英都来自核心区外部和边缘

---

① 《瓯海观政录》,2:538—556;以及《屈巡按使巡视两浙文告》,4:19a—21a。
② 汤溪的因利局存在了6年之久(《汤溪县志》,4:17a—b)。
③ 《瓯海观政录》,2:593。

181

区内部。其他三个区域出现的现代学生远少于核心区内部:1902至1903年留日浙江学生中,仅仅只有19%;1906年京师学堂中占19.2%;1917年间清华学生中占6%。然而正如表14所显示的,保定军校于1912至1920年的数据却反映了一个不同的分布态势。尽管核心区内部县依旧比其他单个区域出现更多的军事毕业生,但是这些毕业生中的61.2%来自其他三个区域,其中大多数来自核心区外部和边缘区内部。与同期6%的清华学生中的可怜数字相比,这些区域中军事人员生产数目之多则显得更加引人注目。

此外,我们可以从一份关于毕业生的分析中得出如下数据:核心区内部,31.7%;核心区外部,27.5%;边缘区内部,27.5%;边缘区外部,5%。到了1910年代末,较之核心区内部,核心区外部与边缘区内部开始拥有更多的军校毕业生。就增长率而言,边缘区内部已经超过了其他区域。我们的一个假设是,如果我们有足够的浙江省军校的材料,两个中部区域①的军校毕业生要超过另外两区域,而且边缘区内部产生的军事精英也要超过其他单个区域。即使在1912年,边缘区内部也生产了意想不到的大量的省军事精英。在23位革命及此后时期关键性军事官员中,至少有8位来自核心区内部,7位来自边缘区内部。②

---

① 译者注:即核心区外部和边缘区内部。
② 在细读过相关材料后,我遴选出这些领导人物。核心区内部:周承菼、吴思豫、高尔登、朱瑞、王尊、韩绍基、顾乃斌、来伟良。核心区外部:蒋尊簋、傅其永、周凤岐、张载阳、俞炜。边缘区内部:徐则恂、叶颂清、叶焕华、吕公望、王桂林、夏超。这些人中只有两人被认为来自台州(童保暄和徐乐尧),但他们其实可能来自台州中可与以上三个区域对应的县。

表 14　保定军校浙江籍毕业生分布状况

班级	核心区内部	核心区外部	边缘区内部	边缘区外部
一班	5(55.6%)	2(22.2%)	2(22.2%)	
二班	14(41.2%)	9(26.5%)	6(17.6%)	5(14.7%)
三班	58(41.4%)	55(39.3%)	23(16.4%)	4(2.9%)
四班				
五班	4(100%)			
六班	24(29.6%)	26(32.1%)	25(30.9%)	6(7.4%)
七班				
八班	10(30.1%)	5(15.2%)	18(54.5%)	
九班	4(66.7%)	2(33.3%)		
总数	119(38.8%)	99(32.2%)	74(24.1%)	15(4.9%)
每10万人中的人数	1.35	1.67	2.02	1.05

资料:《保定军校通讯录》,版本多处可见。

我们只能通过假设来推断边缘区内部如此高的军事精英数量。在一个军事影响力逐渐增强的社会,军校教育为人们提供了离开原籍地的工作机会。诸暨县志就指出,在晚清和民国早期,大批来自贫农家庭的青年男子选择在杭州的军校学习,这为他们提供了摆脱农民身份的机会。① 然而,社会流动性的假说无法解释为什么只有军校而非其他也可以提供流动性的学校在两个中间区域吸引了如此之多的学员。我的猜想是,这些生于动乱不安环境并且对宗族精英所建立的防御和秩序十分熟悉的人,可能很早就从心理上有了对于军事生涯的憧憬。

1920年代,直到1926、1927年,三个区域受到了严苛的军事压榨,核心区内部则逃过了军事铁骑的蹂躏——1924年与江苏

---

① 《诸暨民报五周年纪念册·诸暨社会现象》,第83页。

的战争除外。1923 至 1926 年,三个区域都饱受军队的勒索之苦,军队不仅想方设法征召地方精壮,而且还肆无忌惮地进行掳掠。① 在这样一个充斥着军事气息的环境中,成为一名军人相比于其他职业或许有更多的好处且令人激奋。在外部区域精英中,职业军人的重要性平衡了核心区内部对于民事问题的注重。

外来者的角色

边缘区内部与核心区外部共有的不仅是肆虐的匪患和军事精英的涌现,它们同时还都是核心区内部精英创业兴趣的主要目标。此外,两类更为永久性的外来者在边缘区内部的许多事务中扮演重要角色:因灾乱从原籍地出逃的非精英移民,以及主要来自浙江以外、在地方扮演重要角色的商业精英。第一类人士对本已被贫穷困扰的地方而言实属火上浇油。在屈映光有所偏见的抱怨中,他认为这些难缠的移民在本地造成了很多问题。有报告显示,这些移民更愿意加入地方叛乱队伍之中。② 然而,现有材料却没有显示核心区县城中类似的对于外来人的憎恶。

外省商人在欠发达地区经济中起到至关重要的作用显得有些令人诧异,但这样的现象却在两个边缘区中屡见不鲜。边缘区内部的各县并不存在单一的模式。在丽水和新登县中,外来商人明显没有扮演任何重要角色。这样的角色要依各县具体的位置及其地理环境而定。汤溪与寿昌的模式便很有说明意义,两地都

---

① 参见《时报》,1923 年 10 月 18 日,12 月 12 日;1924 年 6 月 23 日,11 月 18 日;1925 年 1 月 3 日、28 日,2 月 4 日、10 日,11 月 9 日;1926 年 2 月 7 日。
② 《屈巡按使巡视两浙文告》,4:13a—18a、48a—49a。

第八章 边缘区内部的政治与精英结构

是自新安江而来的安徽商人的主要目标。一些县的市镇要比县城来得繁荣。在这类县中,汤溪县似乎是唯一一个商业中心与政治中心分离的地区。一所商会于1907年建于衢江附近两个市镇之一的罗埠,该商会的精英皆非本籍,7人中的5人来自安徽省绩溪县;他们在当地没有承担任何政治、社会和经济发展职责。①一个符合逻辑的猜想是当地非商业精英会向商会精英求助,但我们并没有这样的记录,而且就政治与商业权力的分野来看该县也显得有些反常。

另一方面,寿昌内的安徽商人则在经济与政治发展中扮演了重要的角色。在寿昌商会的五位主席之中,三位来自安徽,其中的一位还连任三届。与核心区外部不同,这些外来商业精英在地方的非商业事务中起到了直接的作用:他们都曾在团练和消防行动中担任领导角色,其中程秉泮还是该县的寡头之一。从光绪中期至1928年,程氏为地方公共工程和慈善事业捐出大量款项。一些证据指出,他在该县购置大量土地。在1911至1928年间,他还是地方团练的负责者,并于1925年受到省民政长官的表彰。② 民国时期不甚繁荣的寿昌在晚清年间就与核心区外部的商业中心兰溪县联系颇多。这样的联系从侧面解释了外来商人在欠发达县城内的大量存在。③

---

① 在我研究过的其他县中,商会都位于县城(《汤溪县志》,9:46a—b)。
②《寿昌县志》,载《中国方志丛书》第182册,第124—125、368、372、374、592以及789页。
③ 魏颂唐:《浙江经济纪略》,第421页。寿昌当地拥有福建、江西以及安徽会馆(《寿昌县志》,4:13b—14a)。

边缘区内部的发展主题

1924年的秋天,洪承鲁在他的家乡汤溪被一伙闲散士兵所袭,他身受重伤并于1926年的7月去世,年仅48岁。① 他的死亡和生平的某些方面对于边缘区内部精英趋向性有着象征意义。他的父亲洪炜光是一位廪生,在太平天国战乱后从许多族人处获得了帮助。洪氏宗族位于县中两个重要港口之间的衢江沿岸,自宋朝起就已存在。

承鲁是炜光的长子,于光绪末年中贡生,并且还就读于京师法政学堂。候补县令期间,也在一家师范学校和一所军校内授课。在清朝末年,他还担任河北一所土地垦务机构的领导。辛亥革命爆发之后回到浙江,并且两次被任命为当地县行政长官,第一次是在1911年末,就任于兰溪,第二次在1914年,就任于海宁。因官绩显赫,受到来自杭州和北京的奖赏。不过他拒绝了位于河南的一份职务,理由是常年供职于汤溪县议会的父亲患病在身。洪承鲁将其事业的最后时光花在了汤溪当地,负责监修该县新修地方志项目。作为县劝学所的学务总董他还掌管该县学校事务,自1922年直至去世,他同时又是县议会的议长。

洪承鲁的背景和事业与边缘区内部精英政治和社会生态的本质特征有着很大的相似性。与南田山的刘家一样,洪氏也立足于宗族之上,当然该宗族显然不如刘家的宗族强大。与大多数政治上颇为显赫的宗族一样,他的宗族位于河谷,这里的农业与商业机会都很多。承鲁还有一位弟弟,但是没有获得功名,也没有

---

① 《汤溪县志》,第944—947页。

第八章　边缘区内部的政治与精英结构

在公共领域有太多建树。我们可以想象父亲洪炜光是如何为承鲁接过家族之名而做准备的。与边缘区内部的许多精英一样，承鲁在当地是一位承上启下式的人物，他既有功名身份，又接受过现代教育。他的现代教育背景和教学生涯将民国初年教育方面的新兴现象囊括而尽：法政学堂、师范学堂、军事学校。他作为土地垦务局领导的身份也说明了如同核心区内部一样对于发展的关注。

与来自边缘区内部但在外发展的精英一样，洪氏并没有在晚清回到汤溪，而只是在辛亥革命后回到浙江任县行政长官。县议会中的议员位置从父亲过渡到儿子手中，这很明显反映了精英间的延续性。作为一名官员和接受过现代教育的学生，他于1920年代承担县内重要的工作，这与边缘区内部的精英事业发展又是如出一辙。就他的职权范围和供职时间来看，他显然不是县中最为重要的精英（他事业的大多数时间都是在县外度过的）。边缘区内部的政治结构多是寡头统治的；然而洪氏由于事业上的成功，得到了该县寡头集团的尊敬，这归结于他作为新一代精英在一些职位上起着的领导作用。

洪氏的生平记录没有任何介入民族主义运动——譬如晚清的保路运动或辛亥革命抑或是五四运动——的存在。他或许是一位民族主义者，然而，边缘区内部强烈的民族主义迹象直到1920年代才初露锋芒。相比于民族主义的方面，他似乎更趋向于宗族与原籍地，这反映了大多数边缘区内部精英传统的一面。作为县志的编纂负责人之一，他的主要关注点在于该县边界问题，内部分化问题，地形、交通、水利问题——这都是空间以及如何在一县范围内使用空间的问题。

洪承鲁所受的致命伤来自一伙游荡的士兵，这表明了边缘区内部的不稳定。匪患以及1920年代后军队的骚扰在阻碍地方发展的同时，也为当地居民带来苦难。地方秩序混乱一直困扰着县行政长官，并成为地方事务的重中之重，其他事务在重要程度上就显得轻微得多。精英的目标是管控以及依靠传统来平息地方上的动荡。现代变化只有在1920年代中期才渗透到这一区域。

第九章　边缘区外部的政治与精英结构 [128]

　　成立于1914年的瓯海道管辖东南沿海的温州与处州两府，在此辖区内，我们可以看到四个区域的身影：一个核心区内部县、四个核心区外部县、三个边缘区内部县以及八个边缘区外部县。如果我们仔细阅读1918至1920年道尹黄庆澜的官方报告，我们就可以看出三个内部区域[①]与边缘区外部之间的类型与议题有着天壤之别。这份报告中对于县行政长官和当地精英的训令、答复、命令揭示出，三个内部区域的主要关注点在于公共工程、慈善事业、警务以及（在核心区范围内的）学生示威运动和五四运动之后的抵制日货运动。这些发展方面的议题远远超过了对于诸如赌博、种植鸦片和盗窃牲畜等社会问题的关注。反之，尽管有时候也会处理与公共工程、教育和农业相关的问题，但在最不发达的边缘区外部中，黄氏所要集中处理的还是贫穷

---

① 译者注：这里的"内部区域"，指的是核心区内部、核心区外部、边缘区内部，与边缘区外部相比较而言。

带来的苦难结果,包括大批的杀婴、卖妻、挖坟掘墓问题。①

屈映光在1915年关于边缘区外部的报告呈现了同样的图景:当地居民没有受到任何现代变迁的影响,地方上饱受贫穷之苦且多有游民出没。② 与核心区内部形成鲜明对比的是边缘区外部在很多社会发展构成部分的相对缺乏。

行政边界意义的削弱

在所有区域中的各个时期,对于浙江人的日常生活而言,自然边界的重要性肯定要超过人造边界。20世纪以前,绍兴县(核心区内部)内的天乐乡部分地区受控于萧山县。③ 寿昌县(边缘区内部)内的常乐乡则在商业上趋向于兰溪(核心区外部)。核心区内部中自治机构区之间的边界与晚清时期相仿,反映了当地的政治化过程。而核心区外部的零星材料则显示行政区划的政治争端直到1920年代才逐渐浮出水面。④ 与内部区域相比,边缘区外部内的行政区划与政治和社会现象有着极低的相关性。这种现象的部分原因在于边缘区外部的县城多坐落于地域经济区的分割线上。

例如,宣平县就位于长江下游和广义上的东南海岸的分水岭上。该县12个乡镇中有4个乡镇的溪水流进钱塘谷地,注入金华、武义地区。而余下的乡镇溪流则并入衢江谷地,归于缙云和

---

① 可参见《瓯海观政录》,1:161—172。
② 参见《屈巡按使巡视两浙文告》,4:16a—18a、22a—23b、50a—52a、66a—67a 以及 3:139b—140a。
③ 《绍兴县志资料第一辑》,第11册,6b。
④ 《时报》,1924年8月7日。

丽水县一带。前文提及的那4个乡镇与宣平几无关联。在木材贸易中,1个乡镇是趋近于金华的,而其余的贸易则多在衢江一带展开。① 该县的寡头精英中,没有一个是来自上述4个乡镇的。1914年当匪患从永丰乡蔓延至保和乡之时,保和人皆向武义县求救。② 一位文人在1918年特别提到,该县之内的大多数民众究其一生都与县城没有任何接触。③ 只有那些临近或者坐落于流向县城的溪流的乡镇才会参与县事务。与此相类似的是,位于区域之交的昌化县昌北乡借茶叶贸易之由,与安徽的宁国县联系颇深。作为昌化县最为贫穷之乡,当地很多学生被送到安徽读书,其中的一些日后还成了颇为显赫的县内精英。④

乡镇之间的边界也多被忽视。在民国初期,当宣平县内的两个乡凑不齐参加省议会选举区的最少人数时,它们很快便糅合在了一起。这完全是人为的,因为两乡在此前毫无交集。⑤ 而财政上的困难则使得两个乡成立了一所共有的学校,这同样显示了在一个发展水平较低的县中,内部区域的分界是不甚重要的。⑥ 当居民对于区域单元没有产生归属感时,行政区划不过是地图上的一道道分隔线。总体而言,在民国初期,这样的归属

---

① 参见林传甲《大中华浙江省地理志》,第308页。林氏指出贸易实际已经到达了汤溪地区。但是鉴于水路的位置以及汤溪地区的地形,这显得不太可能。
②《宣平县志》,第662页。
③ 林传甲:《大中华浙江省地理志》,第308页。
④《昌化县志》,第21—28页。
⑤《宣平县志》,第1275—1276页。
⑥《宣平县志》,第626—627页。

感迟迟没有到来。①

精英结构和事业:模式与趋势

强大的宗族通常在农业与商业繁荣之地出现。在核心区内部与外部中,宗族的力量与当地的财富程度成正比;而在核心区外部和边缘区内部中,这还与河谷的发达程度相关。到了边缘区外部,这样的相关性依旧存在。显然,富有程度是一个相对的概念,该区域内的大多数乡镇都有一到两个强大的宗族试图通过一定的财富把持当地,而在内部区域,这并不令人印象深刻。譬如,在宣平和遂安县较为繁荣的乡镇,我们可以看到宗族在多个乡镇中的领导地位。②

与边缘区内部类似的是,当地少数相对富裕的乡镇(比如松阳的古市和遂安的洞庭)并不受宗族的控制。在其他不甚富裕的乡中,公共职能由各类人士承担,他们中没有哪个姓氏是起主导作用的。③ 然而,一些极为贫穷且不甚发达的地区则由宗族精英

---

① 在一场县内的风波中,当地精英反对杭州方面将人为的区划强加于自然的界限之上。这牵扯到并不发达的岛屿地区形成南田新县(边缘区内部),而该地本属象山(核心区外部)。这个岛屿一直被认为起着重要防御作用,光绪初年开始有人定居于此。1912年,杭州政府下令将南田地区划为一个独立县,而象山半岛上的市镇石浦则被确定为该县的县城。结果象山与南田两地都极其不满,前者不想失去当地富饶的市镇,而后者则不想被一个较远距离的市镇所管辖。最终,在多番协商后,南田成为一个县,当地另一个市镇成了县治所在。这一自然划分的逻辑战胜了杭州官僚们的逻辑。参见《象山县志》,9:73b—74a;《南田县志》,第367—370页;以及《时报》,1916年8月25日,10月15日。

② 在宣平地区,这些宗族是广慧的涂家、振武的潘家、亲仁的陶家、聚德的陈家,在遂安,是安阳(音译)的吴家和余家、河岩(音译)的陆家与于家、达叶(音译)的王家与余家,最后还有下社(音译)的洪家。

③ 这样的例证包括遂安的陆村(音译)和下周(音译),宣平的李陶(音译)、永丰、安良,以及松阳的景聚(音译)和塔竹(音译)。

所把持。① 位于自然或行政边界上的乡可以解释这一现象。宣平、昌化饱受匪患侵扰，这些位于边界的宗族群体最初的发展很明显是出于防御目的。这样的论断与核心区外部的现象都可能证明一项人类学的观点：繁荣的地方经济和对防御的需求是强大宗族发展的重要因素。②

精英延续性

边缘区外部精英自19世纪90年代至20世纪20年代最显著的特征就是他们之间的延续性。与其他区域相比，该区域内的两届议会都有着更多的有功名者参与。这一区域自晚清的县以下自治机构至民国1920年代的县自治机构，延续性要超过其他区域。与核心区外部和边缘区内部不同的是，并没有证据显示当地在20世纪10年代和20年代初期拥有更多的政治机遇。

精英在一系列公共活动中的延续性与统治力在个人事业和宗族中都有所体现。俞师昌是宣平的一位低级功名者。可以确定的是，他并非来自一个显赫的宗族。自1890年起，他参与到多项公共工程中，成立了义葬机构，建立起一所孤儿院，兴修了孔庙，并且在团练中任头领。他还在晚清县城某组织担任领导职位，并成为县城乡镇议事会的自治委员，又是劝学所的学务总董。民国成立后，他自1917至1924年就职县视学，1924与1925年间在县教育局中出任职务。35年间，俞氏活跃于诸多事务中。③ 来自景宁县的监生潘观澜在1897年以桥梁修建者的身份开始了他

---

① 这样的例子包括保和的陈家与李家、遂安郭村的王家、昌化昌北的帅家，以及松阳石仓的阙家。
② 波特：《传统中国的土地与宗族》，第137页。
③ 《宣平县志》，第611、616、648以及831页。

的公共事业。他在县内的事业主要在自治机构和公共工程方面，一直延续到了1930年代。① 遂安王德星在1911年前是地方上的一位领袖，1910至1911年供职于县议会。从20世纪10年代末至20年代中期他参与多项公共事业，于1928年任职于县教育机构，并且在30年代领导一家负责教育资金监管的机构。②

关于当地精英长时段事业最完整的记载，见诸1974年出版于台湾地区的孝丰县志。③ 虽然现有其他地方志的记录只截止到1930年代，但是边缘区外部内其他县有着类似的延续性是极为可能的。孝丰县的例证极为有趣，这是因为该县的寡头集团从20世纪初年一直延续到1940年代。我对于核心区的分析指出，该区域这样的一个模式即使在1920年代也早已经不复存在；对20世纪30年代至40年代核心区内部精英（尤其在嘉兴府）的一个粗略考察也显示出类似的延续性十分罕见。

在孝丰县，洪焘、万和、王立三和叶向阳在教育、自治机构、公共工程、工业发展中都扮演了主要角色。他们的事业轨迹富有揭示意义。洪氏是一位在太平天国动乱后负责地方重建的士绅之子，曾参加辛亥革命，从1912至1914年在县政府任职，此外还组织学校、发展煤矿，在1936年负责监督林业合作项目。王氏作为一位留日归来的学生，领导了1911年县内的革命。他在1930年代参与到自治机构以及各类合作项目之中，并于1939至1940年负责煤矿，不过自1917至1941年的绝大部分时间都致力于学校建设之上。万和与叶向阳各自领导着县内两大派系。万氏也是一位太平天国运动之后地方精英的亲属，参与了1911年的革命。

---

① 《景宁县续志》，第126、326、414、425页。
② 《遂安县志》，第281、286页。
③ 下面的讨论建立在《孝丰志稿》的基础上。

他自1912年起到至少是1944年领导临时县政府时,都参与教育改革和自治机构活动。来自绍兴移民家庭的叶氏是一位贡生,他于1912至1914年供职于县议会,1921至1927年供职于省议会,并且在1944年成为县政府一员。叶氏在第二次世界大战后的公路建设中劳苦功高,随后前往台湾地区,于1963年去世。

尽管20世纪30年代和40年代不在本书的讨论范围之内,但是上述人士的事业发展对于1927年后地方上的政治事务也十分具有启示意义。这些人与20年代国民党的崛起没有什么关系,没有直接参与也没有成为国民党在地方上的代理人。尽管这些人的公共事业在1927至1936年间大体终止,但在此期间他们中的两人还是担任起了地方合作项目的监管人。来自孝丰县的数据显示,传统的寡头集团在国民党的控制下变得不再显赫,但是在日本侵略浙江省之后,他们又重新以临时县政府领导的身份出现。

寡头与县行政长官

尽管我们没有关于边缘区外部各县的长时段资料,但是寡头控制地方事务却是当地政治结构中的一个重要方面,这与边缘区内部如出一辙。松阳寡头就由七位士绅和绅商组成,他们与当地有名望的家族有着很深的渊源。① 正如表15所显示的,宣平县的九人寡头集团的运转记录揭示了他们对于地方事务的强大控制(在县行政长官的领导下)。② 这里有几点尤其值得关注。有

---

① 这六个人包括周实登、周琨、何文龙、徐树芳、蔡毓芳、叶桐知以及叶有麟(《松阳县志》,8:48、50b、55b;9:99a—100b)。
② 在地方志零散的记载中可以找到陈豪舒、陈拟欣、陈锋侃、裘兆林、朱兴潭、何希凡、潘豪、陶健迅以及蔡国桢(以上各人俱为音译)的信息。

传统功名者与现代学生都在这一寡头集团中出现；三人没有功名，也从未在现代学校就学，此三人中的两人也没有强大的宗族背景。尽管这些人在清代县以下的自治机构中极少出现，但是两次民国县议会就囊括了他们九个人中的八位。这说明边缘区外部的传统精英在清代并没有很快地关注到自治机构运动的潜力，但是到了民国年间这些自治机构受到了他们的重视。专业团体的领导也从这九人中选出，他们中的四人担任过农会负责者。由于县行政长官任命同样的人士担任不同机构的职务，这些机构本身比起机构成员而言反而显得较为次要了。

　　在团练、教育和公共工程问题上，寡头集团的影响范围都可见一斑。九人当中的四人在县衙内任职揭示了边缘区外部的一个重要特点：政府工作人员与县精英之间的互通性。我在其他区域中都没有发现如此程度的县行政官僚与当地精英的混杂式使用。在三个内部区域中，精英们在本籍衙门供职后，并没有回去充当重要的独立精英角色；大多数情况下，他们运用自己的专业技能在其他县的类似领域内供职。① 然而，边缘区外部却有着截然不同的模式。除了宣平县的四位寡头，其他的九位重要精英——具有一个或者多个领域能力——都一次或者多次在县衙门内任职。在昌化，有六位精英在官职与非官职之间不时转变，他们中的两人属于该县的寡头。在遂安，这一数字达到了十二人。总而言之，官方与非官方活动之间的边界在边缘区外部中的各县是非常模糊的。

---

① 对于那些1912年后在其原籍地政府中任职的人来说，这的确是事实。许多人在此后去了类似的岗位。这样的例子包括衢州的郑永僖、嘉兴的周彬（音译）、诸暨的楼守光，以及建德的毕金元（音译）。

表15 宣平县寡头的具体特征及角色

背景	自治机构	专业团体	角色
有功名者 4	县以下机构 3	商会会长 1	低级别县行政官员 4
毕业生 2	第一届县议会 8	教育协会会长 1	公共工程 7
强大宗族 7	第二届县议会 8	农会会长 4	团练统领 3
			学校建设者 4
			视学 5
			劝学所学务总董 1
			习艺所负责者 1
			反鸦片领导 1

资料:《宣平县志》,版本多处可见

遂安、松阳和宣平的县志都揭示了县行政长官对于社会管理和地方项目启动的掌控,而这些在核心区域都是由地方精英来处理的。在遂安,县行政长官于1921年成立了文化委员会,于20年代首倡公共工程,并且亲自监督修建河堤,此外,他还坚持要重新开放一个已被关闭的习艺所。① 而松阳的县行政长官则于1918年末举办了当地第一届学校运动会。② 尽管松阳有着自外求学归来的现代毕业生,但还是要等县行政长官来倡导这些活动:归来的精英也都要迎合边缘区外部的地方政治生态。在宣平,县行政长官控制着县孤儿院,命令自治机构来监督河堤的修建,任命县精英来修复孔庙。1917至1920年,他还支持桑蚕业的拓展,派遣农会的负责人赴湖州去购买桑树。因此,所建立的示范桑园也就坐落在衙门一旁。③ 边缘区外部县志中有关公共工程和慈善的条目展示了县行政长官如何持续不断地要求地方

---

①《遂安县志》,载《中国方志丛书》第252册,第66—67、188以及211页。
②《松阳县志》,14:12b—14a。
③《宣平县志》,第189—193、279、365、425、540—541页。

精英为当地做出贡献。县行政长官与边缘区外部精英之间的关系可以看作是精英自主性的连续缺失,也可以被视为地方官在外部区域更大程度的控制。作为一种选择,精英对于衙门事务的介入也体现了他们对于县内活动都要围绕衙门展开的政治意识;因此这些精英都希望成为这些事务的一部分。而一旦进入衙门,地方精英通过县行政长官就拥有更大的控制力度。这与核心区域不同,因为在核心区域内,各种团体竞相与衙门争权,而且有时重要性甚至要超过衙门。

1920 年代的精英模式

1920 年代自治机构数据中的两个组别显示了边缘区外部模式的一些变化。在同乡会机构中供职的返乡学生人数一跃增至 31%,相比之下在边缘区内部效力的也仅仅占到总数的 35%。此外,有过县以外经历的人数比起第一届议会时期增加了 20%。① 许多返乡的学生都来自当地的名门望族,这些家族通过把学生送到各地留学,来适应不断变化的政治及社会动态,这样的现象与边缘区内部如出一辙。

内部区域中大批留学生归来的情形——辛亥革命之前和 1920 年代——并没有在边缘区外部中出现。1920 年代之前,大批毕业生以及与外部有联系的人士已经返回当地,他们的回归贯穿于民国成立后的第一个十年,在 1910 年代的中晚期担任各项职务并且在自治机构中任职。而到了 1920 年代有在外经历的人回归似乎并不多。总体而言,在核心区内部求学的边缘区外部学生都倾向于回到他们自己的原籍。晚清至 1920 年代中期有

---

① 在对于毕业生的计算中,"学校毕业生"与"生员和毕业生"被并为一类。

51位来自遂安、79位来自昌化以及58位来自宣平的人士在他们的县以外接受过现代教育。这些人中,分别只有15.7%(遂安县)、5.1%(昌化县)以及10.3%(宣平县)在县外供职。来自这些县的85%~95%的在外求学者都回到了原籍——这与核心区域形成鲜明对比。传统主义的影响以及他们资历所带来的威望与权力似乎是驱使他们回乡的主要动因。

边缘区外部的大多数在外学生就读于中学或师范学校。与核心区外部和边缘区内部不同,边缘区外部在军事学校求学的人不占多数,这从保定军校的数据中就可以看出。在以县为单位的数据上,宣平有8.6%(5位)的毕业生毕业于军校,景宁有8.9%(5位)的学生在军校求学。而遂安和昌化则没有任何军事学校毕业生。

政治计划

就屈映光在1915年的意见而言,边缘区外部的发展任务应包括社会福利(尤其是公共粮仓和习艺所),以及鼓励更好的农业生产。① 毕竟这些县中大多数的土地都不甚肥沃,收入也很微薄。当庄稼收成不好时(譬如1914、1915年后浙江西部严重的旱灾),农民肩上的担子就更重了。② 在这样的情形下,这些县的首要目的就不是"发展"而是生存和稳定。

屈氏及其继任者为了振兴地方经济而鼓励传统地方产

---

① 《屈巡按使巡视两浙文告》,4:16a—18a、22a—23b、50a—52a以及3:124b。
② 托尼(R. H. Tawney),《中国的土地和劳动》(*Land and Labor in China*),波士顿,1966年,第77页。

业——昌化的造纸业,於潜和孝丰的木业、竹业,以及龙泉的陶瓷业。① 这样的政策并没有得到太积极的响应,即便当孝丰的地方精英着实想要做出改变时,这样的努力也没有什么持久的结果。1916 年,王立三新开的造纸厂只维系了两年,原因是管理方对产品的需求量计算错误。② 1918 年,王氏尝试着从吴兴菱湖(核心区内部)买来旧机器开办一家电力公司,但这些机器两天后就报废了并且再也没有被修复。③ 资金上的不足是由来已久的问题。

最发达区域与最不发达区域的差异在组织建设的时间和县内所需资金方面表现得极为明显。边缘区外部商会成立比核心区内部晚了整整 12 年。比起其他区域,农会的起步也比较晚,而且存在时间较短。④ 被视为穷人救命稻草的济贫会也只是零星地起着作用。⑤ 表 16 收录了一些不完整的县财政数据,总支出和人均支出两项既反映了区域之间巨大的差异,也反映了边缘区外部的贫穷。⑥ 尽管数字有四年的变动幅度,但我并不认为这对该数据的整体结果有太大影响。与核心区内部相比,边缘区外部人均的自治机构和教育资金要少得多。⑦ 警务支出却消耗甚大,这也反映了边缘区外部对于本地动荡的关注。我们现有的关于边缘区外部两县的数据表明,这两个县人均警务开支比位于核心

---

① 关于重建龙泉陶瓷业的问题,见《时报》,1918 年 5 月 18 日以及《中国经济消息》,9(1926 年 9 月 25 日):176。
② 《孝丰志稿》,第 183 页。
③ 《孝丰志稿》,第 194 页。
④ 在宣平,这一组织从 1915 年延续到 1920 年;而在遂安,这一组织从 1917 年延续至 1925 年。
⑤ 昌化的济贫所存在于 1915 至 1916 年以及 1919 至 1923 年。
⑥ 这类材料主要来自地方志。其他区域的县的数据已在前面章节展示。这里边缘区外部县材料来自:《宣平县志》,第 423—424 页;《景宁县续志》,第 170 页;以及《昌化县志》,第 153—154 页。
⑦ 自治机构支出中行政费用的百分比只占到宣平总数的 16.3%。

区外部的诸暨还要多,这一比较尤为引人注目,原因是诸暨历来以不稳定著称,而且当地的警务支出要远超其他核心区外部各县。宣平的人均警务支出要超过人均教育支出,这与诸暨甚至整个核心区域的情形恰恰相反。

表 16 县年度支出样本,1922—1926 年(以元为单位)

县	自治机构		教育		警务	
	总支出	每万居民支出	总支出	每万居民支出	总支出	每万居民支出
嘉兴(核心区内部)	26047	618	41523	1114		
奉化(核心区外部)	6853	308	11986	533		
诸暨(核心区外部)	10428	197	18872	357	18016	341
宣平(边缘区外部)	920	121	2458	323	2655	349
景宁(边缘区外部)	约750	约64				
昌化(边缘区外部)					2970	387

资料:嘉兴,《时报》,1923 年 10 月 31 日;奉化,《新奉化·调查》,第 1—29 页;诸暨,《诸暨民报五周年纪念册·诸暨概观》,第 75—79 页;宣平,《宣平县志》,3:6a—b;景宁,《景宁县续志》(台北重印本),第 207—210 页;昌化,《昌化县志》(台北重印本),第 154 页。

边缘区外部许多项目都因资金缺失而无疾而终。遂安县的教育进程由于资金短缺和教师人员不足而不得不放缓进行。① 面对同样的问题时,宣平县则试图在一所县教师机构中对教师进行培训,但是这一机构的资金只能从该县小学的预算中扣除。而在宣平县设立的报刊阅览室实际上也只是来自龙泉县一位富有精英的捐赠。②

---

① 《遂安县志》,载《中国方志丛书》第 252 册,第 210 页。
② 《宣平县志》,载《中国方志丛书》第 244 册,第 635—636 页。

边缘区外部发展中的财政不足和政府的决定性作用淋漓尽致地体现于宣平的习艺所。① 根据杭州方面在民国初年的命令,该习艺所由当地的一位寡头所领导。三个培训部门中最成功的部门是教给习艺所人员如何进行染色操作,这些有图案的棉布制品被选为优质品而在1915年的旧金山巴拿马世博会上展出。另一位寡头在1916年成为该所负责人时试图拓展染色部门,但是他很快就遇到了困境:资金的不足,以及无法扩展至更广阔的市场。当杭州政府在1920年宣布类似宣平一样的小县城不必再设立习艺所时,该县很快就终止了整个项目。在这一事例中,政府行政命令的刺激为当地经济发展提供了契机,但是随着政府行为的消失,地方上资金的缺失使得这一项目不得不退出历史舞台。

收入不足有时会直接导致边缘区外部无法处理长久以来面对的社会动荡问题。安徽、江西、福建的土匪不断地侵袭浙省边境一带。② 地方官一般靠组织团练来应对这一危机。③ 有时,诸如宣平县振武乡的潘氏家族会向当地富有的家庭征资,从而组织自己的团练以对抗土匪。④

此外,在1923年的战争恐慌时期、1924年江浙战役(随之孙传芳控制了浙江省)以及1926至1927年的北伐战争时期,这些县城都受到来自周边省份士兵的劫掠。⑤ 军事上的勒索占用了

---

① 下列习艺所的数据来自《宣平县志》,载《中国方志丛书》第244册,第545—546页。
② 参见《时报》,宣统三年一月廿二日;1914年8月5日;1917年6月11日;1918年12月27日;1919年2月7日;1924年1月11日;1925年8月25日。同时可以参见《瓯海观政录》里面有关庆元县的内容。
③《瓯海观政录》,1:42—44以及48。
④《宣平县志》,第649页。
⑤《顺天时报》,1922年8月17日。《时报》,1924年10月25日,11月8日;1925年2月10日;1926年10月5日,12月7日。

大量钱财,这进一步恶化了当地的财政状况。1924年8月,遂安县城就被勒索15000大洋,当地的商会主席以及县内主要精英讨价还价到了4000大洋,但是这并不意味着遂安从此可以高枕无忧。1926年8月,北伐过程中江西溃兵大量涌入该县,要求驻扎在民房内。居民四处奔走逃难,该县的委员会只得设立了一个接待区域,满足这些溃兵的需要。但当这些士兵要离开之际,他们却还是索要3000大洋。1927年1月,北伐军的主力路过当地时,强迫地方壮年男子做挑夫和苦力,以准备攻打建德。1927年9月以及1929年11月,途经此地的军队又一次对该县进行洗劫。①

位于浙闽交界的景宁县在1927年夏天以及1931年初成为福建土匪的主要目标。1931年的匪患由一位被派出剿匪但自己却成为匪首的前军官所发动,这在当地造成了极大的人、财损失。此外,1930年的秘密社会起义、地方匪患和客居者的暴动使得当地经济一片狼藉。② 孝丰位于边界地带,在1935年被方志敏的江西苏维埃军队所占。当民兵无法阻止共产党军队前行的步伐时,县政府以及当地精英便逃到附近的县中,直到国民党部队重新收复此地。③ 位于边缘区外部的县城经历了接连不断的匪患和军事袭击。在这样的灾难面前,教育、自治机构和现代发展等事瞬间变为空中楼阁。

---

① 《遂安县志》,第715—716页。
② 《景宁县续志》,第342—350页。
③ 《孝丰志稿》,第18页。

外来者的角色

　　於潜、孝丰、昌化、松阳的很多客居者都并非精英。① 而核心区内部以及上海的创业人士对于边缘区外部并未予以过多关注。这些县城没有太多矿产可待开采；即使有人试图开采的话，将这些矿产运输到核心区内部的交通设施也不甚发达。

　　尽管边缘区外部的发展潜力不大，但是也有一些外来客居者在地方上起到至关重要的作用。鉴于这些县域经济上的欠发达，这一现象或许显得难以理解。《遂安县志》显示，由于该县商业落后，地方商会直到1921年才得以建立，当地居民直到1930年才开始参与盐业以及茶业贸易。遂安只有一个来自府城建德的行业工会，然而，当地商会的领导却主要来自安徽徽州府的黟县和绩溪县②，不过我们未能知晓这些商人经营的具体商品或者兴趣所在。1926年，作为他们在当地唯一的一项非商业活动，徽商与地方精英一道，设立了小的电厂。③ 武强溪是遂安的主要河流，把遂安与自徽州流往建德的新安江连到了一起，因此，徽州因素在当地的出现是可以理解的，但是这些商人在遂安的活动很可能获利不多。地方精英似乎乐于让外来人掌握当地经济，鼓励他们在地方上进行采掘作业。

　　与此类似的是，徽州的商人还主导了孝丰县的商业。尽管连

---

① 前三个县在太平天国运动后有大量的移民涌入。余烈：《於潜乡工地理大纲初稿》，1934年，第74页；《孝丰志稿》，第228—237页；以及《昌化县志》，第21—24页。17世纪末期大量来自广东的畲人在处州府的山地县城内定居下来（《松阳县志》，6：22a）。
② 《遂安县志》，第一卷，第31页、225页。
③ 《遂安县志》，第224页。

接孝丰与安徽之间的河路不甚发达,但是在 1917 年县商会成立的时候,大多数的领导和商会成员都来自徽州。只是徽商在一定程度上参与到了遂安的工业发展之中,我们却没有证据显示他们在孝丰县参与到同样的事务之中。①

宣平县的情形与我们对于自然贸易体系的理解有些出入,该县同时也呈现出与其他各县完全不同的本地人—客居者关系。宣平县的外来精英来自与浙江贸易体系及地理形态都极不相同的江西。宣平县的商机只是平平,因为当地只生产农产品,我们并不十分清楚这些外来人定居于此的原因以及他们商业活动的本质。但是他们在一所租来的楼阁中成立了自己的江西会馆,这些人也自然地于 1915 年成了商会领导者。

由江西而来的客居者与当地居民之间的关系用发展式的术语来说,就是核心区内部向外辐射的最远处。在核心区内部,外来商人和居民常常受到敌视与排斥。而在核心区外部,本地人与客居者之间的关系要好得多,但是他们之间仍然存在着敌对关系和怨恨。到了边缘区内部,外来商人把持着贸易和商业组织,并且与地方精英一道参与到各类发展项目中。这样的模式在遂安和孝丰也有所出现。然而,在宣平县,来自江西的客居者不仅是重要的商业精英,而且成了该县的政治精英结构的一部分。② 吴道南和吴承虞早在 20 世纪初期就活跃于公共工程的资金筹集领域,他们受县行政长官之托,与县精英一起为地方工程的实施做出贡献。作为士绅精英,吴道南在 1915 年组建团练,直至 1924 年被收编。吴承虞与甘诗信一起加入了晚清乡镇自治机构,吴氏

---

① 《孝丰志稿》,第 186—187 页。
② 《宣平县志》,第 279、288、365—366、551、650、833 页。这一情形与程秉泮的角色相仿,后者来自安徽,却是寿昌(边缘区内部)的政治寡头的一员。

担任议事会成员而甘氏则当上了副议长。甘氏后在民国初期担任县议会议长,他的儿子成为第二届议会中的一名议员。政商精英以及非官方与官方精英的相互融合反映了当地寡头集团存在的延续性。该寡头集团对于外来人的接受或许反映了当地精英对于商业缺乏兴趣,这使得他们不得不接受外来人而且还要认可维系共生关系的重要性。这或许还反映了当地近乎原始的对于文化和政治差异的漠视。这一模式在我研究的其他县中并没有出现,但是我猜测在瓯江、灵江交界和闽江谷地一带或许存在。

政治发展的开端

在20世纪的头30年,边缘区外部的县城并没有经历足够大的经济变迁或政治变革来消解当地的寡头政治结构。大多数县级寡头宗族不是来自山谷一带较为富裕的区域,就是来自边界防御所带来的有着极高一致性的边界区域。他们对于商业不是很感兴趣;而且在这个区域内,绅商融合的情形并不常见。① 与边缘区内部不同,这些寡头与其他地区的联系较少。譬如,宣平县九位寡头中,只有两位有过区域外经历。② 该县的政治关注点主要在于稳定、秩序、公共工程和温饱。县行政长官是这个县里最重要的人,因为只有他才负责倡导并推动公共工程的落实。

外部区域内的县城都不甚发达。新兴组织的制度化很是缓慢;职能方面的专业化也停滞不前;尽其可能发展的现代自发性

---

① 类似于来自宣平的吴家和干家都是绅商:他们的身份是商人,但是他们的参与范围却与士绅无异。在松阳,有几位绅商是显而易见的,譬如徐树芳和周实登,参见《松阳县志》,8:48a、50b、55b。
② 这一数字达到了22%,这与第二次议会中有县外工作经验的人数比例类似。

组织也根本不存在。当地对于乡、县以及省一类的行政区划政治认同感淡薄。促使部分核心区内部精英政治化的外国压力在这个区域中较少存在。外来传教士普遍直到20世纪才来到这些县城中。① 对于国家以及本省发展的意识偶尔通过非精英人员获知。举例而言,义和团运动的消息是由在教案频发的衢县工作的劳工传到遂安的。② 1920年代的军事动乱使得当地了解到区域以外的问题,但是这些问题总的来说未能促成当地精英的政治化。

然而,20世纪的前几十年,外部区域也出现了一些政治化机构。为了地方精英而设的晚清政治制度尽管作为制度本身不是非常成功,但还是为政治进程的意识提供了一个框架。政府在建设共同的县级层面机制(譬如济贫所就呈现出处理旧问题的新方法)以及推动学校体制发展方面也起到重要作用。县行政长官在这之中起着至关重要的作用,他负责鼓励地方上对于现代教育的兴趣,兴建实验农田,建立现代卫生和医疗机制。③

此地最为重要的非官方联系渠道来自接受过现代教育的学生,他们将现代观念和专业知识带回自己的原籍地。来自宣平的潘霆就是一个很好的例子。他毕业于杭州的浙江第一中学,曾短暂负责丽水县教育部门,后来回到了宣平并且致力于教育拓展与改革。④ 昌化县仅有的毕业于日本学校的方殿华与潘炳文也是很好的例子。他们在学成归来之后于1906年写了一篇很长的

---

① 《宣平县志》,第506—507页,第一批来自1907年。《遂安县志》,第一卷,第220页,第一批天主教徒于光绪年间到达此地,第一批新教教徒则于清代末年来此。
② 《遂安县志》,第715页。
③ 《宣平县志》,第762—763页。也可参见《瓯海观政录》,1:274—286以及2:464、513—515。
④ 《宣平县志》,第616、621、730、881以及827页。

鼓励现代教育的文章,该文章被收入县志。尽管他们的生涯大多都在县外度过,但是他们两人都来自产生精英的重要宗族。一个比较符合逻辑的猜想是,昌化县的精英应该对于社会达尔文主义的观念有所耳闻。①

有些时候,归来的留学生与当地的学生在地方问题上达成共识。於潜县的一位史学者曾记录了 1922 年在一场臭名昭著的县议会选举后,当地学生首次组织起来的情形。② 遂安的地方事件也在 1920 年代中期引起了一场学生抗议运动和罢工浪潮。③ 来自孝丰的诸文蔚和方秉性从学校赶回并创办了一份县周刊,尽管该周刊只出版了七期,却为 1923 年开始出版的县党派报刊开了先河。④

孝丰县万和的协会与叶向阳的青年团之间的派系之争在个人利益和县项目问题上不断升级。两个派系的领导都在 1920 年代的杭州议会中出任议员,而他们与杭州之间的联系似乎加剧了他们之间的分歧与竞争。顾名思义,叶氏所在组织名称就反映了他们对于五四以来各类变革的开放包容心态。而通过叶氏的党派活动,国家层面的事宜也被纳入地方政治之中,这对于两个组织之间的龃龉无异于火上浇油。此类进程增加了县内精英对于县以外事务的关注度。⑤

此外,县议会、省议会以及宪法会议的不断选举也将边缘区外部各县带入政治参与的大潮流之中。尽管一些诸如分水的县

---

① 《昌化县志》,第 1332—1341 页。
② 余烈:《於潜乡工地理大纲初稿》,第 27—28 页。
③ 《时报》,1923 年 9 月 1 日,12 月 6 日;1924 年 5 月 5 日。
④ 《孝丰志稿》,第 126 页。
⑤ 《孝丰志稿》,第 126 以及 148 页。也可参见《时报》,1924 年 2 月 29 日。

城在大会选举方面有些迟滞,但是大多数县都是严格遵照选举规章的。① 五卅惨案时期来自遂安和於潜的电报反映了当地通过有目的的政治行动参与到外部事务。② 总而言之,边缘区外部的各县一步步地介入国家事务之中。尽管这样的介入对于地方人士而言显得不甚重要,但更大程度的参与正借由新的政治活力而被建构起来。

---

① 《时报》,1924年4月13日以及7月14日。
② 《申报》,1925年6月8日以及12日。

第三部分
地区、省、国与20世纪初的政治

第十章 辛亥革命

　　1911年11月至12月,浙江省内若干城市中心建筑物上飘扬的白旗预示着新的政治制度的诞生。为了理解辛亥革命的意义,历史学家们往往将他们的关注点放在这场革命的组织者以及他们在革命成功后所获得的社会政治身份上。① 但是,上述研究除了得出沿海、沿河的城镇地区与内陆农村地区在革命的领导力量上存在差异这个结论之外,未能做到将辛亥革命这一重要历史事件放到空间语境之下进行研究。② 芮玛丽(Mary Wright)将辛亥革命描述为"变革浪潮的兴起",③许多历史学家赞同这一观点。

---

① 参见周锡瑞(Joseph W. Esherick)撰写的研究综述:《辛亥革命研究述评》,《近代中国》,1976年第2期,第141—184页。
② 参见《作者回应评论》,《近代中国》,1976年第2卷,第185—220页。可注意伊懋可(Mark Elvin)及高慕轲(Michael Gasster)的回应。在《改良与革命:辛亥革命在两湖》(Reform and Revolution in China: The 1911 Revolution in Hunan and Hubei)一书中,周锡瑞对于"城市中的改良派精英"的描述已经直指城镇中的革命领导层的本质,但是,他未能充分地勾勒出具体的空间语境。
③《导言:变革浪潮的兴起》,见芮玛丽编《中国革命的第一阶段》(China in Revolution),第1—63页。

然而，芮玛丽的这一描述仅适用于核心区内部或仅仅是核心区内部的大城市。将1911年的革命置于当地经济和政治发展背景之下的研究会带来辛亥革命在特定空间语境内意义的讨论，并且给予革命更多的理解和更重要意义，而非将之视作一系列无组织、无计划的县城政变的产物。区域分层法为阐释1911年所发生的历史事件及其意义提供了重要的工具。总体而言，1911年浙江省内的革命行动有两个主要的阶段：(1)发生在省会杭州的对于全省政局均有影响的关键性革命活动；(2)随后在各县城和未设立政府机构的较大商业市镇发生的系列政变(未受杭州的指挥)。

核心区内部：杭州起义

与核心区内部发生的许多政变一样，杭州的政变由那些年长的改良派精英与归国留学生(主要是军校毕业生)联合发动。在1905与1906年，浙江组建了两个团的"新军"——新军的组建源自清政府实现军事现代化的意愿。① 其中一个团由一位旧式军人领导，另一个团则由毕业于日本陆军士官学校的蒋尊簋领导。蒋尊簋任命了数位来自他母校及南京江南陆师学堂的毕业生为少校。② 新军的许多低级军官则毕业自成立于1900年的

---

① 清政府在1903年下令各省组织并训练新式军队。
② 萧星垣(湖南籍)毕业于日本陆军士官学校；朱瑞与徐则恂毕业于南京陆师学堂。关于蒋尊簋成功建起这支新军的具体描述以及他在1909年之后的转变，可参见斯道卿《浙军十八年的回忆》，中国科学研究院历史研究所第三所编：《近代史研究资料》，1957年第2期；葛敬恩：《辛亥革命在浙江》，中国人民政治协商会议全国委员会编：《辛亥革命回忆录》第4集，北京，1963年，第94—95页；周亚卫：《光复会见闻杂忆》，中国人民政治协商会议全国委员会编：《辛亥革命回忆录》第1集，北京，1961年，第624—626页、第633页；吕公望：《辛亥革命浙江光复纪实》，中国科学研究院历史研究所第三所编：《近代史研究资料》，1954年第1期，第109页。

浙江武备学堂。由此可见,省外的教育经历可以带来更高的职业地位。

随着新军的发展,革命的地下组织光复会和同盟会与新军进行了接触,这三者一同成了革命的导火索。在1907年之前,著名的革命者秋瑾就已经在新军中发展了许多光复会会员,而许多曾在日本留学的新军成员则与同盟会建立了联系。那些用以判断一个人是同时加入了同盟会与光复会还是仅加入了其中一个组织的材料是不精确的并且常常互相矛盾。但是,这或许也说明了新军中的官兵们在某种程度上受到革命信息的影响。

1909年,也就是在徐锡麟和秋瑾因他们不幸的革命活动而被处死的两年后,具有军事色彩的光复会在杭州重生了,其中大部分成员为驻扎在省城杭州附近那两个团的新军士兵。这个小组的三位领导人均为留学归国的军校毕业生:朱瑞、顾乃斌和吕公望。① 自1911年6月开始,这个小组的成员开始开会讨论政治形势。当1911年10月10日武昌起义的消息传到杭州时,他们陆续开了几次会讨论"光复"的计划,来自上海的革命者代表参加了大部分的会议。② 这种与大区域核心的联系值得注意。在10月19日的会议上,朱瑞邀请浙江省咨议局议员褚辅成加入光复会,从而为新军军官与归国留学生中的立宪派建立了联系。褚辅成是同盟会的成员,毕业于日本东洋大学并在学成后回到自己

---

① 张效巡:《浙江辛亥革命光复记事》,《近代史研究资料》第1期,1954年,第119页;葛敬恩:《辛亥革命在浙江》,第98页;吕公望:《辛亥革命浙江光复纪实》,第112页。
② 张效巡:《浙江辛亥革命光复记事》,第121页;吕公望:《辛亥革命浙江光复纪实》,第112页;另可参见浙江军四十九旅司令部编《浙军杭州光复记》,载《各省光复》(中),台北,1962年,第132—145页。

的故乡嘉兴府主持地方改良运动。① 浙江省咨议局的副主席陈时夏、沈钧儒（均为归国的日本留学生）也参与了政变前的筹备活动。② 这三位立宪派成员均出生于嘉兴和宁波这类核心区内部的县城。

截至 10 月 21 日，浙江巡抚的家庭成员已经逃往了上海；大部分学校被关闭了。同时，混乱的货币流通情况导致数千名工厂工人失去了工作。③ 在这样一触即发的紧张气氛下，这个由新军军官和归国留学生结成的组织密谋发动政变夺取政权，他们采取了下述策略：派出代表前往绍兴和缙云，与这两地长期存在的秘密会社领导人接洽，劝说他们发动起义，以便让杭州周围那些由守旧派控制的强大军队被调去镇压叛乱。这一策略反映了此前十年中未能实现的核心区内部归国留学生与核心区外部地方秘密会社精英之间的结盟。④ 革命者们决定由汤寿潜这位保路运动的中流砥柱在革命成功后出任军政长官（"都督"）。

11 月 4 日晚，新军的士兵与所谓的敢死队向几处重要的公

---

① 参见阮毅成《记褚辅成先生》，《传记文学》，1970 年（6 月），第 16 期，第 37—38 页；沈亦云：《亦云回忆》，《传记文学》，1964 年（12 月），第 4 期；王梓良：《尽瘁桑梓的褚辅成先生》，《浙江月刊》，1969 年第 2 期，第 11 页；王梓良：《百年悲欢话嘉兴》，《浙江月刊》，1969 年第 1 期，第 10—11 页。
② 褚辅成：《浙江辛亥革命纪实》，载《各省光复》（中），台北，1962 年，第 117—121 页；同时参见沈钧儒《辛亥革命杂忆》，中国人民政治协商会议全国委员会编：《辛亥革命回忆录》第 1 集，北京，1961 年，第 139—140 页。
③ 《时报》，宣统三年八月三十日及九月三日；同时参见队克勋（Clarence Burton Day）《之江大学》，纽约，1955 年，第 28—29 页。
④ 吕公望：《辛亥革命浙江光复纪实》，第 112 页。被派去金华的代表是吕公望，被派去绍兴的则是王金发。关于这种未能实现的联盟可参见冉玫烁《早期的中国革命者》。

共建筑发动了攻击。起义获得了成功,只遇到了相对小规模的反抗。① 但是要建立一个稳定的新政权却较为困难。作为新军代表而去缙云县策动当地秘密会社起义的吕公望被这次起义的时间点惹怒了,他认为其他人是特意选择这个他不在杭州的时间起义,这样做是为了将他排除出权力的核心。吕公望最终只在新政府中获得了一个并不显要的职位,这进一步激怒了吕公望和他那些毕业自保定军校("保定速成学堂")的追随者们。②

随着反对汤寿潜出任都督运动的发展,事态开始变得更为严重。③ 诸如王金发这样的早期光复会领导者对于汤寿潜出任都督非常愤怒,他们指出汤寿潜曾在 1907 年支持处死秋瑾。④ 另一些革命者则对汤寿潜中庸的政治立场非常反感。就如同时期的许多中国领导者一样,汤寿潜很担心革命将会引起帝国主义在华势力的干涉。在发布的第一份公开声明中,他呼吁保护外国人的生命与财产安全并对那些破坏和平秩序的人处以严厉的军法。⑤ 在汤寿潜的军政府中任职的一些官员似乎对革命政治缺乏适当的支持。时任浙军总司令的周承菼在革命中一直秉持中立场直到最后一刻;财政部长高尔登尽管是同盟会员,但是他更像是一位企业家而不是革命者。⑥

---

① 浙江军四十九旅司令部编:《浙军杭州光复记》,第 136—143 页;葛敬恩:《辛亥革命在浙江》,第 100—101 页。
② 吕公望:《辛亥革命浙江光复纪实》,第 112—114 页;葛敬恩:《辛亥革命在浙江》,第 100 页。
③ 钟丰玉:《光复杭州回忆录》,中国科学研究院历史研究所第三所编:《近代史研究资料》,1954 年第 1 期,第 99 页。
④ 王金发负气回到绍兴并组织了自己掌控的政府(译者注:绍兴军政分府)。
⑤《时报》,宣统三年九月十八日。
⑥ 冉玫烁:《早期的中国革命者》,第 217 页。

大部分革命者因汤寿潜对贵林事件的反应而开始反对他继续任职。贵林是当时杭州驻防旗营的协领,也是保路运动和其他革新运动的领导者之一,在这些活动中,他与一些志趣相投的人成了好朋友,这些人包括汤寿潜以及浙江省咨议局议长陈黻宸。① 尽管旗营在 11 月 6 日便已经表示投降,但是有证据表明贵林与他的儿子私藏了约两千条来复枪意图谋反。根据前咨议局议员褚辅成和沈钧儒的指示,临时参议会命令处死这对满人父子。② 在行刑时,汤寿潜正在上海,他对此感到极度愤怒。他对贵林父子自然而然的同情与他之前对满人的严厉批判形成了鲜明的对比,这使得革命者们深感愤怒。③ 部分革命者以成立军政分府的形式从政治上表达了对汤寿潜的反对。而对此倍感愤懑的汤寿潜于 12 月 13 日宣布辞职。

汤寿潜所倚重的从日本学成归来的留学生被一些在中国接受军事训练的新军军官们轻蔑地称为"舶来品"。汤寿潜对留学生的任用引起了这些军官们的不满。④ 在辞职并前往南京任临时政府的交通部长后,汤寿潜表达了对于他的继任者蒋尊簋的支持。蒋尊簋是归国留学生,也是浙江新军的主要创建者之一,同时,他还是汤寿潜密友的儿子。⑤ 大部分的留日归国学生是或者曾经是同盟会的成员,而新军中的其他军官则大多是光复会的成

---

① 《时报》,宣统元年十二月十五日;宣统二年八月十二日。
② 张效巡:《浙江辛亥革命光复记事》,第 123 页;沈钧儒:《辛亥革命杂忆》,第 140 页。
③ 《时报》,宣统三年九月十九日。
④ 从保皇党张勋手里夺下南京之后,战事的指挥者、浙军攻宁支队长朱瑞以及他的副手(参谋长)吕公望对于浙江军政府内的关键职位被"舶来品"占据的现象变得十分不满。汤寿潜派遣周承菼前往南京试图平息他们的不满,但是,这一安抚完全没能奏效。参见葛敬恩《辛亥革命在浙江》,第 122—123 页。
⑤ 马叙伦:《我在辛亥这一年》,中国人民政治协商会议全国委员会编:《辛亥革命回忆录》第 1 集,北京,1961 年,第 178 页。

员。汤寿潜选择蒋尊簋继任都督,这促使光复会的成员发起了一场推举自己人出任都督的运动。

陶成章是光复会众多潜在都督人选之一。在1904年末,陶成章与徐锡麟共同创立了早期光复会。1907年之后,陶成章花费了大量时间在日本及东南亚为革命进行募捐。随着革命的成功,他回到了浙江并短暂地在判处贵林父子死刑的临时参议会任职。随后,陶成章将他的总部迁往上海并在那里为浙军进攻南京的军事行动募集资金。在上海,他频频与同为光复会成员的朱瑞、吕公望、屈映光会面。① 尽管当时光复会中仍有一些声音表达了对章炳麟甚至王金发(他早在五年前就已成为革命运动的主要力量)的支持,但是陶成章很快就成为光复会所推举的都督继任者。②

蒋尊簋与陶成章所获得的支持背后的实质是令人讶异的。目前可得的资料显示:对于蒋尊簋的支持来自核心区内部的精英,包括士绅、绅商、杭州的归国留学生以及旅居上海的浙籍绅商与商人。③ 部分陶成章的支持者则是来自核心区外部——金华、衢州、严州属县——的军人。大部分军官是来自核心区内部的精英,大多数普通士兵则来自前述三个位于核心区外部的府,这是一个有趣的现象。④ 与这些军人一同支持陶成章的是杭州守旧的省级武装力量(巡防队)和浙江武备学堂的一些学生。杭州的一些商人也支持由陶成章出任都督。尽管无法得知他们的确切社会地

---

① 张篁溪:《光复会领袖陶成章革命史》,柴德赓等编:《辛亥革命》第1卷,上海,1956年,第527—528页。同时参见冉玫烁《早期的中国革命者》,第104—105页、148—149页、218页。
② 《时报》,1912年1月11日;《民立报》1912年1月9日。
③ 《时报》,1912年1月11日。
④ 《时报》,宣统三年十月九日。

位与所从事的职业的特征,但可以确信这些人并不是有声望的士绅:在支持陶成章的二十五人之中,没有一人在官场任要职或在公共活动中留下记录,也没有任何一人创立了现代化的企业。一言以蔽之,蒋尊簋被那些拥有跨越省界人脉关系的核心区内部精英所追捧,而陶成章只得到了旧式军人以及仅在浙江省内有微弱影响力的非知名人士的支持。①

由于汤寿潜才是权力的操控者并且他已经选定蒋尊簋作为自己的继任者,因此,陶成章在事实上并没有机会成为都督。在1912年1月,一个临时设立的22人委员会发挥了橡皮图章的作用,他们一致选举蒋尊簋为都督。② 然而,在浙江省内的部分地区,公众对此事的反应可谓相当负面。1月14日,上海《时报》刊登了一份由光复会发布的通电,要求陶成章返回浙江组织抗议活动。③ 就在当天晚上,陶成章在上海医院被谋杀了。显然是陈其美策划了这次暗杀行动:他是同盟会的成员,并希望能与浙江省内的领导保持友好的关系,甚至是取而代之。而据说雇凶杀人的中间人便是蒋介石。④

尽管蒋尊簋赢得了都督之位,但是他也付出了代价。正如他夺得都督之位时一样,在他担任都督期间,浙江政局充斥着党派

---

① 《时报》,1912年1月11日。
② 这个委员会的成员包括来自11个府的代表(每府1名)、5名军方代表(悉数为同盟会的成员或关联者)以及6名光复会的成员(仅是为了做到表面上的平衡),参见《时报》,1912年1月13日。我未能找到这6名光复会成员在辛亥革命前后的任何信息,或许他们之所以被赋予资格仅是因为他们支持蒋尊簋。
③ 《时报》,1912年1月14日。
④ 张篝溪:《光复会领袖陶成章革命史》,第528页;马叙伦:《陶成章之死》,柴德赓等编:《辛亥革命》第1卷,上海,1956年,第520页;《时报》1912年1月16日;《民立报》,1912年6月4日。

斗争和暗杀、仇杀行动。① 蒋尊簋看上去不再那么支持革命,这使得情况变得更加糟糕。他甚至任命了一位仍旧效忠于清朝皇室的人担任公职。这样的行径使他失去了此前享有的同盟会浙江分会的支持。② 当蒋尊簋于1912年8月辞职时,几乎所有的"舶来品"也从省内的关键职位上被赶了下来。③ 在当时革命后百废待兴的政治、经济环境下,5月份从南京凯旋归来的朱瑞被视为唯一的希望,他继任了蒋尊簋的浙江都督之位。朱瑞本人来自核心区内部,他执政时期的特征即是毕业于南京陆师学堂与保定军校的军事精英们掌握着政权。总体而言,杭州的辛亥革命是由一群新军军官策动的,他们利用了秘密会社的力量,也与改良派的精英们进行合作。但是很快地,这种革命的合作关系破裂了,取而代之的是由嫉妒引起的党派斗争,各派系都试图彻底摧毁对方。

核心区内部:杭州之外

总体而言,只有位于核心区内部的县曾真正为辛亥革命进行准备。核心区内部的精英们参与了社会经济现代化的进程,并且拥有与上海及其他省外区域的社会关系。早在1911年之前,核心区内部就已经吸引了许多相对边缘地区的精英前来,这些人随后在他们的籍贯地参与了民族主义运动。这些运动包括:1905年的抵制美货运动、保路运动以及筹还国债运动。当时的中国人被认

---

① 《时报》,1912年3月28—29日、31日,4月1日;《民立报》,1912年3月28—29日、31日;《时报》,1912年3月19日。
② 《民立报》,1912年2月11日、27日;《时报》,1912年2月12日、22日。
③ 葛敬恩:《辛亥革命在浙江》,第123页。

为"精神贫弱",为了改变这一现象,精英们成立了军事与改革组织。他们宣称要通过加强民间结社与地方组织的建设,使国家变得强大。① 这些改良派中的许多人最后成了革命者。在府城、县城和较大的未设行政机关的商业市镇中,这些有宗族支撑的士绅,绅商,新式学校教师、校长以及毕业生成立了许多革命组织。在秘密会社或新军成员的帮助下,这些人在特定的几个城市(主要是吴兴和宁波)参与了革命活动。②

11月初那段慌乱的日子中,只有核心区内部才有革命者之间互相配合的迹象。尽管杭州的革命者们没有指挥其他地区的革命行动,但是,少数几个府城的革命组织却对下辖县城的革命进行了指挥。宁波的精英们向下辖六个县中的四个县派出了代表,主导或协助这些县城的易帜活动;而另外两个县则派出代表前往宁波府城。根据现有材料,很难判断这些县城的"光复"究竟是在宁波的代表到达前还是到达后完成的。但是,宁波府境内这样的合作关系是值得注意的。在1912年初,来自宁波府各县的精英们自发地组织了一个临时性全府议会("六邑公会")以应对紧随着革命而来的种种未决公务。这个临时府议会是独立于宁波军政分府的。③ 在温州府,府内各县的精英代表们聚集到府城

---

① 参见《时报》,宣统三年五月七日,六月四日、七日、十三日、廿五日以及七月十九日。
② 在湖州与嘉兴,军人参与的组织(参见第五章)冲在革命的前线。关于湖州的情况,参见邱寿铭《湖州光复回忆》,中国人民政治协商会议全国委员会编:《辛亥革命回忆录》第4集,北京,1963年,第168页;关于宁波的情况,参见《宁波国民尚武分会旬报片段》,中国科学研究院历史研究所第三所编:《近代史研究资料》第1期,1961年,第543—548页;以及林端辅:《宁波光复亲历记》,中国人民政治协商会议全国委员会编:《辛亥革命回忆录》第4集,北京,1963年,第174—182页。
③ 林端辅:《宁波光复亲历记》,第180—181页。六邑公会之所以仅由六个县组成是因为南田县的设立是与辛亥革命相伴发生的。关于南田县和象山县之间在行政区划设置上的纠葛,可以参见《南田县志》,第387—442页。

共同讨论防务与财政的问题。①

湖州府的起义并非起源于吴兴县内,而是由身在上海的陈其美策划与发动的。陈其美是湖州本地人,在当年的 11 月初,他成为了沪军都督府的都督。陈其美此前参与了预备起义的谋划工作,意在成为未来浙江省的领导人。② 在湖州正式发动起义前,陈其美派了一位密使去联系已经成立的革命组织以期促成起义的发动。③ 三个月之后,当财政与社会的混乱已经威胁到新成立的湖州军政分府的统治时,陈其美派出他的代表和两位来自广东的军人建立了一个新的政府。④

在那些按照既定计划发动起义的核心区内部的政治中心和一些较大的非政治中心,革命的策划者与革命主要模式都十分类似。而核心区内部的其他区域中充斥着更多的未决政治事务和社会暴力事件。在吴兴县的双林镇,一系列的政治事件与政治行动者都与其他大城市很不一样。⑤ 双林镇内主要的政治行动者是商人,他们担心如果地方秩序发生混乱,双林镇的丝绸产业将会受到严重影响。在革命发生前,双林镇内并未建立团练组织,也没有为政治变革作好准备。当吴兴县爆发革命的消息传到双林镇后,镇内逾百名商人在善堂召开会议,讨论成立团练事宜。他们决定征用地方厘金成立团练,并派遣几位商人分别前往杭州和上海购买武器;但同时,他们内部为由谁来担任新设团练的领

---

① 陈守庸:《温州响应武昌起义的亲身经历》,中国人民政治协商会议全国委员会编:《辛亥革命回忆录》第 4 集,北京,1963 年,第 185 页。
② 来伟良:《浙军光复杭州和驰援南京亲历记》,中国人民政治协商会议全国委员会编:《辛亥革命回忆录》第 4 集,北京,1963 年,第 152 页;同时参见包华德(Howard L. Boorman)编《民国名人传记辞典》中陈其美的传记。
③《德清县志》,第 676—678 页。陈其美的密使程森实际上只去了德清与武康两县。
④ 邱寿铭:《湖州光复回忆》,第 168 页。
⑤ 下文的解释来自《双林镇志》卷 32,18b—24b。

导者而爆发了争论。

在双林镇上演的这幕"光复"戏剧中有两个小情节。第一个是驻扎在镇中的省级武装力量巡防营的统领对于商人们的一系列敲诈勒索。他威胁商人们，如若不从，他就辞职并且把双林镇的军队交给一个完全没有经验的年轻军官来管理。第二件事与双林镇董事会的总董有关，他主张应当由团练的下设机构来履行自治的职能，因此，他废除了双林镇内的其他自治机构。当杭州宣布光复的消息传来时，这位主事者逃去了上海，留在当地的部分镇董事们自行集会并掌握了权力。在双林镇的光复过程中，商人扮演了至关重要的角色，而非士绅或绅商。同时，双林镇的光复比其他地区更加混乱与动荡：人们不知道当时正在发生什么，应当采取怎样的应对措施，也不知道谁可以领导双林镇的光复。

对于处于核心区内部绍兴府与台州府的精英们来说，革命使得原本就很紧张的社会环境进一步加剧。在1911年的夏季与初秋，绍兴与台州都遭遇了严重的洪灾。有报告指出台州的水稻被台风刮走并在洪水过后被掩埋在厚厚的泥浆下；而绍兴的棉花则完全绝收。有报道称，跟随革命而来的是一些村民们组成了匪帮，绑架富户，洗劫他们的财产。如此不同寻常的革命情境导致当地精英采取了与其他核心区内部地方精英不同的行动：一些精英带着他们可以带走的所有财物逃离当地，另一些精英则着手武装自己的佃户以保卫自己的土地与财产。① 这样的情况表明即使是在革命期间充斥着社会暴力的地区，阶级矛盾也并非普遍性

---

① 参见《路桥志略》卷5，页7b，1935年。以及《北华捷报》1911年10月7日、28日，11月11日、18日、25日，12月30日和1912年1月20日。据说为了争夺领导权，临海县内两个主要的宗族发生了械斗，县城几乎被毁，革命后的混乱情势进一步加剧。

的矛盾。因为地主阶级并不担心被他们所武装起来的佃户,只要佃户们能够帮助地主们抵御当地的匪帮。

综上所述,核心区内部并不存在一种整齐划一的革命模式。各地的情况在具体细节上存在差异,各地动荡的程度也取决于当地的实际情况。但是总体而言,在核心区内部,具有全府性影响力的革命行动是由有名望的士绅、绅商以及归国留学生(包括军人和平民)联合发动的。① 在大多数情况下,平民出身的革命者们早在辛亥革命爆发的五年前就已参加到爱国运动和改良运动中去。处于核心区内部的县大体呈现如下特征:在辛亥革命爆发以前很久,革命组织与团练组织就已经存在。在许多地方,精英们的人脉关系可以跨越核心区内部。

外部区域②

快速的社会经济发展、新思想与激进革命观念的传播、越来越多的精英参与政治事务并拓展人脉,这些情况在清朝的最后几年中大体局限于核心区内部。毫无疑问,对核心区内部进行研究的历史学家大体上会发现一个"新世界"和"一个正在形成的新社会"。③ 但是,核心区内部的人口数不到全省总人口数的一半(44.5%)。核心区内部与它之外的其他区域相比,精英阶层的构成及社会政治生态环境是截然不同的,因此,辛亥革命在二者之

---

① 以德清县为例,当地的革命行动发源自县城和新市镇。新市镇内隶属于大宗族的士绅、绅商、教师都参与了革命。
② 译者注:本节用"外部区域"(The Outer Zones)一词,指的是核心区内部之外的三个区域,即核心区外部、边缘区内部、边缘区外部。
③ 芮玛丽编:《中国革命的第一阶段》导言部分,第30页。

间的表现也存有天壤之别。

在外部区域,处于近代化过程中的地方精英们几乎没有为辛亥革命进行准备。与革命相关的流言使得这些地方的精英们作出了一些轻率的决定,也引发了相当程度的混乱。发生在衢县(核心区外部)与建德(边缘区内部)的一些事件似乎是核心区内部双林镇光复过程的翻版:商人们自行集会或者是与自治委员们开会共同讨论组织团练、从核心区内部的中心城市购买武器、避免遭受军事威胁。在建德,商人们与自治委员们向杭州请愿要求原任县行政长官作为革命后政府的长官继续留任。当杭州方面对此表示同意后,归国的留学生们却要求自行选举县政府的领导人。杭州对留学生们的这一行为表示了严厉的谴责。① 在衢县,商会试图在提名新政府领导人时攫取权力,但是,这一图谋被驻扎于当地的巡防营挫败了。②

在外部区域的几乎每一个县城,辛亥革命均以军人夺得政权告终。须注意的是,此处的军人并非新军而是地方团练组织、旧式军队或者盗匪帮派。③ 除了期望夺得权力和进行劫掠,这些组织似乎并没有革命的动机。在桐庐县(核心区外部),当自治委员们集会讨论将要采取的系列措施时,一队所谓的正义之师(或许是当地的民团组织成员)闯入了县城。他们一开始向自治委员们

---

① 《时报》1911 年 12 月 4 日。
② 民国《衢县志》卷 9,页 38a—39b。
③ 巡防营在 1911 年中期时大约有 13 800 人,他们被派驻到省内各地的行政中心(但是在核心区外部的军队人数更多),负责处理那些民间团练组织无法处理的动乱。参见伍德海(H. G. W. Woodhead)编《中华年鉴 1913 年》,天津,1913 年,第 287 页。自 19 世纪中期以来,团练组织时而被组建,时而被解散,1911 年时各县是否有团练组织、团练的具体人数均因县而异。具体例子可参见《新登县志》,第 1461—1462 页;《建德县志》,第 291 页。

索要贿赂,接着,他们便坚持要求成为新政府的领导人。① 在象山县(核心区外部),民团与警察洗劫了整个县城,他们打着"光复"的幌子向地方精英们勒索财物。② 一队未知确切人数的浙江军人闯入了位于核心区外部的龙游县,声称自己是支持革命的。他们的军官直接前往当地衙门勒索四百元的军费。这一行为被他的下属们发现后,下属们要求平分这笔钱。军官表示拒绝,而后就爆发了一场极具破坏性的哗变。在这一不光彩的事件之后,随之而来的是前清衙门属吏的暴动,属吏知道自己以往的欺诈行为已经穷途末日,要求官绅设法帮助他们在革命政府成立后谋生,然而,这一要求被拒绝了。③

在核心区外部的新昌县,就在当地精英们正在商议革命后要采取何种措施时,大盗周永光向县城发起了一场猛烈的袭击。④ 精英们逃离及小规模的团练组织也消失后,周永光进入了县城,并宣称自己是一个革命领袖。⑤ 在乐清县,另一个盗匪头目试图在革命期间进行投机。因省垣杭州的革命引发了不确定性,当地精英们也未能讨论好应对措施,滕华钦利用这一时机向县城发动了进攻。尽管当地的团练组织没能抵挡住他,但是最终驻乐清的巡防营打败了他。⑥ 总而言之,在外部区域的一个又一个县里,辛亥革命的结局就是巡防营、投机的盗匪或难以驾驭的团练组织夺得了政权。

---

① 《时报》,宣统三年十月九日。
② 《象山县志》卷 9,74 页 b。
③ 《龙游县志》卷 1,第 35 页。
④ 《时报》,1911 年 12 月 4 日。
⑤ 《新昌县志》,第 736—738 页。
⑥ 周起渭:《乐清辛亥革命史料》,中国人民政治协商会议全国委员会编:《辛亥革命回忆录》第 4 集,北京,1963 年,第 192 页。

在外部区域的许多县里,辛亥革命带来的另一项常见的后果便是社会动乱,一些地方的混乱状态甚至持续了半年以上。接到革命的消息后,位于边缘区内部的汤溪县与寿昌县自治机构表示了对革命的支持。但是,这两个县都未能对如何参与革命行动作出决断。1912年初杭州派遣军事代表到汤溪县之前,当地一直未能组织新政府;在过渡时期,汤溪县遭遇了土匪和强盗的洗劫。① 寿昌县各乡自治会联系会议在商议如何应对革命时的首个提议便是建立团练组织,以期保卫地方。然而,随着越来越多的动乱出现,关于团练组织无法处理暴动的恐慌与日俱增。这样的恐慌情绪导致了寿昌县政局的停摆。12月中旬,寿昌县向杭州方面寻求援助,直到1912年2月下旬杭州派遣一位军事代表前来,期间整个寿昌县均处于权力真空的状态。在这三个半月中,寿昌县的民众任由肆意妄为的盗匪与强盗摆布,而与此同时,多个团练组织却一筹莫展,无力应对。②

临安县是杭州府边缘区外部的一个县城,那里盗匪猖獗,到1912年仲夏情况才有所好转,临安的自治组织一直寻求遏制盗匪活动的办法。③ 在位于边缘区外部的孝丰县,一个从日本留学归来的前清生员在联系湖州军政分府后,宣布旧政权已经结束。然而,当他前往邻县任职后,新成立的孝丰县政府便土崩瓦解了。这之后,又发生了一场未遂的军方勒索事件,商人们忙着将他们的资产转移到县外。之前伐竹为生的雇工与烧炭工人聚集起来,

---

① 惕微:《光复汤邑小史》,柴德赓等编:《辛亥革命》(七),上海,1956年,第159—170页。
②《寿昌县志》,第1227—1228页。同时参见《民立报》,1911年12月20日。
③《民立报》,1912年7月8日。

沦为了土匪,他们包围了县城,导致孝丰陷入瘫痪。① 遂安县(边缘区外部)甚至在决定宣布支持革命前就已经陷入了混乱。当辛亥革命的消息传到县城时,县城精英与各乡自治会的精英爆发了尖锐的矛盾,伴随着冲突的消息到处传播,整个县的秩序都被摧毁了。据报道,愚民跟土匪在县城内流窜作乱。②

在绝大部分外部区域,精英们最为关心的是能否构筑起有效的防御。那些自治组织的领导者们常常参与建立和领导团练组织。以寿昌县为例,三十八位团练组织统领中,有二十六位是前清时的自治委员或乡董;在新登县四位主要团练领导人中,三位曾为自治运动效力。这样的情况与核心区内部正好相反:以德清县为例,当地的团练组织往往由未曾参与前清自治机构的精英成立。③ 外部区域的这些自治机构中的传统的精英们显然是维护法律与秩序的力量,他们力图保卫私有财产并维持既有的统治,而不是追求革新与发展。

在永康和丽水这两个位于边缘区内部的县里,保皇派与革命者之间爆发了冲突(这些事件又与秘密会社相关)。在永康,光复会的领导人吕逢樵率先发动了起义并且与秘密会社成员组织了一支名为"民军"的军事力量。不久后,他们中的许多人便被派去北上参加浙军攻打南京的战役。民军离开不久,保皇派势力逮捕并处死了九名光复会成员。然后,另一支光复会团练组织为他们复仇。那些未曾被卷入的县内精英们尖锐地批评杭州政府未能及时地对当地要求帮助的请愿作出回应。④

---

① 王微主编:《孝丰志稿》,第 14 页。
②《民立报》,1911 年 12 月 1 日。
③ 关于他们的个人信息,我是从德清、新登和寿昌县的各类县志中获得的。
④ 吕公望:《辛亥革命浙江光复纪实》,第 116 页。

吕逢樵也在丽水县与激进的归国留学生建立了联系。丽水县的革命是由当地秘密会社成员、归国留学生以及自治组织中的精英联合发动的。① 传统的地方精英、近代化学校的毕业学生以及秘密会社、匪帮中的骨干，这三股力量的联合是其他县不曾出现的。吕逢樵在丽水县组织的这支秘密军队中有九位是正统意义上的精英，其中四人是学生（三人留学日本，一人毕业自浙江法政学堂），两人曾在晚清的自治机构中任职，三人在1920年代的县自治机构任职，一人曾在1911至1913年的浙江省临时省议会中任议员，四人在1920年代参与了丽水县初期的工业化发展。在松阳县（边缘区外部），革命时期也有类似的各种势力的联合（但是不如丽水县这般具有包容性）。②

丽水县和松阳县的革命联盟激起了当地反动势力的回击。就在松阳县自治机构的精英们应要求建立起防御性团练之后，至少有一位强有力的地主向革命势力进行了反攻。③ 丽水县的反动势力更为强大，持续时间也更长。对四位反动势力组织者进行的分析显示：他们在社会身份上仅有一项明显的区别。就如革命者一样，反动组织的成员来自当地的大宗族，获有前清的功名并且曾当选为自治委员；但是，这些反动势力的成员显然没有离开家乡的经历，与此鲜明反差的是约有近半数的革命者有游历核心区内部甚至更远地区的经历。④

---

① 丽水县是处州府的府城所在地，这就解释了为什么一个边缘区内部县也会有归国留学生。
② 关于这些组织的详细信息可以参见《时报》，1913年12月27日。松阳这一组织共有十人，其中三人是留日学生，四人拥有前清功名，六人曾在当地的自治机构中任职，两人是省议员。
③ 江天蔚：《辛亥革命后松阳的一次剪辫斗争》，中国人民政治协商会议全国委员会编：《辛亥革命回忆录》第4集，北京，1963年，第203—204页。
④ 参见《时报》，1913年12月27日。

辛亥革命的历史意义

对于许多浙籍精英来说——即使是那些身处核心区内部的精英——1911年秋季发生的这场革命的意义是不明确的。革命意味着新秩序,这似乎是当时的人们能够切身感受到的:无论是携带金银细软潜逃至上海的南浔丝绸富商,还是被革命行动打断了选举进程的慈溪县城议事会的议员都意识到了这一点。① 然而,摆在南浔商人与慈溪县议员面前的问题是:革命以后的政局与社会将有多"新"?这些"新"又将带来什么?

对于核心区内部的精英来说,辛亥革命确实意味着巨大的社会政治变革:满人不再是国家发展的障碍。从地方层面来进行国家的建设看来也不再是唯一的。人们再一次拓宽了自己在政治与职业上的视野,接纳所有民族的成员作为国家的一员。在清朝末年回到家乡进行改革运动的留学生们再一次离开了他们的故乡。来自高一级都市圈的职业机会诱惑着、召唤着那些此前未曾踏出自己家乡一步的人。随着"自由的共和国"的成立,新的机会、新的可能性出现了,一种新的精神感染了这些精英们。

即使对于那些仍然留在自己故乡的人来说,他们的视野也变得更加宽阔了。如果说在革命刚刚爆发后的那段时间里人们普遍感觉到了没有"王法",但事实上地方精英对于当地政治与社会的控制力也在切实加强。② 在精英政治基础不断扩大的情况下,县议会与议事会、参事会掌控了县政权的下一级政权组织。这似

---

① 《时报》,宣统三年十月四日;《民立报》,1911年12月17日。
② "没有王法"这句话来自《时报》上的一篇报道,参见《时报》,1912年1月22日。

乎是19世纪中叶以来地方精英掌控社会政治这一趋势的巅峰。各式各样不同规模的新成立的组织营造出了一种氛围：通过地方政治行动、关注法律法规，中国社会就可以被重新塑造。在核心区内部的许多县，商人们在政治中的地位明显变得愈加重要。当商人们开始以更为直接的姿态介入政治以保护自己特有的商业利益时，同时具有士绅与商人两种身份的绅商便选择抛弃了"士绅"这层一度十分重要的文化外衣。在许多地方，新的政治团体找到了参与政治博弈的途径。辛亥革命对于许多核心区内部的精英来说是一个重大事件。①

然而有些讽刺的是革命的"胜利"似乎暂时地削弱了民族主义情绪。作为革命的成果，满人被驱逐出权力的核心。在清朝覆亡后，满人应当为国家的衰弱负责这一盖棺定论平息了民族主义的情绪。紧随1911年之后的那几年，各县的议会甚至没有在口头上对民族国家表示支持。精英们心甘情愿地支持沪杭甬铁路国有化，这与1911年之前民族主义狂热时期精英们对铁路国有化的态度存在天壤之别，尽管铁路国有化看上去依然意味着外国势力的控制。② 当精英们获悉王省三被任命为浙江交涉使之后的冷淡反应与辛亥革命之前他们愤怒地指责王省三是外国势力的爪牙同样对比鲜明。③

在核心区内部以外的区域，辛亥革命的意义更是疑义颇多。

---

① 但从非精英群体的视角来看，辛亥革命根本未能"成功"。一位西方的记者注意到在1911之后不到十年的时间里，辛亥革命在老百姓间的口碑就变糟了，当时有一种流言说浙江的运河被一种野草堵塞了，而这种野草"在辛亥革命发生前从未出现过"。《北华捷报》，1919年8月9日。
② 参见第五章。
③ 参见《时报》，宣统三年四月二日；以及他重新被授予官职（《时报》，1915年11月12日）。

这些地区的县志除了述及当地的一些防御措施,几乎没有提及这次革命,一些地区的县志更是对辛亥革命不赞一词。县级层面的精英历史叙述者对于叙述辛亥革命的细节缺乏兴趣,但却描绘了许多对于辛亥革命的直观感受。以《诸暨概览》为例,这类核心区外部的县志没有涉及辛亥革命的新闻,但是,报社的编辑们描述了一些政治运转上的不连续:他们声称革命之前由地方士绅领导的禁烟运动已经基本上在全县范围内清除了这一让人破财的嗜好;然而革命之后,英美的烟草公司采取了向军队送去最上等香烟样品的策略从而以军队为基础再度大范围扩展他们的业务。①

至少在核心区外部的一些区域内,有迹象表明一种植根于辛亥革命的、难以捉摸的新形势与新风尚产生着影响。据说正是辛亥革命促使奉化县的精英与平民弹劾了农会挪用公款的领导人。②类似地,当嵊县的一位县行政长官虐待了一个被起诉的男子时,这名男子的父亲表示了抗议,他声称辛亥革命已经变革了政府的审判程序与职能。③这种对于变化的感知是更大的变革产生的前提条件:核心区外部精英的机会结构(opportunity structure)并没有因辛亥革命而打开,但是却在革命后的15年间逐渐拓宽。

在边缘区,尽管一些革命事件中出现了归国留学生的身影,但是这些地区似乎缺乏关于新开端的持久性表现,也没有发生重大社会政治变革的证据。④当然,核心区内部发生的革命最终影

---

① 《诸暨民报五周年纪念册》的《诸暨社会现象》一章,1925年,第75页。
② 《民立报》,1912年2月12日。
③ 《时报》,1914年3月7日。
④ 对大部分的边缘区外部而言,革命没有带来任何改变。就地方事务而言,革命毫无意义。在五本保存完整的边缘区外部县地方志中,仅有一本提及了辛亥革命。《宣平县志》第166—167页甚至列出了太平天国运动时期亡人的墓碑上刻的名字,但是却没有对辛亥革命说什么。

响了边缘区。这些影响不仅包括全新的政治体系,也包括最终由革命引发的各式各样的精英职业变迁以及边缘区与核心区内部精英间崭新的联系。然而,这些变动直到1920年代甚至更后期才真正广泛地实现。在短时期内,革命带来的社会失序与迷惘情绪迅速地传播开,这仅仅激起了精英们对于社会稳定的担忧,同时,在部分地区,精英们对于县城寡头式的控制进一步固化。

核心区内部的革命行动是20世纪中国革命之路上一块重要的社会政治变革里程碑。尽管外部区域的革命行动也为后续的变革提供了一些基础,但是这些区域的革命主要导致了民国初年县级精英寡头政治固化,这可以说是革命在外部区域带来的唯一可感知的结果。发生在核心区内部的革命或许确实是"变革浪潮兴起"的产物——"变革浪潮"包括所谓改良派与汉族主义思想。然而,在外部区域,常见的是精英们的维持行动,他们力图避免自己在社会失序的浪潮中被淹没。①

---

① 芮玛丽与市古宙三(Ichiko Chuzu)之间关于地方革命领导层的本质与动机的争论似乎就可以解决了:一方认为地方革命的领导者带来了社会与政治的变革;另一方认为地方守旧派士绅利用革命进一步巩固了他们的权力。但如果从本章的分析结论来看,上述两种情况并非互相排斥,而是同时存在的。芮玛丽对她与市古宙三间不同观点的描述可参见芮玛丽编《中国革命的第一阶段》(导言部分),第40页;关于市古宙三的立场,可以参见《士绅的作用:一个假说》,《中国革命的第一阶段》,第297—313页。同时参见周锡瑞《辛亥革命研究述评》,第162—168页。

第十一章 无官职精英的省政参与模式：议会、派系与结盟 [158]

发生在1920年5月的一件事展示出了民国初期省级政治的某些重要方面。督军卢永祥希望启动两项省级经济发展计划：建设模范缫丝厂和由省财政支持的浙东渔业公司。① 他打算在一次宴请省议会议员的晚宴上宣布此事。为此，卢永祥先让一位下属与省议会中颇有影响力的议员许祖谦沟通，试探他对于此事的态度。值得注意的是许祖谦本人并不担任省议会的领导职务。许祖谦对于两项计划都表示了犹豫，这是因为：第一项计划，在屈映光执政时期（1912—1916）就未能成功；第二项计划，台州派系的议员们有自己的方案。在会面的最后，许祖谦表示从长计议或许能解决这些难题，于是乎卢永祥在如期举行的晚宴上提出了此两项发展计划。

除了浙江省经济发展能够为浙江督军带来个人利益外，上述事件之所以值得关注还有几个方面的原因。首先，这件事表明督

---

① 《时报》,1920年5月26日。

军认识到了省议会在决策方面的作用,督军对省议会所具有的政治敏感性十分在意。清末至民初的五届省级议会组织(清末的咨议局,1910—1911;临时省议会,1911—1913;北京政府时期的三届省议会,1913—1914 和 1916—1918,1918—1921,以及 1921—1926)是关键的政治行动者。其次,自民国肇造以来,军队派系就已经对政局具有举足轻重的影响。但在上述事件中,许祖谦对于台州派系的关切显示出 20 世纪 10 年代末与 20 年代之间,多元化的民间联盟、派系在省级政治决策中已经取得了更为优先的地位。民间派系的存在反映了传统的地域纽带的强大力量与政治重要性;民间联盟的变动则反映了政治发展的动态过程。最后,此次事件昭示个人的交往与人脉关系是实现政治目的的途径,制度性的机制与体制结构则不是理想的途径。遗憾的是,这些私人关系几乎不会被记录下来。机构与组织则是个人关系赖以实现政治目标的框架。

浙江省级议会,1910—1926

清代咨议局,1910—1911

按照传统的回避制度,拥有功名的人士不得在自身的籍贯地担任官职。各省咨议局的成立使得那些有才干的人获得了一个平台去追求新的领导权。表格 17 展示了咨议局、临时省议会、省议会成员们的社会背景信息和任职简历。①

---

① 清代的咨议局共有议员 114 人,但是张朋园仅列出了 111 人。我根据《临安县志》增补了 1 名议员的信息。

表17　历届省级代表的背景信息与职业经历，1910—1926年

背景与经历	咨议局	临时省议会	第一届省议会	第二届省议会	第三届省议会	1924年省宪会议
功名	57(67.8%)[b]	3(10.7%)	20(24.4%)	8(9.0%)	2(2.6%)	9(9.4%)
同时具有功名和新式学校毕业生身份	未知	2(7.1%)	8(9.8%)	2(2.2%)	1(1.3%)	8(8.3%)
新式学校毕业生	17(20.5%)	1(3.6%)	11(13.4%)	15(16.9%)	9(11.8%)	21(21.9%)
辛亥革命的参与者	8(9.6%)	14(50.0%)	18(22.0%)	9(10.1%)	5(6.6%)	5(5.2%)
曾任公职	20(24.1%)	5(17.9%)	17(20.0%)	11(12.4%)	4(5.3%)	25(26.0%)
国会议员	7(8.4%)	5(17.9%)	6(7.3%)	10(11.2%)	4(5.3%)	12(12.5%)
商人	3(3.6%)	/	11(13.4%)	9(10.1%)	8(10.5%)	10(10.4%)
记者	2(2.4%)	2(7.1%)	4(4.9%)	2(2.2%)	10(13.2%)	10(10.4%)
律师	2(2.4%)	2(7.1%)	3(3.7%)	7(7.9%)	11(14.5%)	13(13.5%)
未能查询到资料者	29(25.9%)	10(26.3%)	70(46%)	63(41.4%)	73(49%)	53(35.6%)
合计	112	38	152	152	149	149

资料来源：清代咨议局的材料来自张朋园：《立宪派与辛亥革命》，第270—274页；临时省议会的材料来自《民立报》，宣统三年十一月廿四日；第一届省议会的材料来自《时报》，1913年1月12日；第二届省议会的材料来自《时报》，1918年7月31日至8月7日；第三届省议会的材料来自《时报》，1923年7—12月；1924年省宪会议议员材料来自《时报》，1924年8—9月。

a. 同一个人可能出现在表中的各项栏目中；
b. 百分数的计算中，被除数是我能查询到具体背景资料的人数；
c. 百分数的计算中，除数是各届省议会的总人数。

尽管不完整的数据意味着从中得出的结论是不具有确定性的，但是，51%~74%的议员们的背景、任职信息是可以查询到的，这些信息显示了历届议会的特征和变化的趋势。

清代浙江省咨议局主要由传统的士绅组成。其中，57名议员（占那些可以查询到背景材料的人的68.7%）拥有功名，他们中的42人拥有高等级的功名。而在那25.9%无法查询到背景信息或职业经历的人群中，可能有许多人拥有较低等级的功名。①

从本质上来讲，咨议局是荟萃省内显要人物的地方，考察他们的职业生涯，至少有24%的咨议局成员已经是或者在后来成为各行政机关的官员。其中，不少于8.4%的人成为了国家层面的立法者。在17名毕业于新式学校的咨议局议员中，有12人曾经留学日本。

尽管领导层中有激进的改良派成员，但是总体而言，咨议局是趋向于温和甚至保守的，即使在当时那种国家主义的大氛围下也不例外。根据现有的记录，只有9.6%的议员在杭州或他们自己的家乡参与了辛亥革命。有15位可查询到确切年纪的议员，他们的平均年龄是40.3岁（最年轻者31岁，最年长者54岁）。② 这一明显不够全面的证据却揭示了两项议员们经历过的、对议员们人生观具有重大影响的历史事件。第一项，在议员们人生的前30年中，他们所有人都见证了中国的两次重

---

① 通过对五个省份（但是不包括浙江省）的咨议局议员进行细致分析，张朋园指出他们之中约有90%的人拥有传统的功名（参见《立宪派与辛亥革命》，第27页）。
② 张朋园研究了另外五个省（译者注：原文如此）的咨议局议员，并计算出他们的平均年龄是41岁（参见《立宪派与辛亥革命》，第39页），张朋园的样本是奉天省、四川省、黑龙江省的咨议局议员以及资政院的议员。

大战败——1880年代中法战争败于法国以及1895年甲午战争败于日本。他们目睹了1898年帝国主义对中国的瓜分。许多议员敏锐地意识到了中华民族的困境，与此同时，他们也十分关心如何维持中国的主权（此点可以被咨议局的行动佐证）。咨议局的议员们集结起来，参与了偿还国债、抗议日本商人进入杭州、反对医学传教士梅藤更提出的请求、积极倡议组织地方团练以保卫国家等各项运动中去。至少有7名保路运动或1907年反借款运动的领导者被选为咨议局议员。① 总体而言，咨议局的成员基本是激进的国家主义者，他们十分担心中央政府无法保证中国的权利。

　　但是，这些议员同时又是另外一项历史经验的继承者。他们之中的许多人在1860年代或1870年代出生，他们在成长过程中，或是见识到了那场举世闻名的大暴乱留下的疮疤，或是听说了暴乱中的恐怖事件。据何炳棣估算，太平天国的暴乱导致杭州府70%的人失去了生命，嘉兴府则有67.7%的人死于这场暴乱。② 1914年8月，一位记者报道暴乱造成的巨大破坏在严州府城里依旧清晰可见：一处原本是"人来人往、胼手胝足的区域"在暴乱后的近半个世纪中成了荒无人烟的"杂草丛生的空地"。③ 太平天国暴乱在回忆录中以及地方史志中被反复提及，清代咨议

---

① 各府参与保路运动的关键人物的名单来自墨悲编撰的《江浙铁路风潮》，第39—40页。
② 何炳棣：《明初以降人口及其相关问题，1368—1953》，哈佛大学出版社，1959年，第241页。
③ 《北华捷报》，1914年8月1日。

局的议员们因此对此事均记忆犹新;①同时,议员们均来自特权阶级,一旦社会动荡,他们注定将遭到祸害。议员们共享的这段关于太平天国的历史记忆塑造了他们对于群众运动的态度:他们十分惧怕失控的群众运动。

1910年和1911年初,精英们加速了团练组织的建设,并宣称此举是为了打造一个强大的国家。但是,1911年10月,咨议局的议长宣称地方团练的第一要务是维持省内的和平而非增强国家的实力。在杭州的议员们以及其他精英发言人一致同意:如果团练组织没有经过系统的训练、缺乏纪律和控制,那么就不应当拥有枪械。② 与此同时,咨议局也努力维护国家主权,审慎地控制社会底层的新发展。③

临时省议会,1911—1913

1911年11月底,汤寿潜领导的军政府要求省内各府选出4人充任临时省议会议员。④ 但是,这个本应有44名议员的临时

---

① 可供参照的材料有:沈亦云,《亦云回忆》(第1卷),台北,1968年,第1页;曹聚仁:《我与我的世界》,香港,1971年,第13页;蒋梦麟:《西潮》,纽黑文:耶鲁大学出版社,1947年,第6—10页。《浙江月刊》中的许多回忆性文章也提及了太平天国叛乱及其影响。
② 《时报》,宣统三年,9月3日,如欲了解更多关于陈黻宸的个人材料和思想主张,可以参见《陈介石先生年谱》,《瓯风杂志》,第6期(无出版时间,无出版地点)。
③ 清末浙江省咨议局的表现与其他各省咨议局可以轻松地进行对比。在尽职勤勉方面(以议员们出席咨议局会议的意愿为测量标准,咨议局一般有会期为40天的常年会以及10天的不支付薪酬的延长)与工作成果方面(以通过明确的决议为测量标准,浙江省咨议局总计通过了56项决议,其中27项为明确的决议),浙江省咨议局在各省咨议局中名列前茅。参见傅因彻(Fincher)的《中国的地方自治运动》(The Chinese Self-government Movement),第132页,138—139页。
④ 《民立报》,宣统三年十一月廿四日。

省议会最终只由38人组成,在1911年12月10日举行第一次会议。① 议员选举的方式不得而知,但是在已查明背景资料的50人中,约50%的人参加了辛亥革命,64%的议员是光复会或者同盟会的成员。只有3人(占总人数7.9%)在清末112人组成的咨议局中担任议员(参见表18)。数据显示临时省议会中有5人(占总人数17.9%)之后去了国家级立法机构任职(这是历届省级议会中去国家立法机构任职成员比例最高的一届),另有5人曾在他们家乡之外担任官员。

表18 历届省级议会的人员交集

	咨议局	临时省议会	第一届省议会	第二届省议会	第三届省议会	1924年省宪会议
咨议局	/	3 (7.9%)	7 (4.6%)	2 (1.3%)	2 (1.3%)	8 (9.4%)
临时省议会	3 (2.7%)	/	7 (4.6%)	/	/	1 (0.7%)
第一届省议会	7 (6.3%)	7 (18.4%)	/	24 (15.8%)	12 (8.1%)	13 (8.7%)
第二届省议会	2 (1.8%)	/	24 (15.8%)	/	32 (21.5%)	10 (6.7%)
第三届省议会	2 (1.8%)	/	12 (7.9%)	32 (21.5%)	/	12 (8.1%)
1924年省宪会议	8 (7.1%)	1 (2.6%)	13 (8.6%)	10 (6.6%)	12 (8.1%)	/
总计	112	38	152	152	149	149

资料来源:同表17。
a.百分数的除数是当届省级议会人员的总数。

---

① 严州、衢州、杭州、台州、宁波和金华府各自派出了4名代表;湖州、嘉兴、绍兴、处州各派出了3名代表;温州派出了2名代表。

临时省议会中较高的辛亥革命参与者及日后成为国会议员者的比例显示出这届议会是充满国家主义情绪的,同时也是眼界开阔的。临时省议会对于外国人权利的声明以及对于国家价值的强调(而不是强调省的价值)都显示出这届议会具有国家主义的特征。① 临时省议会继承了清末咨议局的主要议题——财政预算、自治运动和公共事务,②讨论时间最长久的议题是财政问题,设立统捐以取代厘金,废除面向浙北三府征收的传统军粮税(漕南米)。③

从省议会看辛亥革命的影响

省议会的统计数据显示出辛亥革命是一个重要的分水岭:在有资料可寻的议员中,拥有传统功名的议员的比例自咨议局时期迅猛下降,这一趋势一直在持续,直到第三届省议会(于1921年被选出)时,仅有3.9%的议员拥有功名。考虑到1905年以后科举被废止,拥有功名的议员减少的趋势并不令人惊讶;然而,如此迅猛的下降趋势是令人有些始料未及的。从1910—1911年的咨

---

① 英国一直主张根据相关条约,他们有权向中国输入鸦片。对此,浙江省临时省议会致函北京政府称:"外交事务部门或许对外国人甚为惧怕,但是我们浙江人不怕。"《北华捷报》,1912年7月20日。在一种过分自信的国家主义情绪中,浙江省民政长褚辅成在1912年8月宣布取消即将进行的正式省议会选举。这一具有挑衅意味的行为得到了临时省议会的支持;另外,因为当时的中央政府并未宣布全国统一的选举法,褚辅成的这一决定最终得到了执行。褚辅成和他的支持者们宣称省级法律是全国性法律的下位法,因此,正式的省议会议员的选举在中央政府出台正式的选举法及明确的施行细则之前不应当进行。然而讽刺的是,褚辅成等人这样的做法就是打着国家主义的旗号公然抨击与对抗中央政府要求进行省议会选举的命令(《时报》,1912年8月15日、17日)。
② 例如,可以参见《时报》1912年12月6日刊登的省议会议程。
③《海关十年报告:1912—1921年》,第74页;《时报》,1912年12月7日;作为替代的税收称为"抵补金",虽然北京政府不同意这项提议,但这是省议会在税收减免与移除浙江省的税务负担方面迈出的第一步。

第十一章 无官职精英的省政参与模式

议局到 1913—1914 年第一届省议会期间,有功名的议员比例下降超过 30%,这显示出省级议会逐渐脱离传统精英控制,为那些不受旧日规则与经验束缚的新人所掌控。在第一届省议会中有 22% 的议员曾参与辛亥革命,这一事实支持了前述假设。第一届省议会议员中,只有 4.6% 曾任咨议局议员。辛亥革命之后,许多咨议局的议员离开了浙江省,有些人成为革命后新成立的省政府的官员,也有人回到了自己的原籍地。第一届省议会的议员既不太可能成为一位国会议员,也不太可能在他的职业生涯中担任过官职。同样地,他也不太可能参与 1911 年之前的那些国家主义运动(如保路运动):咨议局议员中有 8.4% 的人参与了这些运动,然而,第一届省议员中仅有 2.4% 的人(2 人)参与其中。①

　　民国时期的浙江省议会成员中有 40%～50% 的人,我无法找到他们的社会或职业背景资料;而清代的咨议局议员、临时省议会议员中仅有约 25% 的人无法找到相关资料。上述两种情况形成了鲜明对比。这一对比显示出了一种可能性:许多仅获得低等功名或是根本没有功名的人(他们可能是各地有声望的人、地主或商人)在辛亥革命之后获得了省级层面的职位。从咨议局到第一届省议会,越来越多的商人议员(从 3.6% 增长到 13.4%)的出现证实了上述观点,也再次证明了商人在革命后更深层次地参与省政。此外,在第一届省议会的商人议员(共 10 人)中,有 70% 来自核心区内部,凸显了核心区内部有越来越多的商人参政的趋势。

---

① 我已将墨悲书中提及的名字与省议员名单进行了交叉比对。

民国时期的省议会，1913—1927

第一届省议会议员的籍贯是全部可以查询到的。这些信息不仅可以用来佐证商人参政的区域性趋势，同时也可用来验证其他与地域相关的内容。① 在所有拥有功名的第一届省议员中，有42.9%的人来自核心区内部；外部区域有功名的精英在地方自治

---

① 现存的关于省议员选举计票数的零碎材料显示：至少在核心区(core zones)，精英选民群体于民国初年就已经有所扩展，他们将投票视作一项严肃的事务。民国时期授予选举权的资格标准较前清而言可谓大大放宽：原本要求10年的居住期限被降低为2年；拥有价值5000元的房产被降低为500元；投票年龄则从原本的25岁降低为21岁；除此之外，原本获得选举权要求一个人必须每年缴纳2元以上的税金同时拥有新式学堂毕业或与此相当的学历(参见《时报》，1917年10月6日)。虽然现有的资料中并不存在各县选举咨议局议员的相关材料，但是，很显然在第一届省议会议员选举的时候，选民的范围已经扩大了许多。据资料记载，在诸暨县，1912年末参加投票的选民共有30 254人(约占当时诸暨县人口总数5%~6%)；在1918年的选举中，有62 518人参加投票(约占当时诸暨县人口总数12%~14%)；在1921年的选举中，有147 921人参加投票(约占当时诸暨县人口总数28%)。参见诸暨民报社编《诸暨民报五周年纪念册·诸暨概观》，1925年，第79—80页。人口总数来自实业部国际贸易局编：《中国实业志》卷2《浙江省》，上海，1933年，第1章第13页。上述数据即使存在一些不切实际的部分，但是它同样反映出了精英政治参与度的实质性增长。

省议会的选举有两个阶段：初选与正式选举。我找到的唯一能反映有资格投票的选民与实际参与投票的选民之间百分比的数据来自1912年嘉兴府的初选，当时嘉兴共有约1.8万符合投票标准的选民，但是只有8000人(约占44%)参与了投票。参与正式选举投票的比例或许更高一些。在一个选区中，如果初选计票时所得票数超过了当地的选民人数或者是当选的人是统捐局分支机构的负责人，那么，初选就会被中止。上述情形会迅速地以电报形式向杭州当局进行报告，随后，杭州当局会宣布进行重选(参见《时报》，1912年7月30日)。

1912年4月，嘉兴府的精英们要求重新选举嘉兴府在临时省议会中的代表，这件事彰显了当时的精英们对于选举权的重视。由于当时桐乡县在临时省议会中没有自己的代表，于是，桐乡县议会以17万人没有自己的代表为由要求进行临时省议会议员的重选(《时报》，1912年4月30日)。虽然最终议员重选并未进行，但桐乡县提出的这个要求本身说明了精英们对于参与选举代表的关切。我没有找到之后选举的相关材料；但是，为了省议会选举而进行的各县人口普查、关于选区划分的讨论，以及最后进行的县议会、省议会的选举，都表明了精英们在不断地政治化。

机构中任职的比例高于核心区内部。上述两种趋势似乎再次强调了核心区内部有功名的精英们通常会参与更高层级政治活动的主要倾向。参加辛亥革命的议员中,有55.6%来自核心区内部,这也反映了核心区内部是革命行动的中心。

民国时期省议员们的年龄数据较难获得:就我能力所及,我只找到了4位临时省议会议员和13位第一届省议会议员的年龄(这两项数据在它们各自的样本中所占比例恰好是相同的)。当然,这样的样本容量不足以得出可靠的解释。我只能说它们能够"暗示"一些事。在临时省议会议员的年龄样本中,平均年龄是32岁;在第一届省议会议员的年龄样本中,平均年龄是30岁(在两个样本中,年龄的变化区间都是22—43岁)。与咨议局议员的年龄样本相比,前述平均年龄下降了整整10岁。这三个省级议会的小样本显示了从清末的咨议局到民国初期的两届省议会期间省级议会领导层的代际变化。清末咨议局的议员们大约出生于1860年代晚期与1870年代早期,然而,1912至1914年的省议员们更多地可能出生于1870年代至1880年代。1860年代至1870年代的这批议员在保持自身与籍贯地之间的联系方面是"传统型的"和"过渡型的",但是,出生于1880年代的这批议员与前者不同,他们明显地不愿意去维持住这种联系。如果说上述这些不全面的数据还能在某些方面反映出事实,那就是:民国时期的省议员不受传统观念的拘束。

在涉及国家层面的议题上,第一届省议会常常与督军朱瑞发生矛盾,尤其是袁世凯的善后大借款与"二次革命",这显示出了省议会对于自身权力的自信。在1913年,省议会为了反对袁世凯的举措倡导浙江独立,但是,督军朱瑞决定继续效忠袁世凯,因此,包括省议会议长在内的几位议员不得不潜逃至上海。在公开表示反对朱瑞及袁世凯后，出于被解散的忧虑，省议会停止了活动。①

关于精英们在不同情境中的发展变化，项士元的阐述中蕴含着一套模型，它可以扼要描述省议员们的情况：清末咨议局的议员们大多是改良派国家主义者；临时省议会与第一届省议会议员则是国家主义的政治家；第二、三届省议会议员则是省域主义的政治家，他们沉浸在省内纵横捭阖的政治斗争之中。不仅如此，在后两届议会中，有更多的职业记者、律师甚至军方人物成为议员，这也契合项士元对1920年代省内精英群体特征的描述。

在三届省议会的议员中，商人出身的议员所占的比例是相当稳定的。很多议员没有留下相关社会或职业背景信息，或许他们中的很多人也是商人。通过对第二、三届省议会的决议与议题进行分析，可以看出这两届议会对于维护商人利益十分关注。第二届省议会领导了茧行限制政策的自由化——这就是新兴的商人议员与老牌的既得利益者之间斗争的证据。②卢永祥时期开征广告牌设立税，孙传芳时期又提高了该税税率，省议会发起了有力的运动要求废止该税，这也体现了省议会在保护商人利益方面的力度。③ 1924年，为了支付第三次省宪会议代表们的薪水，当局宣称拟依据企业固定资产价值开征一项累进税，引发了省会强烈的谴责。尽管商人们是推进省宪运动的先锋力量，但是他们宣

---

① 《时报》，1913年8月9日、14日。
② 《时报》，1918年5月4日。
③ 《时报》，1925年5月13日、24日。外国的广告牌同样需要缴纳这笔税款。美国驻上海总领事公开谴责了这一措施，称这项措施不是为了别的，就是针对"阳光少女牌葡萄干(Sun Maid Raisins)、老磨坊香烟(Old Mill Cigarettes)以及皇家烘焙粉(Royal Baking Powder)"这些品牌的。参见美国国务院藏国家档案893.00/67/67。

称如果开征此税,他们将反对新的省宪会议。在议会中发言讨论的每一位议员均声言反对开征新税。省长不得不赶紧让步,并解释说征税计划仅仅是在筹备阶段。①

在省议会的统计数据中,一项有趣的数据是新式学校毕业生人数的下降。从第二届省议会到第三届省议会,新式学校毕业生的人数下降十分明显——尤其是在人们认为第三届省议会中应当拥有比往届更多的新式学校毕业生时。我相信这一下降的根源在于五四运动后省议会的举动让许多刚毕业的学生感到了希望破灭。除了通电反对涉及山东权益的协定以及反对北京政府的立场,第二届省议会抛开了对于国家利益的关注,议员们更专注于"加费案":将自己的月薪提升40元,并且要求追溯到1918年8月也就是本届议会刚被选出时。这一提案引起物议如沸,但是尽管遭到了广泛的抗议和一些颇具威胁性的示威游行,加费案在省议会中最大的一派议员的支持下,以压倒性多数通过。② 在一些非议员精英眼中,省议员们是傲慢且自私自利的。第三届省议会中24%的议员曾任职于前几届议会,他们已经十分习惯议员这一职位带来的薪酬和津贴。在1924年筹备第四届省议会议员选举时,一个临时性组织成立并且坚称新一届议会中不应让只知谋取私利的"土豪劣绅"当选。③

与第一届省议会一样,第二、三届省议会常常与督军、省长发生冲突。省议会一而再,再而三地与省长齐耀珊爆发争执,并且

---

① 《时报》,1924年5月21日与6月4日。
② 参见《时报》1919年5月10—13日、15日以及22—27日;《北华捷报》,1919年5月31日。
③ 《时报》,1923年7月30日。

两次弹劾齐耀珊,最终在1920年成功地使其离职。① 省议会与卢永祥、孙传芳这两任督军之间的关系迥然不同。前者任职期间,努力与议会建立友好关系获得支持,并且在议会中培植支持自己的派系势力;然而,后者任职时期是省议会命运最糟糕的时期。孙传芳派遣军警去搜查议员们的私宅,并且,他傲慢地拒绝了议会关于停止强征平民充军、制止当时常见的军队掠夺平民财产行为的请求。孙传芳宣称,社会动荡并不是因为军人,而是"党人"。② 因此,毫无意外地,在孙传芳的统治下,本就已经受法定人数不足问题困扰的省议会最终衰变成为一个无能为力的机构。

在1918至1926年的省议会会期中,经济发展是一个占主导地位的议题,包括教育补贴、留学生奖学金、改良丝绸业、建设模范工厂与试验农场、水利工程,以及设立彩票用于资助杭州湾南、北部的海塘建设工程。③ 但是,与这些发展措施同时存在的,是一种强烈的社会文化保守主义:省议会拒绝了为贫民教育而设立巡回授课机制的计划,阻止布尔什维克主义在学校内的传播(布尔什维克主义以主张男女同校为特点),谴责了汉字拉丁化的主

---

① 关于与齐耀珊的斗争,参见《时报》,1917年4月15日,1918年5月13日以及30日。1914年,设立于清朝末年的县级地方法庭(审检所)被废除,县一级的司法权重新回到了县行政长官手中。在1916年吕公望执政时期,审检所又被恢复,当时的北京政府对此表示了默认。1917年3月,齐耀珊再次废除了审检所,并称它们有碍司法、贪污腐败、浪费公帑、效率低下。但是浙江省高等检察厅检察长要求各县行政长官重新设立审检所。第一届浙江省议会加入了这场斗争,并且就此弹劾了齐耀珊。最终,北京政府命令撤销审检所并且要求各县静候政府组织新的地方司法系统(地方法庭)。参见《时报》,1917年3月18日、23日、28日、31日、4月1日、3日、7日、9日;以及《中华新报》,1917年3月25日、26日、4月4日及8日。关于对齐耀珊最后一次弹劾,参见《时报》,1920年6月9—11日、13日、15日、17日。
② 《时报》,1924年11月17日,12月3日、11日、18—19日。
③ 例如,可以参见《时报》,1917年5月、6月;1918年12月19—22日;1919年5月2日;1920年5月21日;以及1923年11月22日。

张,要求各地恢复地方自治以便能更好地管控与安抚群众。①

省议会继续保持了国家主义的立场——无论是对1918年坊间谣传北京与东京签署了密约,还是对1919年、1920年的山东问题,或者是对1925年上海学生被枪杀的事情,以及对欧洲人企图购买浙江省内土地的问题。② 对中国是否参加第一次世界大战以及曹锟贿选总统这些国家层面的重大问题,省议员们也依旧表示了关注。③ 直到1925年之后省议会的主动权因孙传芳的统治而受挫时,议员们才变得较少就国家大事发表意见。

与清代的咨议局议员一样,民国时期的省议会混合了国家主义与社会文化保守主义。不过与清代咨议局的议程相比,民国时期的省议员们对经济发展投入了更多的关注。上述三种基本元素——对于国家事务的关注、社会文化保守主义立场以及关注经济发展——在1930年代和1940年代依然是中国精英们政治计划中的主要内容。省议会既是精英们的代表机构,同时在其最有影响力的时候,也是官僚精英们强有力的对手。省议员们至少是省内掌权者必须正视的一股政治势力。1920年代,精英自由主义的议会制度在浙江省内施行,它遏制了无所顾忌的行政权力,也代表着精英阶层的利益。在1925与1926年间,孙传芳的军事独裁统治破坏了议会制度;而后来蒋介石与国民党则给予了议会制度致命的打击。

---

① 《北华捷报》,1923年4月14日;1919年12月20日;1920年12月4日以及1916年9月19日。
② 《中华新报》,1917年11月8日;《时报》,1918年5月1日、17日;1918年12月29日;1919年12月12日;1923年11月18日;以及《北华捷报》,1920年5月21日与1923年11月22日。
③ 《时报》,1917年2月25日;1912年12月21日与22日;1923年7月13日。

1920年代省内非议会精英组织

省议会在1923与1925年先后两次公开表达了对其他精英组织——尤其是县议会联合会、浙江各法团联合会——可能篡夺议会权力的担忧。① 上述两个组织最初都是为了在省与地方的层面贯彻自治原则而成立的,原因在于有些精英认为省议会不能或者不愿意设定自治的目标,或是不能积极地去实现这一目标。② 在事实层面上,这两个精英组织成了省议会的竞争对手。

县议会联合会

县议会联合会成立于1923年,它的成员来自27至34个县,③所关注的主要事项之一即是省议会在新的宪制框架中的角色。④ 县议会联合会主要由来自核心区的县议员组成,曾主张省议会暂行休会,另行组织一个能够代表民意的机构。⑤ 县议会联合会反复提出要求构建一个新的宪政体系,除此之外,还讨论了地方的问题:各类附加税、人口普查程序、教育支出,以及县议会与县参事会各自的职责。⑥ 从政治上看,县议会联合会的成立无疑是具有进步意义的。对于任何涉及妇女参与省宪制定程序的

---

① 《时报》,1923年10月24日与1925年4月29日。
② 《顺天时报》,1922年11月6日,12月20日;1923年2月28日。《时报》,1923年7月1日,与10月18日。
③ 在各县议会的代表中,我能够辨认出身份的有19名,他们中有4名来自核心区内部(参见《时报》,1923年10月至1924年10月)。1924年初,政府正式承认了这个联合会的合法性(《时报》,1924年3月6日)。
④ 《时报》,1923年7月25日。
⑤ 《时报》,1924年9月7日。
⑥ 《时报》,1923年10月26日。

第十一章　无官职精英的省政参与模式

议题,省议会均采取了延后再议的策略,与此不同的是,县议会联合会立刻对妇女的参政权以及妇女参加制宪会议表示了认可。① 值得一提的是,它的许多领导人同时也是国民党的成员。

就县议会联合会的行动而言,其中最为有趣的或许是它与江苏省县议会联合会的合作。1924年,浙江与江苏两省县议会联合会的领袖进行了会谈磋商,意在促成两省间长久的和平。② 会议在上海举行,两省县议会联合会轮流宴请对方。尽管六个月后江苏与浙江之间还是爆发了战争,但是两省精英之间业已建立起的联系使他们得以继续沟通。1925年10月后,随着孙传芳攻占江苏,两省的县议会联合会进一步合作探讨除和平之外双方共同关心的议题。

在1925年12月的一次会议中,两省县议会联合会的领导人共同发布了一份声明,抨击国家在浙江与江苏之间人为地划定省界线。他们讨论了共同建设水利工程、重新恢复县级与乡镇自治,并就经济发展互相交换了意见。③ 在核心区内部精英看来,这些讨论反映出发展中的宏观区域的日益重要性,同时,这也是对长江下游地区其他精英活动的仿效,类似的组织有:1920年成立的吴社(Wu Society),以及1925年成立的太湖区域自治联合会(Lake Tai Regional Self-Government Federation)。1920年代的政治有两个显著特点:第一,与顽固的省级政权打交道时,精英们普遍感到沮丧;第二,处理跨省问题时,精英们达成共识向各类准政治或政治联盟寻求帮助。这两个特征也再次佐证了核心区内部精英们在参政时基本上都具有的跨地域倾向。

---

① 《时报》,1923年10月27日。
② 《时报》,1924年1月5日以及2月26日。
③ 《时报》,1925年12月14—16日。

浙江各法团联合会

　　浙江各法团联合会是核心区内部的一个组织,它的成员主要是以杭州为活动区域的精英和来自核心区内部县城各法团的代表。① 当1923年浙江各法团联合会召开会议时,共有来自53个法团的135名代表参会。他们讨论了关于地方自治、省域和平的游说计划。会议同时讨论了在1924年省宪会议上也将涉及的一些议题。浙江省各法团联合会站在国家主义的立场上,充当着督军卢永祥的智囊团。② 联合会刻意批评省议会是"土豪劣绅"的避难所,意图以此削弱省议会的权力。③ 1923年,联合会提出组建一个临时议会替代第三届省议会行使职权。但是,这个临时议会的选举程序显示出了对于外部区域的轻视:它规定位于核心区内部的县可以选出更多的代表。④ 这个处于筹备中的临时议会从未正式成立。从政治立场上讲,浙江各法团联合会是进步的,在1924年前,省内几个主要的法团都倾向于支持国民党。

省内政治的模式

　　在民国初期,省城杭州的政局有两个显著特点:第一,旧时代中错综复杂的人际关系网络继续发挥着影响;第二,在前者基础上衍生出来的政治派系登上舞台。粗略地看,浙江省的政治受到

---

① 《时报》,1923年10月21日。
② 《时报》,1923年7月1日、16日、18日、25日,10月21日;以及《顺天时报》1922年11月6日,12月21日。
③ 《时报》,1923年7月21日。
④ 《时报》,1923年7月1日、4日。

地缘关系的影响。同属一府的政客们结成联盟,对省政产生了重要影响。① 政治议题和政治派系与政客们的籍贯地或是特定的行政区域单位存在千丝万缕的联系。政客们结成的联盟还有日常的省政推进过程,常常充满着变数。

核心区内部的领导层与竞争

在1920年代,位于核心区内部的县城以及那里的精英掌控着浙江省的政局。无论是充斥着国家主义的保路运动还是代表着"变革浪潮"巅峰的辛亥革命,都发生在核心区内部。在进入民国后的最初几年内,核心区内部的精英们经常认为在核心区内部的帮助下,外部区域经济进一步发展的条件是成熟的。然而,核心区内部精英们之中并不存在一个始终掌握权力的领导层。在民国初期,核心区内部先后涌现出四股主导力量争夺省级政坛的领导权:浙西(杭州、嘉兴、湖州三府)、宁绍、温州以及台州。在省内政治变迁的进程中,浙西与宁绍在早期扮演了主导者的角色,而台州和温州则在之后掌权;1910年代,台州作为一个有力的竞争者,在短期内迅速崛起。

即使相关记载较为粗略,但还是可以发现杭州与宁波处于省内政治领导权竞争的中心。杭州是浙江的省会,也是杭嘉湖城市圈的政治中心、钱塘江流域的主要贸易集散中心。繁荣的浙北三府与省会之间的紧密关联确保了它们在省内政事上的话语权,然而,在另一方面,宁波毫无疑问是浙江省的经济中心,它不仅与上海关系密切,同时,许多甬籍精英掌控着上海的金融界。许多宁

---

① 在之前的章节中,我已经阐述了在地方政治中,各县、各乡的行政区划界限不如自然界限重要。但是,在浙江省层级的事务中,行政区划是国家行政机关和选区划分的政治基础。同乡会等组织是以行政区划作为自己名称的。参见附录A。

波人公开主张宁波应当成为浙江的省会。① 作为商人势力的中心,宁波府成了民国初期抗税运动的重要策源地。② 宁波聚集了大批对杭州充满敌意的势力,同时,它也是唯一一个军事力量强大到可以与省会分庭抗礼的城市,因此,宁波成了1913年、1916年、1917年和1924年数次意在脱离杭州控制的政治运动的总部。③

在1880年代与1890年代,温州成为一批改良派学者的聚集地,他们秉持着经世致用的传统理念,同时,对于以西方为榜样的做法充满怀疑。在这批志同道合的学者之中,有几个人成了晚清时期浙江省内杰出的领袖,其中之一就是咨议局的议长陈黻宸。④ 在辛亥革命之后,温州便再也没有出过显要的省级领导人,除了扮演着次要角色外,温州在组建政治派系与政治联盟以便掌控省政的过程中亦无建树。温州在省内政坛中无所作为、经济发展滞缓、区域内充斥着传统主义思潮,这些现象使人们对晚清改良团体长期努力的效果产生质疑。⑤

---

① 张其昀的一篇文章阐述了为什么宁波有实力取代杭州成为省会。参见张其昀《宁波建设省会之希望》,《史地学报》,1925年第3期,第1—17页。
② 关于抗议统捐的运动,参见《时报》,1912年3月26日、30日;关于抗议抵补金额度均等化的运动(浙西地区负担着比省内其他区域更重的抵补金缴纳义务),参见《时报》,1917年4月8日;关于要求降低浙西过重的赋税的运动,参见项士元《浙江新闻史》,第95页。
③ 参见我在《省与国》这篇文章中的论述。
④ 冉玫烁:《1900年以前浙江的地方改革浪潮》("Local Reform Currents in Chekiang before 1900"),第226页。另一位来自温州的重要省级领导人徐班侯(译者注:即徐定超)是一位具有现代政治视野的国家主义者,他在辛亥革命后曾出任永嘉军政分府的负责人。
⑤ 项士元:《浙江新闻史》,第98页。该书提到温州具有强大的传统势力,尤其是在近代新闻业与教育发展方面。直到五四运动以后,新的观念才较为明显地变得重要起来。具体的事例可以参见《时报》,1920年3月6日以及黄庆澜:《瓯海观政录》,无出版地点,1921年(重印本,台北,无出版时间),第1卷第137—140页、第160页。永嘉县是核心区内部中较欠发达的一个县,事实上,根据记载直到1920年代,永嘉在温州地区的经济领导地位还常常受到瑞安县的挑战。参见《中国经济公报》第9期,1926年11月6日,第278页。

第十一章 无官职精英的省政参与模式

如果仅是粗略地看一下,台州的情况仿佛与温州大同小异。台州府内的六个县,只有两个属于核心区内部(温州府内的六个县仅有一个属于核心区内部),另外三个位于边缘区的县则以贫穷与动荡不安而闻名。尽管台州辖下的海门(位于临海县)①和黄岩县都拥有通往上海的航线,但是台州的经济发展依旧缓慢。② 在辛亥革命以前,台州就已有了许多改良派组织,但是它们在政治上几乎无所作为。③ 直到1918年,一个政治派系的崛起,才让台州获得了省内政治的话语权。零散的史料显示这个派系的经济基础建立于水稻及鸦片贸易之上,④但是,几乎不会有人怀疑政治派系的产生与维系是依靠着传统的人际关系还有依靠政治地位带来的收益(包括基于官职获得的收入和其他收入)。一项关于第一届省议会议员籍贯地的研究显示,整个议会中有23%的议员来自台州府,这一比例超过了浙西三府的总和,并且也是宁波府的两倍有余。按照省议员选举规则,各县应当按照选民的比例选出议员,很显然这一规则并未被严格遵守:以富庶浙西区域为例,1933年时这一区域的人口比台州至少多了150万。⑤

浙西的人口多于台州,但台州却在省议会中占据了更多席位,出现这样的现象或许跟屈映光是临海人有关。屈映光掌权之后,省议会中的台州派系也开始崛起。尽管屈映光所接受的教育相对缺乏,但是他曾在安徽陆军测绘学堂担任地理教习,彼时朱

---

① 译注:原文如此,应该是属于黄岩县。
② 东亚同文会编:《中国省别全志·浙江省》,东京,1919年,第310—313页。
③ 这两个县在辛亥革命之前就已经有了革命组织,同时,在民国初期就设立了近代的报社。项士元:《浙江新闻史》,第79—80页。
④ 《时报》,1920年5月26日。
⑤ 《海关十年报告:1912—1921年》,第77页;葛绥成:《浙江》,上海,1939年,第63—65页。

瑞是学堂的总办。有一份材料宣称他们两人那时结拜为兄弟。①在朱瑞率军攻打南京时,屈映光担任了部队后勤补给的负责人。1912年夏季,屈映光由浙江省财政部门的秘书突然一跃成为负责人,秋季时他成了浙江省民政司司长。② 在省议会选举期间,他一直担任这一职务。假设屈映光为了使台州在浙江省政坛内有更强的话语权,操纵了议会选举从而导致了当选议员比例失衡的局面,从屈映光日益增长的权力并且与朱瑞私交密切来看,这并非没有可能。

在屈映光担任民政长期间,省级官僚机构中台州籍人士的势力也相应增强。一个记者注意到,早在1913年年中,"台州北部与省会之间存在许多联系"。③ 1916年屈映光前往山东出任省长时,据说也任命了许多浙江人,以致人们觉得浙江同乡会就是他的办公室。④ 他的那些台州老乡更是有望在山东省内出任要职。⑤ 尽管屈映光主政浙江时期选任官员的方式因缺乏具体资料不得而知,但是,他很可能与主政山东时如出一辙。

省内的政治联盟

1918年,第二届省议会选举中出现了明目张胆的欺诈行为,刺激着在杭州的政客们结成了各式各样的政治联盟。1918年初公布的人口普查结果显示浙江省约有300万居民,其中拥有选举权的居民约占人口总数的15%,而这些人中约有75%都居住在

---

① 葛敬恩:《辛亥革命》,第106页;费敬仲:《当代名人小传》,上海,1926年,第136页;关于重要的中国传统人际关系的概要性介绍,可以参见黎安友《北京政治》,第47—58页。
② 《时报》,1912年6月19日,8月19日以及20日。
③ 《北华捷报》,1913年6月7日。
④ 《时报》,1919年8月26日。译者注:屈映光任山东省省长,应是在1919年。
⑤ 《时报》,1919年7月30日。

原台州府和温州府境内——并且,这一结果还不包括永嘉县(温州府府城所在地)与天台县的选民。上述普查结果一旦被确认,那么这两府将在省议会中拥有114个席位(省议会总共有152个席位)。① 这一显而易见存在舞弊的人口调查结果似乎演变成东南沿海大区域中的核心区内部与长江下游大区域中的核心区内部的争权夺利。当重新进行人口普查后,结果所确定的各府选举议员的名额与第一届省议会时期的情况仍较相似(台州与温州拥有更多的议员名额,占据总议员人数的40%)。

来自长江下游大区域内金华府、衢州府、严州府的第一届省议会议员直言不讳地批判了台州、温州这样的选举手段。对1909至1918年省议会成员及其行动的研究揭示了此时期省级议会组织是由浙西、宁绍与台州(总是与温州牵扯在一起)的精英们主导的,同时,省级议会组织采取的措施也是为了实现这些精英们的计划;但是另一方面,位于钱塘江上游的几个府几乎没有获得话语权,在议会讨论的过程中,它们也往往被忽略。② 这些府境内的县均处于外部区域。在进入民国时期后的第一届省议会里,这些府在省议会中的席位是明显偏少的——尤其是与台州府进行对比。尽管拥有更多的人口,但是它们仅获得了24个席位,而台州则占据了35个席位。③ 在1918年因省议会选举引起

---

① 《时报》,1918年1月23日。调查揭露了在人口普查中存在一系列的舞弊手段。在这48个县中,有许多选民并不符合参加投票的学历、财产资格;在一些地区,已经去世的人也被注册为选民。位于温州边缘区外部的泰顺县,最初注册选民共有6.7万人,然而真正符合资格的选民只有2.4万人(参见《时报》,1918年3月6日,6月9日及11日)。

② 也有例外情况:核心区内部工矿业企业家们会谈论起这些区域。

③ 在1930年代早期,这三个府的总人口数是3 319 461人,台州的人口数则是2 266 899人。根据台州府人口数在总人口数中所占的比例(只是一种关于计算台州应当选出几名代表的方法),台州应当有18至20名代表。

的社会动荡中，一名来自段祺瑞的全国"选举机器"(electoral machine)安福俱乐部的代表来到了杭州，他拜访了几位利益相关的精英。① 直到那时，浙江对段祺瑞与冯国璋的斗争这一国家层面的事务仍旧保持着中立。怀着为安福俱乐部谋得支持这一显而易见的企图，这名代表与金华、衢州、严州、台州籍精英们进行了磋商。② 是年秋天，安福俱乐部成员蒋邦彦（金华籍，曾任法官，后于1919年担任浙江盐运使）与金衢严台的精英们进行了更多的接触。③

在省议会议长的选举中，这四个府（以及温州府）的精英们几乎全部表示了对台州籍议员周继漾的支持，这或许是这四府结成联盟的第一个迹象。但是，来自杭州、嘉兴、湖州、宁波、绍兴（后文简称"杭嘉湖宁绍"）的精英们则反对周继漾出任议长。④ 一个由来自外部区域和发展相对落后的核心区内部的议员组成的政治联盟似乎出现了，它与来自最发达的核心区内部的议员互相对立。来自经济欠发达县的精英们结成了政治联盟以对抗彼时在省内经济政治上具有优势地位的各县精英。金衢严的精英们羡慕台州在政治上的强大实力，因此他们希望与台州结盟；在很大程度上，省议会中的杭嘉湖宁绍集团拒绝台州加入他们，而台州则发现如与金衢严结盟，则可以弥补自己因重新进行人口普查而失去的势力。对于这些精英们而言，与全国性政治派系的联系无疑是很有吸引力的。

---

① 《时报》，1918年6月15日。"选举机器"这个词来自黎安友的《北京政治》，第97页。
② 黎安友：《北京政治》，第97—103页。
③ 《时报》，1918年10月14日。
④ 《时报》，1918年10月27日、30日。

第十一章　无官职精英的省政参与模式

　　在金衢严台联盟取得了省议会议长、两名副议长选举的胜利后,他们与来自温州和处州的精英进行了会商,共同组建了澄庐俱乐部。① 据蒋邦彦称,省级政党组织的缺位是推进地方自治、选拔杰出人才出任官职的一大障碍,因此有必要成立澄庐俱乐部。② 当澄庐俱乐部在典当业公会的大楼里召开组织会议时,蒋邦彦对50余名参会者说:政治俱乐部现在可以致力于维护其成员的利益了。③ 从理论上来讲,澄庐俱乐部是允许所有人申请参加的,但是,杭嘉湖宁绍的精英们拒绝牵涉其中。1919年4月,杭嘉湖宁绍的精英们组建了他们自己的政治组织,名为"良社"。良社的主要成员是省议会法律股的议员,多是核心区内部的精英,其中许多人是律师。总体而言,良社是同盟会的信徒和孙中山的支持者,因此,他们也支持当时的广州国民政府。在上述两个政治社团关系紧张的背景下,当1919年初省议会议长周继溁(同时也是澄庐俱乐部的成员)设宴款待各议员时,良社的全体成员拒绝参加。④

　　从这一刻开始到1924年,省内政治的本质就是澄庐俱乐部与良社以及后来的其他政治联盟之间的斗争。两派议员在1919年5月讨论"加费案"时互相拆台,对五四运动以及其他学生运动也采取了截然相反的立场,对1920和1925年的省长就职事宜也

---

① 关于这几次选举,参见《时报》,1918年11月3日与10日;关于澄庐俱乐部,参见《时报》,1918年11月28日与12月4日。
② 蒋邦彦称他曾与居住在北京的孙宝琦(杭州人,是一位德高望重的官员,也是前任驻外大使)讨论过,孙宝琦强烈要求建立一个与国家层面的政治无牵连的地方性政党。
③《时报》,1918年11月28日与12月4日。
④《时报》,1919年4月29日。

意见不合。① 大体来说，澄庐俱乐部采取保守的社会与政治立场，而良社则拥护更为激进的立场。

省级精英联盟与地方

在省议会的精英中，少数人是一直居住在杭州并只是名义上代表着他们的籍贯地。② 大多数省议员都住在原籍并频繁地往返于省城和家乡之间。③ 1924年9月，一名省议员写道：只有不到40名省议员是长期居住在杭州的（40名议员约占总议员人数的26.8%）。④ 1918与1921年选举产生的第二、三届省议会议员对于他们自己选区的事务非常关注。清末咨议局、临时省议会以及第一届省议会最为关注的问题是国家与浙江省的地位、法律以及总体的发展情况。与此不同的是，第二、三届省议会更关注地方的问题——赈灾、吏治腐败、水利工程以及社会动荡。议员们对于各自选区事务十分关心，这从一个事例中可见一斑：为了参加县农会的会议，两位绍兴籍的议员特地赶了回去。⑤

在当时，大部分的省议员无法割断与籍贯地的关联，无法对所属选区的问题视而不见。只要他们还希望能连任，那么他们就需要关心自己的选区。一些省级政治联盟与全国性的政治团体

---

① 《时报》，1919年5月10日、15—16日、23日、25日以及28日；1920年6月11日、14日、30日、7月1日、3日、5日、27日；1925年1月7日。
② 周锡瑞认为许多清代湖南、湖北咨议局的议员很可能是长期居住在省会城市而不是居住在他们的选区。然而，周锡瑞的这一假设是否适用于浙江省咨议局很难作出定论；但是，这一假设显然不适用于第二、三届浙江省议会。参见周锡瑞《改良与革命》，第101页。
③ 《时报》，1918年4月13日、6月15日；1923年12月23日。
④ 《时报》，1924年9月28日。在这40名议员中，至少有3人是杭县选出的代表。
⑤ 与此相关的材料分散于1918—1920年与1923—1926年。例如，可以参见《时报》，1918年12月22日；1919年5月3日；1920年6月3日、10月16日；1923年12月23日。关于绍兴的这件事，参见《时报》，1924年5月17日。

第十一章　无官职精英的省政参与模式

存在着联系（尽管这样的联系较为脆弱），精英们加入了省级政治联盟之后，也仍会回到家乡处理当地的政治事务。通过这样的途径，国家、省层面关切的问题传导到了县级精英们的层面。然而，当省级精英将这些超出本地政治事务范畴的议题带入后，县级政治往往变得复杂，争端频发。在很多情况下，出于个人的恩怨，一些地方的政治领袖采取了与归乡省议员敌对的政治立场。① 当地的报纸则常常充当着不同政治派系的传声筒，传播着双方对政治议题的立场与观点，也传播着与国家、省相关的信息。五四运动引起的对新文化运动的关注，使得存在着对立的县城政治势力进一步两极分化，这些县包括位于核心区内部的平湖、永嘉、临海，位于核心区外部的诸暨，位于边缘区内部的永康、义乌，位于边缘区外部的泰顺、孝丰和昌化。② 这些现象对于精英政治发展的重要性不容小觑，因为基于政治联盟、政党派系以及具体议题产生的身份认同改变了精英政治进程的框架，至少是在本地的政治议题中引入了超越本地区范围的内容。

临海县是台州派系的基地，它为前文所述现象提供了详尽的例证。尽管1918年时许多在杭州的台州籍精英加入了政治联盟澄庐俱乐部，但是他们之间仍然存在着相当大的矛盾与冲突。以周继潆为例，他是在经历了一场艰苦斗争，击败了同为台州人的

---

① 查尔斯·蒂利（Charles Tilly）描述了政治发展是如何将新的主题引入旧有的地方政治斗争之中的（参见他的著作《旺代》，第64页）。同时参见亨利·特恩（Henry Teune）的论述："在那些发展较为缓慢的地方（local units），非政治的因素在当地占据着主导地位……但是，随着发展程度的改变，宏观政治的因素（包括政治领导人的价值观）会对当地产生影响。"参见《政治干预的发展生态学》（"the Developmental Ecology of Political Intervention"），第158页。
② 关于这些地方政治派系，参见《时报》，1918年7月17日（杭县）；项士元：《浙江新闻史》，第88—90页、第97—100页（平湖、诸暨和临海）；《申报》，1925年9月8日（永嘉、义乌、永康、泰顺和昌化）；《孝丰志稿》，第126页（孝丰）；至少在平湖、诸暨、临海存在由政治派系赞助的报社。

省议员周书之后才登上省议会议长宝座的。① 1919 年 6 月,澄庐俱乐部遇到了资金方面的困难,当时有迹象显示金衢严的精英们将组成另一个政治联盟,在这一时刻,周继漾开始对时任山东省省长屈映光大加奉承。② 1919 年夏季,周继漾退出了澄庐俱乐部,另行组建了一个纯粹的台州派系组织"公寓",屈映光为这个组织提供了财务方面的支持。③"公寓"组织通过它主办的报纸发表一些强烈反对督军卢永祥以及支持省宪法的言论。④"公寓"组织与三门湾工程关系密切,这一工程意在促进台州、宁波所辖的南田县、象山县与宁海县这些外部区域的农业与工业发展。⑤ 当社会上质疑三门湾工程的实际目的时,台州籍精英由于与这一工程关系太过密切,以至于不再向省内的掌权者寻求帮助,而是径直向同为台州籍的国会议员杜棣华求助。⑥ 不过随着台州派系的衰落,三门湾工程失去了它最强有力的支持者而坠入了困局之中。⑦

---

① 《时报》,1918 年 8 月 21 日。
② 《时报》,1919 年 6 月 9 日与 9 月 17 日。
③ 《时报》,1920 年 7 月 26 日。
④ 《时报》,1919 年 11 月 17 日。报纸的名称为"两浙日报",这个名字清楚地指代着传统上对浙江省区域所作的两分法。项士元所著《浙江新闻史》(第 85 页)说这份报纸的名称是"新闻"而不是"日报"。
⑤ 《时报》,1920 年 11 月 8 日。
⑥ 《时报》,1920 年 5 月 21 日。
⑦ 台州派系与这项工程紧密地联系在了一起,这是因为他们与时任浙江省实业厅厅长云韶之间的关系。台州派系曾经成功地帮助云韶抵挡住了金衢严集团与杭嘉湖宁绍集团联合发起的弹劾(参见《时报》,1920 年 5 月 18 日、31 日,7 月 27 日,10 月 9 日,11 月 2 日、17 日以及 12 月 4 日、7 日)。这项工程被归国华侨所掌控,核心区内部的精英们因此认为省外的人士得到了偏袒(《时报》,1920 年 5 月 31 日)。同时可参见由阮毅成编的《阮荀伯先生遗集》(第 1 卷,台北,1970 年)中阮性存写的"阮性存遗稿"第 5 章第 22—24 页。尽管得到了一份有利的许可证,但是海外华人从未将这份许可证转换成实际利益。关于这份许可证参见《时报》,1920 年 11 月 4 日、18 日与 23 日。关于事后想要再度恢复这份许可证的相关事迹,参见《时报》,1923 年 10 月 18 日;1925 年 3 月 17 日;1926 年 12 月 16 日;以及《中国经济公报》,1931 年(7 月—12 月)第 19 期,第 214 页。

第十一章 无官职精英的省政参与模式

周继潊派系的政治立场很快影响到临海本地的政坛。在临海,一个新组建的政治团体在县城开办了属于他们自己的报纸。这个政治团体的成员包括了与周继潊有私人恩怨的仇敌、在周继潊的派系中却对屈映光不满的人,以及那些反对周继潊制定省宪法主张的人。周继潊在杭州开展的派系活动促使临海形成了新的政治格局。除此之外,临海县城中还出现了一股支持新文化运动的精英势力,他们同时反对周继潊与他的对手们。① 在1920年代初期这短暂的几年中,县级政坛的结构发生了改变。既往的政治议题依旧存在,但是那些涉及省、国家的新议题获得了更多的关注。

尽管良社主要由核心区内部的精英控制,澄庐俱乐部由来自外部区域的精英把持,但是这些联盟在政治上动员了来自四个区域的精英。在第二届省议会中,我发现仅有一个议员加入了与他本人籍贯地无关的政治联盟。② 然而,通过对第三届省议会中加入政治联盟的56位议员(这些议员的籍贯信息可以获知)的分析,可以发现与前述现象截然相反的情况:平社(良社的后继组织)中的26位成员,有9人(占35%)来自非杭嘉湖宁绍区域各府;星期会("公寓"的后继组织)中的31位成员中,有5人(占16%)来自杭嘉湖宁绍区域各府。③ 更有甚者,这些跨籍贯地参加政治联盟的人中有些是联盟的领导者。当第三届省议会在进

174

---

① 项士元:《浙江新闻史》,第88—89页。
② 这个人是来自嘉兴府的秦炳汉,他是澄庐俱乐部的领导人之一。
③ 尽管那些无法确定籍贯地的诸多政治联盟成员(平社中有24人的籍贯地不明,星期会中有21人的籍贯地不明),或许在事实上将比上面列举出的数据更能揭示出派系身份与各府之间的关联性,但是,我相信,我的结论最终不会受到影响。至少66%的省议员可以归属于某一个政治派系,各派系的省议员人数几乎是相等的。通过按日期逐日阅读1923年7月至1925年年中的《时报》,我了解了各议员所属的派系。

263

行会内各股的委员选举投票时，政治联盟都将票投给了自己派系的候选人，使他们成为各股的领导人，而不是像第二届省议会时努力促成各地区之间议员在领导层中的平衡。① 可见当政治联盟在地域上变得更多元之后，这样的平衡不那么必要了。

在1920年代早期，纯粹因地缘关系而结成的政治联盟开始衰落。尽管籍贯仍然是很重要的一项因素，但是政治联盟成员的籍贯日趋多元化，显示出政治议题与其他的私人关系开始对政治联盟的形成发挥重要作用。虽然私人关系通常被认为具有极其重要的作用，但是，我却发现没有任何证据可以证明私人关系为这些政治联盟提供了全部的凝聚力。除了地缘关系，我推测，政治议题开始逐渐地成为个别政治联盟形成的重要因素。在第三届省议会中，由来自不同地区成员组成的各个政治联盟都提出了关于浙江省自治及浙江省宪法制定程序的主张，他们的不同观点，成了区别不同政治联盟的标志。② 尽管如此，在1924年浙江省宪法会议上争论的各方主要还是以地域为基础的政治联盟。这件事又说明了直到那个时期，纯粹的基于政治议题而结成的组织还未能成为关键的政治媒介。

---

① 《时报》，1923年11月21日。
② 《时报》，1923年11月25日以及1924年5月8日。

第十二章 外部区域精英在省政中的崛起：金衢严处同乡会、政治理念以及国民党的胜利

175

钱塘江的上游河段连接着浙江省的核心区内部与长江中游的宏观区域（macroregion）。在1926年末到1927年,钱塘江的上游河段为国民党军队北伐进入浙江提供了行军道路。这条道路周边的所有县均由金华、衢州、严州三地管辖,也都位于三个外部区域之中。1920年代,这些县的精英们在省级政坛上开始崛起,成了省级政治领袖,并且在1924年的省宪会议中扮演了重要的角色。1927年春季,这些精英在国民党保守派中获得了更多的权力。通过对国民党右翼势力逐步获得胜利的轨迹进行分析,可以更为深刻地理解浙江省内国民党成功的政治本质。

金衢严处同乡会

直到1920年代的中期,来自金华、衢州、严州、处州的政治精英们几乎没有在省级政治中掌控领导层的职位,也未能通过行使省级政治权力将省内的资源配置到自己的家乡。1912年陶成章

265

试图竞逐都督之位时,来自金衢严三府的精英们曾提供了大量的支持与帮助。由于这些地区在政治上获得的代表名额不足,加之本身政治势力的虚弱,金华、衢州、严州三处的精英们依附于台州、温州的政治精英组织"澄庐俱乐部"。然而,政治目标的不同以及纯粹由台州籍精英组成的派系——"公寓"的建立,金衢严三地精英与台州籍精英的联合瓦解了。

或许是金衢严处地区本身在政治上居于弱势,这些地区也未能成功地组织政治联盟,直到1910年代的最后一年,同乡会组织"金衢严处同乡会"出现了。随后,金衢严处同乡会逐渐成了一个关键的游说集团,并最终成了杭州政界中一支重要的势力。这个组织在1920年代中期的浙江省政治中具有重要影响,尽管许多相关资料已经散佚了,但对它的发展历程与它所扮演的角色进行分析是非常必要的。依据现有资料,很难确定这个同乡会成立的确切日期,我所发现的最早的会议记录是在1919年的5月份。①因为金衢严处地区精英们对1918年仲秋时节的联合行动的相关记述中并没有任何文字显示金衢严处同乡会业已存在,所以我假设它是在1918年末到1919年初这个时间段内组建的。② 直到1920年末,这个组织才发展壮大到有能力去购置一块土地充作它的办公场所。③

---

① 《时报》,1919年5月13日。
② 《时报》,1918年11月17日,报道显示了这些精英的行动但是没有提及这个组织。有材料提及1920年10月的会议是金衢严处同乡会第14次会议。同乡会每年在春秋两季召开一次例行会议;但是,有证据表明还有许多其他频繁的会议,在1920年,这些会议似乎每个月都要开。参见《时报》,1920年10月31日;1920年10—12月记述的历次会议;至于春季的会议,参见《时报》,1920年5月15日。
③ 杨祚昌:《游杭纪略》卷下,杭州,1924年,页9a。

关于金衢严处同乡会的设立，有几个方面是值得注意的。首先，它采用了传统的地域组织形式（同乡会），而不是现代的政治俱乐部或派系的形式，这表明它更偏重于传统的政治精英形式，持有传统的政治态度。第二，金衢严处同乡会是杭州城内唯一一个联合了多个地区的同乡会组织，尽管金衢严处同乡会的成员之一金华在杭州还有独立的同乡会组织。金衢严处同乡会这一跨府域的联合性特质很快使它成了政界中一个不合常规的典型。①第三，它是一个跨地域的组织，由位于长江下游地区的金华、衢州、严州和位于长江东南部的处州组成。澄庐俱乐部试图成为一个跨宏观区域的组织，但是以失败告终（有趣的是，它不是以"同乡会"而是以政治俱乐部的形式出现的）；金衢严处同乡会则正好相反，它的确成了一支重要的跨区域政治力量。最后一点，在金衢严处地域内所有的县均位于三个外部区域之中，而除它们之外，省内其他府都拥有位列核心区内部的府城或县。金衢严处地区的各县均以经济发展滞缓、缺乏政治势力为特征，并且，这些县都是核心区内部精英们所拟定的发展计划的实施对象。这样一种共同的（较低的）发展水平以及在核心区内部政治精英面前低人一等的感觉显然成了建立金衢严处同乡会的重要动机。

相较于金衢严处区域的精英，核心区内部精英们更加关注省内资源的分配，这一点在水利工程建设方面尤为明显。1913年，浙江省议会设立了浙西水利议事会，以致力于河道的疏浚以及提升灌溉方面的能力，该组织由杭嘉湖地区的丝绸、茧业、船舶税拨

---

① 当然，在上海有广为人知的宁绍同乡会。参见本书第三章。

出一部分资金用以维持运营。① 1917年,宁波与绍兴地区的精英们也组织了他们自己的议事会,以便应对抗洪救灾方面的事务。② 这一组织的资金同样来自地方税收,但同时它还获得了政府方面额外的补助。③ 在前述的两项事例中,地方的税收首先被送缴到杭州,接着再由省长根据浙江省议会的决议向精英们组成的议事会拨款。④

桐江是钱塘江位于桐庐和建德之间的一段,它的水位较浅,流域内有诸多浅滩。来自金华、衢州和严州的精英们希望可以疏浚桐江以便发展他们的家乡与杭州之间的水路运输。因此,在来自严州遂安县的第二届省议会议员胡炳虨的倡议下,省议会在1918年通过了设立桐江水利议事会的提议;如其他地方的议事会一样,这一组织由省议会在地方税收中拨款资助运营。⑤

相比于省议会给予浙西水利议事会的大额度拨款(例如,光是建设一个堤坝,该组织就获得了3000元的拨款),整个桐江水利项目在1920年年中所获得的拨款仅为1350元。⑥ 如果考虑

---

① 《时报》,1913年7月6日。尽管始终存在着筹集资金困难与派系斗争的问题,浙西水利议事会(它的领导人中许多都是省议会议员)在1920年代中期以前是杭州事务中的一个重要组织。它主持的两项工程——太湖疏浚工程与余杭县境内的南湖疏浚工程,需要真正具有专业知识的工程专家和额外的资金。具体事例可参见《时报》,1917年7月20日,8月11日,12月7日;1918年9月29日;1920年5月18日;1923年7月15日,10月21日;1924年1月13日、18日、30日,2月16日、18日、19日,3月11日与11月25日。
② 《时报》,1917年12月26日及1918年1月6日。
③ 《时报》,1917年12月26日及1918年8月20日。
④ 《时报》,1917年12月7日及1918年4月22日。这一迂回的拨款方式常常激起地方的反对。1920年5月,来自吴兴县南浔镇这个商业中心的精英们威胁将自行征收水利工程税并且不会将税款送缴至杭州,而将由他们自己分配。他们的愤怒事出有因:当镇内的河道需要疏浚时,杭州回应称当年度所有能拨给水利工程组织的经费已经全部用完了(《时报》,1920年5月18日)。
⑤ 参见林传甲《大中华浙江省地理志》,第278、280页;《时报》,1920年7月6日。
⑥ 《时报》,1918年4月22日与1920年7月16日。

到受到优先关注的核心区内部精英提出的三门湾建设工程,桐江水利项目所获资助的额度会更令人愤怒:1920年,三门湾工程在初步规划阶段,就已经获得了2000元的拨款。① 出现上述现象绝不是因为资金不足:兰溪商会在1920年6月时曾抱怨道,为了推进桐江水利工程,已经征收了50000元,但是工程却没有任何进展。② 金衢严地区的精英们因为在政治地位上处于弱势,因而无法对省议会的拨款产生影响。1920年12月,浙江省议会以缺乏获益、资金不足为由宣布解散桐江水利议事会,与此同时,省议会决定将为桐江水利工程而征收的税款挪作他用(这是对金衢严地区的明显蔑视):因第三届省议会选举的筹备工作已经消耗了13400元,为桐江水利工程征收的这笔税款被用作省议会选举筹备基金。③

在这一时刻,金衢严处同乡会决定采取行动。在浙江省议会宣布终止桐江水利工程的第四天,金衢严处同乡会就开始着手恢复这一工程。他们讨论了筹款的途径、让士兵承担工程建设的可能性以及能否邀请上海方面的建设工程公司参与该项目。④ 尽管最终他们采用了何种方法并没有留下记录,但是1923年前桐江沿岸乡镇繁荣的贸易证明了这项工程的进展。⑤

1920年代,金衢严处同乡会展现出了强大的团结一致的意志,在同乡会内部,某一地区的精英会支持维护其他地区精英的利益。例如,重新恢复桐江水利工厂的动议来自处州的精英,而

---

① 《时报》,1920年12月4日。
② 《时报》,1920年6月2日。
③ 《时报》,1920年12月9日。
④ 《时报》,1920年12月13日。
⑤ 例如,可以参见《时报》,1923年12月21日与1925年5月23日。

在他们的家乡,贸易主要是靠瓯江进行的,他们与钱塘江本无关联。作为回报,1923年,五名金衢严处同乡会成员前往游说督军卢永祥,要求他加强衢州、处州各县的防御能力应对外省军队,这五人中有四人来自金华与严州。① 在1924年9月孙传芳进入浙江省之前,金衢严处同乡会再次首先要求增强防御。②

金衢严处同乡会在省议会中的精英、军队士兵以及一些工商业者为它带来了强大的势力。以叶焕华、徐则恂、夏超为首的一个庞大的军警团体在同乡会内扮演着关键角色,无论是在为置办同乡会大楼筹款方面,还是在与防务相关的游说方面都发挥着重要作用。叶焕华和徐则恂是省内活跃的军官,夏超则是省会警察局的局长——他在1924年出任浙江省省长。在金衢严处同乡会的发展方向上,陈棪与吴之英也发挥了作用。陈棪曾在上海的工厂任负责人;吴之英则是一位丝绸商人,在推动丝绸商业化发展方面作出过重要贡献。③

金衢严处同乡会在推行地方自治方面也扮演着急先锋的角色。事实上,在20世纪10年代末到20年代初这一时期内,相较于核心区内部精英,来自外部区域的精英们对于重建地方自治更感兴趣。1919年末,出现了一份反对"官治"要求"民治"、恳求恢复地方自治以保护各地独立性的请愿书,在这份请愿书上签名的人中有三分之二是来自金衢严处地区的省议会议员。④ 尽管这件事也可以被解释成精英们出于私利希望截留地方税收并从中获益,但不管如何,这表明了外部区域的精英们逐渐意识到了他们的潜

---

① 《时报》,1923年12月14—15日、27日。
② 《时报》,1924年6月9日。
③ 《时报》,1924年7月6日。
④ 《时报》,1919年11月17日。总共有18位署名者。

力——他们可以通过政治联盟来实现自己的目标。在选举省宪法会议代表之前,金衢严处同乡会递交了一份自己拟定的人口普查方案。与省议会提出的方案不同,该方案中设置了特聘监督员机制以确保人口普查的准确性。① 1924年春季,金衢严处同乡会召集会议讨论代表的选举程序,随后,同乡会向金衢严处辖区内各县议会发去电报,向他们主张本次宪法会议选举应当选贤举能,不应出现贿选之事。② 在1924年的省宪法会议上,金衢严处同乡会内的精英们也确实发挥了重要的作用。

1924年省宪会议是1920年代浙江第三次制定省宪法的努力结果,"九九宪法"在1921年颁布,"三色宪法"在1922、1923年间制定完成,但是这两部省宪法从未正式施行。③ 对于第三次制定省宪法,一些核心区内部精英表示反对,而外部区域的精英们则强烈支持,制宪活动便是在这一背景下开展。④ 省宪会议中政界、社会各界代表的名额主要被金衢严处集团和杭嘉湖宁绍集团占据,他们的利益大不相同。尽管在一些问题上,来自某一集团的代表会赞同对方阵营的观点,但是,在一些主要问题上,两大集团之间的立场还是有明确差别的。1910年代末是台州籍精英权势如日中天的时期,但是在此时,他们的影响力已经显著衰弱。在省宪会议的辩论中,台州与温州的精英们支持杭嘉湖宁绍集团或支持金衢严处集团的次数大致相当。

如果将1924年与1921年两次省宪会议的代表构成进行对比,就能够发现1924年省宪会议中县级精英获得了更大的权力。1921

---

① 《时报》,1923年11月2日。
② 《时报》,1924年5月1日和19日。
③ 萧邦齐:《省与国:浙江联省自治运动,1917—1927》。
④ 《时报》,1923年12月20日。这些反对者提出的一项新的主张是:湖南省宪法并未能够将该省从军阀统治中解救出来。

271

年省宪会议共有 207 名代表:55 名省议会选出的议员(占 26.6%),75 名省内各县议会选出的代表(占 36.2%),以及 77 名从各法团中选举出的代表(占 37.2%)。① 与此截然不同的是,1924 年省宪会议仅有 149 名代表:75 名(占 50.3%)各县议会选出的代表,37 名(占 24.8%)省议会选出的代表以及 37 名(占 24.8%)各法团选出的代表。② 在正式的选举中,法团倾向于推选那些有全国影响的精英。由于省议会推选的代表并非活跃在国家政坛上的精英,所以最终在省宪法会议代表中,75% 的代表是地方与省级层面的精英。也是基于上述原因,在省宪会议中,两个集团都更加明显地代表着地方层面的利益,这与此前的两次省宪会议存在差别。③

在省宪会议选举大会主席、副主席时,两大集团互相对抗的实质立刻暴露无遗,核心区内部与外部区域之间存在的政治与社会上的尖锐分歧也表现得十分明显。褚辅成被选举为大会主席,

---

① 由省议会制定的 1921 年省宪法会议组织法最初是将法团组织排除在制宪活动之外的。各法团是最强烈反对省议会的力量。省宪法会议的代表最初只包含了 55 名省议会议员(译者注:不确,是 55 名省议会直接选举的代表,其中不少人是国家级精英并不仅仅是省议员)以及每县提名 1 名的代表组成。在那年初夏,各法团联合会开展了声势浩大的运动要求加入制宪。在省宪法会议集会后的两周,最初由 130 名代表组成的省宪法会议同意由各旧府属的法团以每府 7 名的名额提名代表,共计 77 名,这是一个令人惊讶的总数,因此,这也是在各法团施加的压力作出的巨大让步。阮毅成:《政言》(台北,1955 年),第 6 页。这一事件也显示出了法团逐渐提升的政治影响力。
② 阮毅成:《政言》,第 15 页。
③ 关于省宪法会议的组成的具体情况详见表 17。这 149 名成员中,社会与职业背景信息有据可考的共有 96 人(占 64.4%)。在这 96 人之中,17.7%的(17)人拥有功名,30.2%的(29)人是新式学堂的毕业生。25%的(25)人曾在浙江省内或省外担任过官职。省宪法会议中有 8 名前清咨议局议员,这个数字比任何一届民国时期省议会中所包含的咨议局议员人数都要多。这些代表中有 35 人(占总数 149 的 23.5%)曾担任过一届或多届民国浙江省议会议员。专业领域内精英在其中占据的比例可以与第三届省议会相提并论。女性同样参与了本次省宪法会议,但是我没有找到具体的人数。

作为来自嘉兴（核心区内部）的国会议员，他也是联省自治主张的支持者。在1911年之前，褚辅成是同盟会会员，到了1920年代，他则是一名国民党党员。会议选举叶焕华出任大会的第一副主席，叶焕华来自青田县（边缘区内部），是一名资深的军人，在1911年之前他是光复会会员。考虑到两人曾参加过的革命组织、他们的政治倾向与政治身份还有他们所属的集团，大会在他们之间所作的平衡是显而易见的。在投票选举第二副主席的时候，第一轮投票中，金衢严处集团的候选人王廷扬和杭嘉湖宁绍集团的候选人莫永贞各自得到了50票。第二轮投票中，莫永贞以8票的优势胜出。①

在省宪会议议程的最初阶段，籍贯带来的影响是显而易见的。在讨论省宪起草委员会委员选举方式的过程中，存在着长时间的拖延与矛盾冲突。所有的建议似乎都认为这一委员会应当以籍贯为标准进行组建。虽然有一次，来自绍兴的代表孙时伟，在充满激情的演讲中表示支持打破区域主义。但是最终在省宪起草委员会的人员组成问题上，每个旧府属所拥有的代表人数几乎是一致的。② 在许多关于程序问题以及部分具体问题（例如参与投票选举的居民资格问题）的辩论中，代表们并不一定按照所属集团或所属籍贯确定立场，③但是，对最为关键的问题——省的政治体制、省议会的组成人员、省行政权的本质、地方自治议题——代表们是按照各自所属的籍贯地选择立场的。

---

① 《时报》，1924年8月3日。为会议代表们举行的欢迎宴由省议会内的平社与星期会两个派系主持，欢迎宴会上的主要发言者——来自金华的林茂修（星期会成员）令人关注（《时报》，1824年8月6日）。
② 《时报》，1924年8月7日与12日。
③ 《时报》，1924年8月9日与23日。

由省宪起草委员会提出的一个基础性政治问题是:省在国家政治结构中的体制形态。争议焦点在于:省是否既是一个地方自治单位又是一个在中央政府管辖下的行政分支机构?① 来自外部区域的金衢严处集团强调应遵守国家宪法,他们宣称浙江最终还是要效忠于中央政府,因此,在浙江省宪法中应当避免出现抵触中央政府行政权力与职责的内容。来自核心区内部的杭嘉湖宁绍集团(其中有许多人是国民党党员)则认为浙江省自身的需求是居于首要地位的,因此,浙江省必须获得自治权。韩宝华(核心区内部的一位律师,同时也是1927年初国民党的官员)对于传统的从"乡镇"到"国"的金字塔型政治结构表示了支持,但是,他辩称由于此时没有一个能够统领全国的"中央政府",所以浙江省不可能成为中央政府的行政分支机构。② 省宪法会议最初采纳了韩宝华与杭嘉湖宁绍集团的观点,这一观点的主要内容就是"浙江省是一个自治的省",拒绝在省宪法中提及与北京政府相关的内容。从表面上来看,杭嘉湖宁绍集团是省自治主义者,但是,两大阵营(杭嘉湖宁绍集团与较少公然反对中央政府的金衢严处集团)的观点其实都是国家主义的,双方的差异之处仅在于效忠于哪一个中央政府。③

1924年的江浙战争以及随后各省政局的变化导致省宪法最终采纳了金衢严处集团的观点。10月初,省宪会议投票决定在

---

① 《时报》,1924年8月18日与21日。后文所述的争论来源于这份材料。
② 《时报》,1924年8月21日。
③ 这一论断是对我自己发表在《亚洲研究期刊》(1977年)的文章的修正。地域分层法使我得以追踪发言人所属的立场并且将他的相关言论置于符合他们思考逻辑的角度中进行考察。在这些案例中,表面上强烈的省自治主义是一种误解;只有看到核心区内部精英发表了如此强烈的关于寻求自治的言论,将核心区内部精英们政治理念的复杂性考虑在内,才能作出正确的解读。

国家宪法的框架内制定出一份省宪草案。① 在直系军阀取得直奉战争的胜利后,全国性政府与直系的领导人曹锟便可以更容易地确保各省对于1923年中华民国宪法的遵守与服从:这部宪法规定各省的自治性法规"不得与宪法及国家法律抵触"。② 省宪法草案于1926年1月1日正式公布,其中关于省的权力的章节与彰显着联邦主义的"九九宪法"如出一辙。③

省宪会议另外一项引起争议的事项是关于如何处理省级机构与地方各级机构的关系。总体上金衢严处集团的主张显示了一种政治保守主义的立场。在行政权方面,他们要求确立集权式的省长负责制而不是委员会制;他们中的部分人反对在省宪法中设立专门的章节对民众的"生计"问题作出规定;他们主张保留现在的省议会的权力。④ 关于地方政府与精英的角色的问题,金衢严处集团提议在县行政长官选举上采用直接选举制(同时赋予民众罢免权),或者,在各县采用行政委员会制度(杭嘉湖宁绍集团的代表们尽管没有发言明确表达意见,但是实质上他们是赞成这项提议的)。⑤ 在这一问题上金衢严处精英选择了一个较为具有自由主义色彩的立场,这表明他们所追求的地方自治目标比此前一些地方精英已经努力追求过的目标更为远大。上述计划可以被视为是精英们赤裸裸地为了自己利益而谋求控制地方。或者说,这些计划可以被解释为精英政治逐渐发展的证

---

① 《时报》,1924年10月1日。
② 董霖(Tung, William L.):《近代中国的政治制度》,海牙:马丁努尼霍夫出版社,1968年,第70—72页、第341页。
③ 第三部浙江省宪法于1926年1月1日正式颁布,参见《海关十年报告:1911—1921》,第22卷(1926年1月25日)第129—138页。
④ 《时报》,1924年8月14日、24日及30日。
⑤ 《时报》,1924年9月4日。

据:通过控制地方机构,精英们试图克服当下地方政治中存在的问题。① 对如何处理省级机构与地方各级机构的关系这一问题,除了对地方精英高度自治表示赞成之外,杭嘉湖宁绍集团的主张还包括:设置省参事会;在省宪法中设置专章规定民众的生计;授予各县议会在各自辖区范围内基本性立法权,并且省议会不再受理各地迳行提交的请愿案。② 最终的省宪法草案中采纳了杭嘉湖宁绍的上述提议,但是没有采纳关于省之地位的部分。

在省宪法会议的辩论中,可以提炼出两大阵营的总体性政治目标与理念:金衢严处集团效忠于中央政府,支持集权制的省政府,主张地方精英拥有高度自治权并且反对国家在推进社会变革方面发挥主导作用;杭嘉湖宁绍集团则主张省自治、削弱中央官僚权威、增进各地自治并且支持由国家来积极推进社会革新。双方的政治观念都不能被完全地诠释为1927年后国民党的政治原则。不过1924年省宪法会议中金衢严处集团许多未被接受的提议与1927年4月后掌权的国民党的政治理念可谓不谋而合。

---

① 1926年制定的省宪法草案是一次真正的地方精英的胜利:它将地方的各项大权悉数授予各县议会以及县议会选举产生的由5名委员组成的自治委员会,县行政长官与县参事会被废除;省长也不再拥有提名各县领导人的权力。参见《海关十年报告:1911—1921》,第22卷(1926年1月25日)第135—136页。
② 第五章第五十五条规定了具体的细节:有十分之一之县,每县选民一千人以上之联署,得提出法律案于省议院请期限议决。省议院对于所提案不同意时,应由省长交付全省县议会、特别市议会投票表决,如得半数以上可决时,由省长公布实行之。参见《海关十年报告:1911—1921》,第22卷(1926年1月25日)第131页;阮毅成:《政言》,第15页。

1927 年年中以前浙江省内国民党的发展

国民党浙江省党部的组建

1920 年代,国民党组织在浙江省内的发展仅局限于核心区内部。1923 年秋末,萧山县(核心区内部)沈定一结束了与蒋介石结伴同往的莫斯科的旅程,回到了家乡。1924 年 4 月,沈定一亲自在杭州组建了党部。① 是年春天,平湖县还有临海县的海门②建立了省会之外的第一批党部。③ 1926 年 3 月初第一次全省党代表大会在杭州举行,13 个党部或区分部的代表 37 名与会。这些代表中仅有 2 名来自核心区内部的县(这两个县分别是诸暨和富阳),其余代表均来自核心区外部的县。④ 直到这次会议之后,核心区内部的党员才开始与外部区域那些有入党意向的人接触。例如,寿昌县(边缘区内部)党部于 1926 年末建立;在同一时间,嘉善县(核心区内部)党部的一位人员建立了遂安县(边缘区外部)党部。⑤ 与其他事项一样,在党组织的建立过程中,外部区域是核心区内部精英们的发展对象。

自国民党组织建立时起,派系纷争就在扰乱党务工作。由

---

① 《时报》,1924 年 4 月 24 日。关于沈定一的生平,可以参见顾士江《萧山乡土志》,无出版地点,1933 年,第 101—103 页。张国焘:《中国共产党的兴起:1921—1927》(*The Rise of the Chinese Communist Party 1921 -1927*),劳伦斯·堪萨斯大学出版社,1971 年,第 1 卷第 103—104、108、128 以及 342—342 页;周策纵:《五四运动史》,斯坦福大学,1967 年,第 248—249、306、321—322 页以及 343 页的脚注 a。项士元:《浙江新闻史》,第 91—93 页。
② 译者注:此处误,海门当时属于黄岩县。
③ 项士元:《浙江新闻史》,第 98—99 页及第 124 页。1925 年末,在绍兴,国民党党部扮演着重要的政治角色。
④ 《申报》,1926 年 3 月 12 日。
⑤ 《寿昌县志》卷四,页 12b—13a。《遂安县志》,第 229 页。

沈定一建立的国民党党部主要吸收了那些老派的国民党党员，这些人之后与党内的右翼势力联系在一起。1920年代，一些年长的精英回到了核心区内部，他们将重新建设浙江省视为走向联邦制国家的第一步。加入了国民党的年长精英们一般都是前清时期同盟会的支持者，许多人有留学外国的经历，同时也是辛亥革命的受益者——在民国建立后的最初十年内，他们获得了官职或是获得了国会的议席。这些人中，有21人参与了1924年的省宪法会议，有12人是前浙江政治商榷会（1916年成立于杭州）的成员。这些人通常不具有新晋国民党省级领导人所具有的地方主义视角，同时，他们对于这些新的精英充满厌恶。①

另一个设立于杭州的国民党机构则吸引了许多年轻的革命者，这些人之后多与党内的左翼势力联系在一起。1926年3月的全省党员代表大会上当选的领导人都来自这个机构。② 他们均来自核心区内部，在国内的新式学堂中接受教育或是留学外国，多数从事的是教育、法律和新闻业。在当选的12名领导人之中，只有2位参与过省级政治事务：韩宝华与查人伟，他们是1924年省宪法会议的成员。查人伟还在1921至1924年担任省议会议员。其他几位领导人参与了县党部的建设。这一支国民党精英团队是1920年代核心区内部精英们的象征：接受过新式

---

① 沈定一建立的这个党部的相关资料可以参见项士元《浙江新闻史》，第98—99页。关于国民政治协商会议，参见《时报》1916年12月1日及5日；1917年4月24日、5月16日及22日；《中华新报》，1917年4月20日；关于对地方精英的敌意，参见本书第五章。
② 张国焘注意到社会主义青年团组织是于1920年10月在杭州成立的，是在上海的类似组织成立一个月之后。该组织的成员包括许多1926年的左翼领导人。张国焘：《中国共产党的兴起：1921—1927》，第1卷，第128页。需要注意的是沈定一早期参加过共产党的活动，但是他在1924年后转向右翼。

学堂的教育,具有专业能力,能够参政议政。

上述两个国民党组织在关于党的目标与策略等事务上强烈对抗着。1925年后,由年长的精英组成的一派日趋衰落,这归结于许多人从1925年中期到北伐的这段时间离开了浙江。至此,省内的国民党活动被左翼精英掌控了。浙江省推选出参与国民党第二次全国代表大会的代表是左翼领导人丁眉孙与宣中华。①在国民党左翼的监督下外部区域的党部建立了起来。而当1926年末孙传芳开始迫害国民党时,这些左翼人士也首当其冲。②

工界协会的建立

1924年春季杭州的国民党党部设立后的两周内,工界协会也在杭州正式成立了。这个由外部区域的精英们(全部都是金衢严处同乡会的成员)组成的工界协会,是1927年春季国民党左派覆亡的重要原因之一。遗憾的是,关于这个组织的史料甚为缺乏,它可能是东阳工界同乡会(我未能确定它的成立日期)进一步发展的产物。金衢严处同乡会内的精英是与来自东阳县的代表们会面后,于1924年5月建立工界协会的。③ 自建立伊始,工界协会就由纺织业企业家掌控。起草工界协会章程的吴之英是一位富有的丝绸商人,他积极致力于丝绸业的机械化。④ 东阳籍工人在湖州的丝织工业中具有重要的地位,吴之英有可能(他的籍贯,我未能确定)在推进丝绸业机械化的过程中,试图利用金衢严处同乡会(东阳县属于金华府)的力量将这些东阳籍工人更紧密

---

① 项士元:《浙江新闻史》,第98—99页。
②《时报》,1926年10月21日、27日及28日。
③《时报》,1924年4月20日及5月15日。
④《时报》,1924年7月6日。

地置于自己的掌控之下。还有一种可能性就是吴之英与年长的国民党精英之间存在关系。1924年,杭州的五一节集会时,工人团体(包括东阳工界同乡会在内)的两名代表分别是吴之英与沈定一。①

工界协会在金衢严处同乡会的大楼内召开会议,并且与金衢严处同乡会有着密切的关系。有证据表明在此后的两年,工界协会在各县组建了它的分支机构。例如,1924年11月,寿昌县(边缘区内部)东阳工界同乡会成立;②1925年9月,在位于边缘区外部的宣平县(属处州府),工界协会成立。③ 地方志将宣平县工界协会描述为金衢严处工人协会的分支组织,它与母组织的同一性是显而易见的。然而,它在这个偏僻的县内发挥了何种作用则未留下相关记载。不过它的创立者陈雄的相关信息显示这个组织与许多民国初期的收租机构一样,由精英们建立,意在保护精英们的利益。陈雄毕业于浙江法政学堂,是宣平县木材生意的领袖,他在1920至1924年担任县教育会会长一职,同时也是县参事会的成员之一。④ 金衢严处地区究竟有多少县设立了工界协会的分支机构不得而知。⑤ 然而可以确定的是这个组织是一个由雇主运营的、具有强烈家长式作风的组织,同时,它与金衢严处同乡会的精英之间存在紧密的联系。

---

① 《时报》,1924年5月2日。
② 《寿昌县志》,第4卷,页12b。
③ 《宣平县志》,第2卷,第551页。
④ 《宣平县志》,第2卷,第551、621、824、834页。
⑤ 另一件事也无从知晓:相关材料提到的1925年在湖州成立的东阳工界同乡会,是否就是指工界协会在当地的分支机构? 还是说,这是一个不同的机构?《海关十年报告:1911—1921》,第7卷(1925年10月17日)第226页。

第十二章 外部区域精英在省政中的崛起

国民党右翼与金衢严处精英的胜利

随着北伐的节节胜利,成立于 1926 年的杭州总工会更加直言不讳地提出职业改革与工人权利方面的要求。很明显总工会处于省内国民党左翼的领导下,1927 年 3 月末,总工会开始计划设立一个领导机构以便研究"组织和纪律的问题、总工会和工人纠察队的角色、宣传的方式、资本主义制度分析,以及中国工人阶级在中国与世界革命中的角色"。[1] 同时,国民党工人部长韩宝华命令那些反对上述行动的国民党右翼分子编辑出版的报纸停刊。[2]

在这一时刻,国民党右翼分子、军队领袖以及商人—雇主们向金衢严处同乡会的工界协会寻求帮助,希望它能领导一场反对总工会的运动。[3] 这些势力新成立了"职工联合会"组织,由金衢严处同乡会的领导人杜震芗、张浩与赵伯素领导,以金衢严处同乡会大楼为集会场所。[4] 据记载,"职工联合会"的大部分人员是建筑工人,同时也是东阳工界同乡会的成员。[5] 它的目标是在国民党省级领导层中发动一场针对国民党左翼分子的清洗。就这样通过此项计划,国民党右翼势力与某几位商人—企业家、来自外部区域金衢严处同乡会的精英们联结了起来。

1927 年 3 月 31 日,职工联合会的游行激起了杭州总工会的

---

[1] 谢诺(Jean Chesneaux):《中国劳工运动,1919—1927》,斯坦福:1968 年,第 364—366 页。
[2] 项士元:《浙江新闻史》,第 154 页。
[3] 在工界协会登记注册之后,东阳工界同乡会也申请登记,但是却被国民党工人部拒绝了。之所以拒绝它的注册,可能是因为它是由雇主掌控的。由于这次被拒绝,它不需要一些额外刺激就会参加反总工会的运动。
[4] 项士元:《浙江新闻史》,第 165 页;《时报》,1927 年 4 月 1—2 日、6 日。
[5] 《浙江月刊》,1976 年(9 月 6 日)第 8 期,第 6 页。

抗议示威,两个组织的成员由此爆发了武力冲突。警察与军人介入其中,并命令总工会下属的工人纠察队立刻解散。这一命令再度激起了一场总罢工。国民党右翼预料到了总工会的这一反应,他们以这场罢工为借口发动了对当时党领导人的清洗。4月12日,清党行动正式开始,在1926年3月经选举产生的国民党浙江省党部的领导人都是逮捕的目标。他们中的许多人立刻逃跑了。同时,清党运动的焦点向各县党部扩散开。在完成了自己的使命后,职工联合会于4月14日解散。①

老一辈的辛亥革命参与者以及来自金衢严处区域的精英取代了被驱逐的年轻国民党左翼精英的位置。清党之后国民党省党部的6名领导中,除了1人(阮性存),其余的都是在杭州的归国留学生。在过去的20年中,这些人从未或仅极其有限地参与过省政事务。一份省政府政务委员会委员的名单揭示了相同的情况。除此之外,有证据表明来自金衢严处地区的精英们在国民党内与政府的委员会中占据了许多职位:东阳陈希豪在清党运动中发挥了关键作用,他在1930年代担任执行委员;金华王廷扬,有进士功名,曾任官员、省议员、国会议员,也是金衢严处同乡会的领导人,他在1930年代担任监察委员;金华黄维时,清党后任总工会领导人,他与他的同乡一起担任工会的领导;兰溪徐柏园成了省党部的书记长。②证据表明国民党内的运动使得这些来自金衢严处地区的精英们得以进入政治权力的圈子,而此前他们一度被排斥在外。

在1927年4月间的系列事件中,许多年轻的国民党左翼领

---

① 参见《时报》,1927年4月1—2日、6日、11日、13日及17日。
② 《时报》,1927年4月17日—5月16日。关于徐柏园,参见《中国名人录》(Who's Who in China),上海,1936年,第97页。

导人覆亡,他们中许多人出生于核心区内部,即使不是全部也是大部分曾在自己的家乡担任国民党党部的领导人。1911年之前,在外地的核心区域精英重回家乡、建设地方。1920年代初期到中期这段时间,在外地的三个最发达区域的精英回到了家乡。国民党政治运动期间,在外地的精英回到了省内重要的职位上,像张人杰、马叙伦、蒋梦麟、陈其采这样的人已经是很多年没有参与省内事务了。他们的归来意味着省级与地方精英们在很大程度上失去了自主权——至少是1920年代中期省内最为发达的三个区域的精英。①

1927年4月国民党右翼的胜利或许象征着军队、年长的精英(他们的政治起点与同盟会存在关联)、大量来自核心区外部与边缘区内部的精英的联合。金衢严处集团除了在1924年省宪法会议上强调地方自治外,其他主要信条——对中央政府的忠诚、官僚集团的控制以及保守的社会变革目标——看起来就像是1928年后国民党最终计划的大纲。② 如果事实确实如此,那么国民党的革命可以说充斥着晚清时无官职精英的国家主义以及许多外部区域精英所持有的政治、社会观点。虽然并非所有的核心区内部精英都是积极进步的,但是来自外部区域的很多精英更少受到核心区内部近代化发展变革的影响,他们已经习惯于官僚在处理精英事务方面的权力(威权),习惯于警察与军队在维持地方秩序上发挥更多的作用。

---

① 这类主张改良主义的精英被赶出领导层圈子的具体例子,可以参看宋云彬的经历。他是海宁县硖石镇人,国民党党员,同时,在1920年代初任海宁县议会议员。他在1927年4月被清洗。参见项士元《浙江新闻史》,第123页。
② 关于1927年之后情形的介绍,参见易劳逸(Lloyd Eastman)《流产的革命》(*Abortive Revolution*),剑桥大学出版社,1974年。

结　论

对20世纪初中国的社会和政治提出一种令人信服的解释，必须兼顾那些有着最丰富记录的高度城市化地区以及那些欠发展的区域。过去的许多学者倾向于在重点考察经济相对发达地区发展的基础上，对事件和趋势作出一般性的解释。他们遵循着从19世纪维新派人士到蒋介石这些中国改革家与政治家的思考道路：聚焦于发达地区，却忽视了更为广阔的欠发达地区。各领域的社会政治生态研究都将精英组织构建与发展的重要动力作为关注重点。① 通过区域架构可以发现，精英的行动与政治发展呈现由核心区内部到边缘区外部的系统性变化。

尽管所有区域在20世纪前期都经历了新机构的引入和随之

---

① 关于发展和社会结构的理论观点，参见 C. 史密斯（Carol A. Smith）的文章，《精英间的交换系统与空间分布：农业社会的组织分层》("Exchange Systems and the Spatial Distribution of Elites: The Organization of Stratification in Agrarian Societies")，载于史密斯编：《区域分析·第2卷·社会系统》(*Regional Analysis*, vol. 2: *Social Systems*)，第309—370页。

而来的政治进程,但接受新机构为合法政治行动者的程度因各区域经济发展水平而异。在核心区,以往属于私人责任领域的事务越来越多地进入日益扩大的公共机构领域;新成立的机构被视为地方事务中重要的监督、仲裁和利益组织。边缘区却呈现另一番景象,尽管寡头精英参与了自治团体和行业协会,但地方政治保留了更多的私人性质。对新机构的认可要么不存在,要么处于最初阶段。特定精英群体拥有更为强大的延续性,往往会阻碍新式专业化机构形成强有力制度;过往由非正式精英团体(通常有官僚的支持)管理事务的模式仍在延续。

对于研究精英的政治地位和关系,核心—边缘划分模式远不如区域进步模式(progressive zonal pattern)行之有效。在晚清的核心区内部,政治机构的领导产生了实质性的整合;但是1912年后专业化与多样化程度提高,意味着精英融合度减弱和政治多样性发展。在核心区内部,大量的民间团体和不断发展的利益集团得以宣扬自己的政治、社会和经济目标,对精英在新的组织情境下建立联系影响重大。到了1920年代,无论是刚刚具有自我意识的商人阶层还是近代教育机构的毕业生,专业职业者与旧绅士和绅商成为同一阶层。在日益复杂的政治、社会和经济环境中,县行政长官常常在日常事务管理中听从地方精英。离核心区内部越远的区域这些趋势越弱。边缘区强大的寡头控制,有官职与无官职精英之间的紧密联系(甚至到了地方精英与小官员可以互换位置的地步),使其与核心区相比,有更紧密整合的持续不断的领导群体。外部区域的协会和专门机构成立数量较少,成立时间一般也晚于比较发达的地区。独立的本地商人阶层,在核心区外部的重要性低于核心区内部,在边缘区域则无足轻重。从核心区内部到外部区域,地方官员的作用越来越突出,对地方事务的监督范围越来越大,领导作用越来越强。

每个区域的职业模式差异巨大。除军校学员外,绝大多数在浙江省外近代学校学习的学生来自核心区内部。在清代最后十年,核心区内部出外求学和做官的人们返乡重建地方社会,同样的事情发生在1920年代。辛亥革命后,政治机会增多。一般来说,革命后出现的掌权者将取得的地方政治领导地位维持到了1920年代。核心区外部也经历了辛亥革命之前外地学生和官员的返乡潮流,但在革命之后,核心区外部中这些返乡者的流失明显少于核心区内部。20世纪10年代末至20年代,更多不同背景的政治领导人开始在核心区外部出现。1911年以前,边缘区内部少有返乡者;但和核心区外部一样,在20世纪10年代末至20年代后期,边缘区内部也有一些政治机会向外开放。19世纪90年代到20世纪30年代和40年代边缘区外部长期连续的精英领导使当地少有政治机会。在外地求学的人倾向于返乡而非追求更高的职业空间。事实上,当我们的目光从核心区内部向边缘区外部移动,会发现外出求学或在外游历的精英返回并留在自己的家乡就职的趋势愈发明显。

一个区域的人对行政单位的认同程度往往与该区域到核心区内部的距离成正相关。在核心区内部,乡镇自治区域划分成为一个引发严重争议的问题;一些有县界刻意经过的重要市镇(如乌青、濮院)反复为归属问题斗争。在核心区外部,部分资料表明新边界的划分在后期才如核心区内部一般成为重要问题;如嵊县,区划争论直到1920年代中期才成为严重问题。而在边缘区,县与乡镇的边界似乎更加模糊。许多情况下区域划分优先使用自然边界,如果一个自治机构横跨两个地区,则意味着其缺乏对任何一个行政单位的认同。对行政单位的强烈认同是核心区的重要标识。

核心区快速增长的民族国家情绪与省份认同意味着这里的人具有更强烈的政治认同感。在边缘区,政治认同直到1920年代才开始产生,之后的记载也表明只有零星发展。政治认同的发展模式体现了交通状况和通讯设施对政治思想传播的重要影响。

四种区域显著的政治社会差异,源于不同发展过程对社会政治生态的影响。在经济逐渐发展的地方,如核心区内部,精英阶层和社会结构在早期就发生了实质的变化。健全的宗族体系为精英提供了适应经济和政治变革的基础,而具有明显职业和专业身份的新式精英涌现,参与推动发展变革。经济发展引发政治利益和目标的结构性变化。20世纪早期及之前,经济发展是核心区内部发生政治变革的原生初始动力。核心区内部的精英已经做好了准备,用新的政治制度为自身提供政治机会,争取经济利益。辛亥革命带来的政治变化显著地加速了这一正在发生的进程,例如出现了日益重要的商人阶层。

相反,在外部区域,变革的原生初始动力是政府主导的制度变革,将国家权力渗透进更紧密、更单一的精英寡头结构。政治渗透通常发生于经济发展之前,绝大多数外部区域的县直到1930年代后很久才获得经济上的发展。政治渗透起初几乎没有改变既有的精英结构;同样,辛亥革命也没有改变地方领导阶层,甚至反而有所加强。核心区外部和边缘区内部在经济发展的初期,通常由核心区内部精英实际把控着,成为核心区内部的原材料来源,为核心区内部提供投资机会。1912年后商业利益和新兴资本主义日益强大,成为核心区内部的标志,这似乎印证了伊曼纽尔·沃勒斯坦(Immanuel Wallerstein)和迈克尔·赫克特(Michael Hechter)等学者所持的区域发展(development zones)

中的结构性经济不均衡形态。① 不均衡本身刺激了省内联盟和派别形成,并加深了外部区域精英的政治化程度,形成如金衢严处同乡会这样的组织。

分析20世纪初浙江省主要政治事件,可见差异化发展的重要性。如辛亥革命的过程和意义在核心区内部与外部区域有着本质的不同。1920年代,国民党在浙江的创始者与领导者都来自核心区内部,这里和1911年以前一样,是激进变革观念的源地。在北伐战争胜利之前,浙江国民党领导者致力于推动社会变革,支持国民党左翼的一系列宗旨。与辛亥革命不同的是,北伐的结果是大量核心区内部精英离开家乡赴外工作,精英系统破坏,到1927年4月中旬,浙江国民革命在核心区内部的"革命性"已宣告死亡。1912年以前的革命党人(在离开浙江多年后返回)与来自外部区域的社会政治保守派加入浙江国民革命。这两个群体都曾经遭受政治驱逐:1912年以前进入国家政坛的革命党人(大多数革命党人无法摆脱中央政权的诱惑)被袁世凯及之后的军阀政权驱逐;外部区域的精英被核心区内部联省自治运动驱逐。浙江的国民党政权自诞生伊始就是这些故步自封之人的努力成果,这些人来自培育出官僚主义的、军事性的和社会保守政策的地方。

总而言之,20世纪中国政治史是政治发展在各个空间与时

---

① 伊曼纽尔·沃勒斯坦:《现代世界体系》,纽约:1976年;迈克尔·赫克特:《内部殖民主义:不列颠民族国家发展中的凯尔特边缘地区(1536—1966)》(*Internal Colonialism: The Celtic Fringe in British National Development 1536-1966*),伯克利:1975年。对这一题目的讨论另见C.史密斯:《区域经济体系:地理模型与社会经济问题的联系》("Regional Economic Systems: Linking Geographical Models and Socioeconomic Problems"),见史密斯编:《区域分析·第1卷·经济体系》(*Regional Analysis*, vol. 1: *Economic Systems*),第51—58页。

间中的(不均匀也不平衡的)扩张,这一扩张自核心区内部向外部区域传播,贯穿于从精英团体到非精英部分的整个社会结构中。大体来说,辛亥革命将浙江核心区内部精英和部分非精英卷入政治变革;1920年代的民族主义运动将上述群体和外部区域精英引向政治变革的前沿;共产主义运动则使外部区域非精英进入政治变革进程中。可以说,20世纪初的几十年是中国社会政治化的重要起始阶段。

附录 A　分析单位

　　区域研究（zonal approach）使用基于自然经济结构的区域系统模型，而政治研究中最常见的分析单位则是行政区划——省、府、县和乡镇。我的研究表明，个人和家庭的社会政治认同大部分基于所处政治行政单位。税收通常以县为单位核算、征收；选举以县或府为单位举行。旅外精英组织的会馆（native place association）以县、府或省命名：行政单位是这个重要的精英联系场所的底层构造。

　　我的实证研究表明，这种对行政单位的认同并非徒有其表；自然经济单位（交易系统）之间不存在某种隐性的超越政治关系的联系。比如，分析省内政治合作与同盟的合适单位应是府而非较大城市贸易系统（greater city trading systems）。尽管很多府城同时也是较大城市，但各个府管辖的区域与贸易区覆盖的地域并不完全一致，一些县或县的一部分，行政上属于一府管辖，但经济上从属于府城以外另一个较大城市的贸易范围。在所有我见到的政治与经济中心不一致的案例中，精英的政治取向（political orientation)都取决于行政中心所在地（府城）。以下是几个具有启发性的案例。

宁海县绝大部分地区和天台县（台州府）的部分地区都属于宁波的较大城市贸易区；事实上，宏观区域的（macroregional）"边界"将这些地区与台州府城分割开来。但行政区域内出现政治派别和同盟时，他们并不支持宁波的派别：支持屈映光的台州派系中最大力量之一来自这些县。对于宁海大规模建设的三门湾项目，部分最主要的反对者来自宁波，而最有力的支持者则是来自宁海和台州的精英。总之，没有证据表明较大城市贸易区具有政治意义。

尽管余姚在经济上从属于宁波较大城市贸易区，但他们的精英在省内政治上是绍兴（他们家乡所属的府）事务的代言人。浦江大量贸易商沿浦阳江顺流而下，穿过诸暨，进入浦江所在贸易区的较大城市（也是地区都会）杭州；但浦江精英的政治归属却是金华府。金衢严处同乡会的发展和运作，是在政治利益下形成的四府联合。这恰恰与地区体系模式（regional systems model）的预期高度相反。金衢严处同乡会将来自四个大区的精英聚集在一起。他们联合的目标值得注意。1927年初，这一同乡会成为浙江省内一股政治力量，担当先锋的是府城（金华）的精英，而不是较大城市兰溪（属金华府）的精英。

让我们的分析转向县级以下，寿昌乡镇经济上从属于兰溪县城，但精英却是寿昌县寡头精英中的重要力量。嘉兴府和湖州府的濮院、乌青两镇分属多个行政县，同一城镇的精英被迫按县界划分，参与不同县的政治活动。建立城乡自治区域时，精英划定的自治区域经常与贸易区域不尽相同。

还有一个更高经济层面的例子同样具有启发性。长江下游地区的三个地区都会（regional metropolises）分别为南京、上海、杭州。经济上,嘉兴府的一部分地区不属于杭州的都会贸易体系(metropolitan trading system),而是属于上海。湖州府则全部属于杭州的体系。但在政治世界中,从属关系变换了。湖州的精英密切地参与上海的事务,而嘉兴的精英则成为杭州的主要政治领导人。

我并不想暗示政治精英和经济精英在两个相互独立的世界里活动。很多时候他们是一个群体,至少他们之间存在交流。重要的是地区体系模式(regional systems model)和中心地理论(central place theory)不能回答所有问题。不使用模式分析城市化、人口、经济结构等问题是愚蠢的,但将模式的每个观点套用进所有问题同样愚蠢。我不认为模式的所有假设或观点都需要被套用(甚至被接受),以此来凸显模式广泛的实用性和启发性。模式提供见解,提供分析工具,而不应成为束缚。区域发展模式建立在资本主义、自我调节的市场、以大都市圈为终极目标(ultimately project megalopolis)这些基础之上;这一模式迄今为止在分析中国经济和社会上成效显著,尽管它并不"适用"于此。[①] 区域分析的核心——边缘观念一直是我的区域研究范畴中一件至关重要的学术工具。但史料表明,完全套用区域分析模式的全部理论并不适合这一研究。

最后,县一级的研究最终还是差强人意;各县之内的发展存在明显差异。然而,探究县级以下的乡镇或贸易交流,就面临缺乏可利用的县以下资料这一阻碍。我认为,县一级的研究可以为发展模式提供综合性看法。

[①] 赛明思(Marwyn S. Samuels):《评〈中华帝国晚期的城市〉》,《亚洲研究期刊》1978年8月第37卷,第713—723页。

附录 B 县级分类数据

由于统计数据缺乏,尚未有一个正确或令人绝对满意的县级分类方法。我尝试使用过因子分析(factoranalysis)等替代统计方法;但没有一种统计方法产生有意义的变量模型。我认为我使用的方法为县级研究提供了一个合理且一致的模式。下表显示了四种类别各自的变量值。

类别	每平方公里人口密度	金融机构指数	邮政等级
1	316—750	4.37—12.09	1,2
2	189—295	1.99—3.84	3,4
3	103—178	0.14—1.68	5,6
4	0—92	0	7,8,9

人口密度、金融机构两个变量,划分类别的依据是每个类别连续排序中最显著的断档。

将各府县划入四种区域类别时,我将一府中总排名第三至五名的县放入核心区内部,第六至八名的县为核心区外部,第九到十一名为边缘区内部,第十二名及以下为边缘区外部。下表列出原始数据和排名。

县名	级别	人口密度	邮政等级	金融机构指数
核心区内部				
杭县	111	750	1	8.13
鄞县	111	462	1	12.09
海宁	111	525	1(2)[a]	6.77
绍兴	111	446	1(2)	8.31
嘉善	111	481	1(2)	6.81
定海	121	358	2(4)	6.60
镇海	111	399	1(2)	7.05
萧山	121	482	2(4)	6.19
平湖	111	475	1(2)	6.30
慈溪	122	316	2(4)	3.44
嘉兴	112	393	1(2)	3.84
桐乡	111	386	1(2)	6.19
黄岩	122	376	2(4)	3.46
德清	121	376	2(4)	8.11
海盐	121	342	2(4)	4.37
余姚	111	447	1(2)	4.51
永嘉	211	197	1(2)	5.77
上虞	122	424	2(4)	1.99
吴兴	111	319	1(2)	6.83
临海	212	216	1(2)	2.31
核心区外部				
乐清	233	295	3(5)	0.79
兰溪	222	283	2(3)	3.15
诸暨	233	241	3(5)	1.57
瑞安	223	269	2(3)	0.93
温岭	142	526	4(8)	2.34
崇德	142	485	4(8)	2.16

续表

县名	级别	人口密度	邮政等级	金融机构指数
玉环	143	321	4(8)	0.52
平阳	133	327	3(5)	0.15
嵊县	232	198	3(5)	3.48
金华	232	200	3(5)	2.89
新昌	212	195	4(8)	2.95
象山	222	191	2(4)	3.35
奉化	341	178	4(8)	11.25
余杭	331	160	3(5)	4.45
富阳	322	154	2(4)	2.81
衢县	321	137	2(3)	5.00
桐庐	323	106	2(4)	0.94
龙游	332	154	3(5)	2.32
长兴	341	138	4(8)	4.80
常山	332	110	3(5)	2.35
边缘区内部				
义乌	243	290	4(7)	1.24
东阳	243	215	4(8)	0.45
建德	423	72	2(3)	1.67
新登	342	112	4(8)	2.24
天台	343	175	4(8)	1.58
浦江	243	189	4(8)	0.86
缙云	344	140	4(8)	0
安吉	333	116	3(5)	1.14
丽水	333	103	3(5)	1.68
青田	434	92	3(5)	0
开化	442	53	4(8)	2.62
永康	244	264	4(7)	0
江山	343	133	4(7)	0.37

198

续表

县名	级别	人口密度	邮政等级	金融机构指数
武义	343	108	4(7)	1.06
宁海	343	124	4(7)	0.90
仙居	343	106	4(8)	0.47
武康	334	111	3(5)	0
南田	344	132	4(8)	0
汤溪	344	129	4(8)	0
寿昌	344	108	4(8)	0
淳安	442	83	4(8)	2.09
边缘区外部				
松阳	444	81	4(7)	0
临安	444	86	4(8)	0
遂昌	444	57	4(8)	0
宣平	444	81	4(8)	0
庆元	444	45	4(9)	0
龙泉	444	45	4(9)	0
景宁	444	46	4(9)	0
昌化	444	54	4(7)	0
分水	444	60	4(8)	0
於潜	444	64	4(8)	0
孝丰	444	75	4(8)	0
遂安	444	84	4(8)	0
泰顺	444	84	4(8)	0
云和	444	63	4(8)	0

资料来源：人口密度出自官蔚蓝主编《中华民国行政区划及土地人口统计表》；邮政等级出自《中国省别全志：浙江省》，第386—395页；金融机构指数出自《中国实业志·浙江省》第9册，第28—68,78—100页；《浙江财政月刊》，1912年2月第8卷，第59a—61a页，1918年1月第12卷，第54a—65a页；《浙江金融业概览》；《中国省别全志：浙江省》，第796—881页。

附录 C 方法论和资料来源相关问题

我收集精英名字、地位、社会背景和社会政治联系的方法，主要通过细查所有能获得的地名词典，逐日翻阅以下几种报纸：1909 至 1927 年年中的上海《时报》、1923 至 1927 年的《申报》、1910 至 1913 年的《民立报》、1917 年的《中华新报》、1921 至 1923 年年中的北京《顺天时报》。遗憾的是，我无法获得这段时间的浙江报纸。

自治机构以外的精英组织，如商会、教育会、农会，理论上可以提供一个可供比较的框架——在不同的区域和县，这些组织的生存和隶属都存在极大差异。自治机构内的精英则可以提供一个很好的比较参照，因为通常任何自称是当地领导者的人都会或多或少地参与自治机构。为了更好地估计自治机构的精英在精英总体中的重要地位，我详细地研究了在这一时期编纂了地方志的县（四个区域均有分布）。我尤其注意自治机构的领导人及其亲属，他们在掌控一县非自治机构职能（non-self-government functions）中的比重。对于 1900 至 1927 年的材料，本研究关注点包括：商会董事；教育会和农会负责者；地方军事组织的发起者与领导者；慈善和救济事业资助人；学校创建者；公共工程，包括水利灌溉工程、堤防、疏浚水道的发起人。

本研究表明，在经济较发达的两个地区，现存有地方志的县中，五分之二至一半以上（42%～56%）的重要的非自治机构职能由自治机构的精英或其亲属掌握。① 相比之下，在经济较不发达的两个地区，73%～85%的重要的非自治机构职能由自治机构的精英或亲属执掌。② 统计误差的存在可能会降低自治机构人员及其亲属的实际重要性。部分地方志中人物传记与籍贯信息的缺乏，使我们很难判断同一乡镇且同姓的人是否存在亲缘关系。在这种情况下，我没有将这些人归入自治机构成员的亲属之中，尽管他们事实上可能与自治机构成员出自相同的宗族。即使存在可能使统计数字减小的误差，统计结果仍然表明，在四种区域里，相对少数的自治机构成员掌握了相当多的县内政治权力，包括他们直接掌控的和由亲属掌控的。当把自治职权加入统计时，这些人掌控的权力显然只增不减。

统计数据表明在经济欠发达地区，与自治机构相关联的精英，其职权范围比经济较发达地区大得多。较发达地区精英权力较弱的一种可能的解释是，当地精英较少注重参与自治机构。这种现象说明，我们在分析地方权力精英总貌时，应更多地注意未参与自治机构的精英。因此，我在研究核心区精英时，将更大的权重放于报纸和地方志中的非自治机构部门章节。

那么，在核心区，哪些人可能行使了另外44%～58%的地方

---

① 所涉及区域包括镇海、德清、余姚、衢县、象山，以及除县城外的濮院、双林、新塍、乌青等市镇。
② 涉及的县为丽水、宣平、寿昌、新登、遂安、松阳、汤溪、昌化。

职权？他们很可能具有士绅和非士绅的自治机构精英地位：年富力强，可能是实力强大的商人或地主。他们凭借财富和声望为社会提供救济、公共工程和军事防御。如象山的林永怀，获得廪生功名，任县农会和商会会长，并建立了几所县级学校。① 或如衢县孔庆仪这样的领袖人物，他是一位绅商，担任商会会长，倡导教育，兴办灌溉工程，领导禁烟运动，还建成了一家电力公司。② 最后一个例子是新昌县的张殿华，他是生员，也是一个学校的建设者。③ 行使非自治机构职能的精英是具有同样特征的一群人，他们有着与自治机构的精英相似的背景和职能范围。总之，我认为分析自治机构的精英，为获得一县内行使重要职能的精英特性提供了总体上相当接近真实的假设。

然而，几个严重的资料来源问题，使得自治机构的统计数据仅能在提出假说这一研究的最初阶段发挥作用。第一，编纂地方志的县所占比重太小，远不足以获得可靠的人口数据统计结果。现存的地方志仅覆盖了一个区域全部县的24%（边缘区内部）～43%（边缘区外部）。不过，我认为还有其他可以用于研究20世纪初地方政治社会动态的数据和资料。下表显示了现存自治机构资料在每个区域的分布情况，以及每件资料中包含的案例（个人）数量。

核心区内部与边缘区的地方志收录并处理了最丰富的精英人物。浙江核心区外部的地方志则极少记录清末民初县级以下自治机构团体的材料。极其幸运的是，对于这一时期浙江核心区外部研究，两部写于1920年代的近代县史，为填补这一空白提供了信息

---

① 《象山县志》首卷3，2b；14；38a；同见于《时报》1913年12月23日。
② 《衢县志》23：63b—64a。
③ 同治《新昌县志》3a；5：62b。

(尽管其中只有一部系统地记载了自治机构成员)。

清末民初县级以下自治机构领导者

区域	县城数量	非行政区划市镇	乡镇	个人
核心区内部	4	8	44	209
核心区外部	1	—	2	7
边缘区内部	3	—	21	132
边缘区外部	4	—	31	184
合计	12	8	98	532

资料来源:同表5—表8。

民国第一届县议会议员(1912—1914)

	县数	人数
核心区内部	4	115
核心区外部	3	70
边缘区内部	4	94
边缘区外部	5	123
合计	16	402

资料来源:同表5—表8。

民国第二届县议会议员(1922—1927)

	县数	人数
核心区内部	3	52
核心区外部	3	56
边缘区内部	3	57
边缘区外部	5	96
合计	14	261

资料来源:同表5—表8。

还有两点值得注意。第一,当存在乡或镇自治机构的领导者,从而产生县级以下数据,县议会就会出现至少两组数据。但这并不会在比较不同县议会时出现大量数据扭曲的风险,因为选举产生的县议会议员一般都是乡或镇精英中最有资格且在职能活动中最活跃的,他们是县以下团体中的领导者。在社会背景和职能分析中,我并未发现有证据表明,乡镇机构领导者与县议员之间存在普遍的不同之处。

第二,除了极少数现存的地方志,大量资料本身的来源就增加了假说的不确定性。地方志上精英及其出身背景的资料在广度和深度上往往并不均衡。让那些生活在20世纪初期社会的学生非常感兴趣的传统功名——生员和监生——通常没有系统地编写在地方志内。考虑到地方志中的有功名者名单没有系统地覆盖全部获得功名的人,我扩展阅读了地方志的所有章节来搜集相关信息。但可以肯定的是,有两类精英都拥有低等级的功名:一类是功能性精英(没有留下功名、文凭或家族关系的相关记载),另一类是以自治机构成员身份留存于史册的精英。每个区域功名获得者的数量很可能会随当地人口总数成比例地增长;但因为任何一个地区取得功名的人数都没有出现明显的偏移,比如几个县志记载的生员多于或少于通常的数量,我猜测这种增长只是相对的。

总而言之,我认为这些资料来源问题虽然使得许多结论不够有力,但不会全盘颠覆基于实证研究的有依据的假说。即使这些数据只能用于初步提出假说,但在中国精英研究的起步阶段,假说本身就是有价值的。

参考文献

为方便读者起见,《辛亥革命》《辛亥革命回忆录》《革命人物志》《革命文献》《各省光复》等主要文集,按书名而非编者或作者姓名首字母排列;"中国国民党中央委员会党史史料编纂委员会",在出版者或编者中以"党史会"指代。

R. 阿拉普洛(Alapuro, Risto):《芬兰的国家建设与政治生态》(Statemaking and Political Ecology in Finland),载 Z. 姆利纳、H. 特恩(Zdravko Mlinar and Henry Teune)编:《社会生态学的变革》(The Social Ecology of Change),加利福尼亚州贝弗利山:世哲出版公司,1978年。

《保定军校通讯录》(Graduates of the Baoding Military Academy),1922年。

巴斯蒂(Bastid, Marianne):《变革的社会背景》(The Social Context of Reform),载柯文、石约翰(Paul Cohen and John Schrecker)编:《19世纪中国的变革》(Reform in Nineteenth Century China),马萨诸塞州剑桥:哈佛大学出版社,1976年。

白蒂(Beattie, Hilary):《中国的土地与宗族》(Land and Lineage in China),剑桥:剑桥大学出版社,1979年。

白吉尔(Bergere, Marie-Claire):《中国资产阶级与辛亥革命》(La bourgeoisie chinoise et la revolution de 1911),巴黎:穆顿出版集团,1968年;

——.《资产阶级的角色》(The Role of the Bourgeoisie),载芮玛丽

（Mary Wright）编：《中国革命的第一阶段：1900—1913》(*China in Revolution：The First Phase，1900‐1913*)，康涅狄格州纽黑文：耶鲁大学出版社，1968年。

包华德（Boorman, Howard L.）主编：《民国名人传记辞典》全4册(*Biographical Dictionary of Republican China．4 vols*)，纽约：哥伦比亚大学出版社，1970年。

海思波（Broomhall, Marshall）编著：《中华帝国：总情与传教调查》(*The Chinese Empire：A General and Missionary Survey*)，伦敦：摩根与斯科特出版社，1907年。

布鲁纳特、哈盖尔斯特洛姆（Brunnert, H. S. and V. V. Hagelstrom）：《中国清末政治组织》(*Present Day Political Organization of China*)，上海：别发印书馆，1912年。

曹聚仁：《我与我的世界》(My world and I)，香港，1971年。

贾永吉（Cartier, Michel）：《16世纪中国的一个地方性改革：海瑞在淳安，1558—1562》(*Une reforme locale en Chine an XVIe siecle：Hai Jui a Ch'un-an，1558‐1562*)，巴黎：穆顿出版集团，1973年。

陈锦江（Chan, Wellington K. K.）：《清末现代企业与官商关系》(*Merchants, Mandarins, and Modern Enterprise in Late Ch'ing China*)，马萨诸塞州剑桥：哈佛大学出版社，1977年。

张仲礼（Chang Chung-li）：《中国绅士的收入》(*The Income of the Chinese Gentry*)，西雅图：华盛顿大学出版社，1962年。

张灏（Chang Hao）：《梁启超与中国思想的过渡：1890—1907》(*Liang Ch'i-ch'ao and Intellectual Transition in China，1890‐1907*)，马萨诸塞州剑桥：哈佛大学出版社，1971年。

张国焘（Chang Kuo-t'ao）：《中国共产党的兴起，1921—1927》全2卷(*The Rise of the Chinese Communist Party，1921‐1927．2 vols*)，堪萨斯州劳伦斯：堪萨斯大学出版社，1971年。

《昌化县志》(Gazetteer of Changhua County)，1924年。

《陈介石先生年谱》(A chronological biography of Chen Fuchen)，载《瓯风杂志》第6期。

陈守庸：《温州响应武昌起义的亲身经历》(Personal experiences during the response to the Wuchang uprising in Wenzhou)，载《辛亥革命回忆录》第4集，第183—187页。

陈燮枢：《绍兴光复时见闻》(Experiences at the time of the revolution in Shaoxing)，载《近代史资料》1958年第1期，第105—108页。

陈训正辑:《鄞县通志人物编》(A biographical compendium from Yin county),1934年。

《嵊县志》(Gazetteer of Cheng county),1934年。

谢诺(Chesneaux, Jean):《中国劳工运动:1919—1927》(The Chinese Labor Movement, 1919-1927),斯坦福:斯坦福大学出版社,1968年。

戚世皓(Chi, Madeleine):《沪杭甬铁路借款:收回利权运动的一个案例研究》(Shanghai-Hangchow-Ningpo Railway Loan: A Case Study of the Rights Recovery Movement),《现代亚洲研究》(Modern Asian Studies)第7卷(1973年1月),第85—106页。

齐锡生(Ch'i Hsi-sheng):《中国的军阀政治:1916—1928》(Warlord Politics in China, 1916-1928),斯坦福:斯坦福大学出版社,1976年。

蒋梦麟(Chiang Monlin):《西潮》(Tides from the West),纽黑文:耶鲁大学出版社,1947年。

周策纵(Chow Tse-tsung):《五四运动史》(The May Fourth Movement),斯坦福:斯坦福大学出版社,1960年。

褚辅成:《浙江辛亥革命纪实》(An account of the 1911 revolution in Zhejiang),《各省光复(中)》,第114—121页。

瞿同祖(Ch'u T'ung-tsu):《清代地方政府》(Local Government in China under the Ch'ing),马萨诸塞州剑桥:哈佛大学出版社,1962年。

柯慎思(Cole, James H.):《绍兴:清代社会史研究》(Shaohsing: Studies in Ch'ing Social History),斯坦福大学博士学位论文,1975年。

《作者回应评论》(Comments from Authors Reviewed),载《近代中国》(Modern China)第2卷(1976年4月),第185—220页。

葛德石(Cressey, George B.):《中国浙江的地形》(The Land Forms of Chekiang, China),《美国地理学家协会年鉴》(Annals of the Association of American Geographers)第28卷(1938年),第259—276页。

库里枢(Crissman, Lawrence W.):《台湾彰化平原市镇演变系统的特殊中心地模式》(Specific Central-Place Models for an Evolving System of Market Towns on the Changhua Plain, Taiwan),载卡罗尔·史密斯(Carol A. Smith)编:《区域分析·第1卷·经济体系》(Regional Analysis. vol. 1, Economic Systems),纽约:学术出版社,1976年。

罗伯特·达尔(Dahl, Robert A.):《权力》(Power),载《国际社会科学百科全书》(International Encyclopedia of the Social Sciences),纽约:麦克米伦出版社,1968年。

《岱山镇志》(A gazetteer of Daishan town),1919年。

队克勋(Day, Clarence Burton):《之江大学》(*Hangchow University*),纽约:中国基督教大学联合委员会,1955年。

《海关十年报告:1912—1921》(*Decennial Reports, 1912-1921*),上海:海关总税务司,1921年。

《德清县志》(Gazetteer of Deqing county),1923年。台北1970年重印。

《定海县志》(Gazetteer of Dinghai county),1924年。

《归国留美学生名录》(Directory of American Returned Students),载上海密勒氏评论报(The China Weekly Review)编《中国名人录》第3版(*Who's Who in China. 3rd*),1925年。

《东方杂志》(*The Eastern Miscellany*),上海,1904—1927年。

易劳逸(Eastman, Lloyd):《流产的革命》(*The Abortive Revolution*),马萨诸塞州剑桥:哈佛大学出版社,1974年。

路易斯·艾丁格(Edinger, Lewis J.):《政治领导的比较分析》(The Comparative Analysis of Political Leadership),载《比较政治》(*Comparative Politics*)第7卷(1975年1月),第253—269页。

《编辑前言》(Editorial Foreword),《社会与历史比较研究》(*Comparative Studies in Society and History*)第20卷(1978年4月),第175—176页。

S. N. 艾森斯塔特(Eisenstadt, S. N.):《政治现代化:一些比较观点》(Political Modernization: Some Comparative Notes),《国际比较社会学杂志》(*International Journal of Comparative Sociology*)第7卷(1964年3月),第3—24页。

伊懋可(Elvin, Mark):《市镇与水道:1480—1910年的上海县》(Market Towns and Waterways: The County of Shanghai from 1480 to 1910),载施坚雅(G. William Skinner)编:《中华帝国晚期的城市》(*The City in Late Imperial China*),斯坦福:斯坦福大学出版社,1977年。

周锡瑞(Esherick, Joseph W.):《辛亥革命研究述评》(1911: A Review),《近代中国》第2卷(1976年4月),第141—184页;

——.《改良与革命》(*Reform and Revolution in China*),伯克利:加利福尼亚大学出版社,1976年。

房兆楹:《清末民初洋学学生题名录初辑》(A preliminary summary of Chinese students abroad during the late Qing and early Republic),台北,1962年。

费谷祥:《浙西治螟概况及进行方针》(A description of Northern Zhejiang's insect control and movement toward progress),《中华农学会报》

第 15 卷(1926 年 3 月),第 13—27 页。

费敬仲(笔名沃丘仲子):《当代名人小传》(Brief biographies of contemporary famous men. 2 vols),上海,1926 年。香港 1973 年重印。

《奉化县志》(Gazetteer of Fenghua county),1908 年。

费维恺(Feuerwerker, Albert):《中国早期工业化》(China's Early Industrialization),马萨诸塞州剑桥:哈佛大学出版社,1958 年。

傅因彻(Fincher, John):《中国的地方自治运动,1900—1912》(The Chinese Self-Government Movement, 1900-1912),华盛顿大学博士学位论文,1969 年;

——.《中国的土地所有制:来自 1930 年代广东山地的初步证据》(Land Tenure in China: Preliminary Evidence from a 1930s Kwangtung Hillside),《清史问题》(Ch'ing-shih wen-t'i)第 3 卷(1978 年 11 月),第 69—81 页。

莫里斯·弗里德曼(Freedman, Maurice):《前言》(Introduction),载弗里德曼编:《中国社会的家庭和亲属关系》(Family and Kinship in Chinese Society),斯坦福:斯坦福大学出版社,1970 年。

爱德华·弗里德曼(Friedman, Edward):《倒向革命》(Backward toward Revolution),伯克利:加利福尼亚大学出版社,1974 年。

藤井正夫(Fujii Masao):《清末江浙的铁路问题和资产阶级力量的一个侧面》(清末、江浙における铁路問題とブルジョア勢力の一側面),《历史学研究》第 183 号(1955 年),第 22—30 页。

葛伯纳、葛瑞黛(Gallin, Bernard and Rita S. Gallin):《台北乡村移民的融合》(The Integration of Village Migrants in Taipei),载伊懋可、施坚雅编:《两个世界之间的中国城市》(The Chinese City between Two Worlds),斯坦福:斯坦福大学出版社,1974 年。

《澉志补录》(A continuation of the Ganpu town gazetteer),1935 年。

高越天(Gao Yuetian):《沈定一先生的一生》(The life of Shen Dingyi),《浙江月刊》1972 年第 4 卷第 3 期,第 5—8 页;第 4 卷第 4 期,第 8—13 页。

S. S. 加勒特(Garrett, Shirley S):《商会和中国基督教青年会》(The Chambers of Commerce and the YMCA),载伊懋可、施坚雅编:《两个世界之间的中国城市》,斯坦福:斯坦福大学出版社,1974 年。

葛敬恩:《辛亥革命在浙江》(The 1911 revolution in Zhejiang),载《辛亥革命回忆录》第 4 集,第 91—126 页。

葛绥成:《浙江》,上海,1939 年。

克利福德·格尔茨(Geertz, Clifford):《综合革命》(The Integrative Revolution),载格尔茨编:《旧社会与新国家》(Old Societies and New

States),纽约:自由出版社,1963年。

《革命人物志》(Records of revolutionary personalities),党史会编,台北,1969年。

《革命文献》(Documents on the revolution),党史会编,台北,1953年。

《现代中国人名鉴》(Biographical dictionary of contemporary Chinese),日本外务省情报部编,东京,1928年。

《现代中国人名录》(Biographical dictionary of contemporary Chinese),日本外务省情报部编,1912年11月,SP47.美国国会图书馆藏日本外务部缩微档案,Reel SP 10,第89—543页。

《各省光复》全3册(The revolution in the provinces),台北,1962年。

葛平德(Golas,Peter):《清代早期的会馆》(Early Ch'ing Guilds),载施坚雅编:《中华帝国晚期的城市》,斯坦福:斯坦福大学出版社,1977年。

顾士江:《萧山乡土志》(A gazetteer of Xiaoshan),1933年。

官蔚蓝编:《中国行政区划及土地人口统计表》(Statistical tables of population by administrative division and land area),台北,1956年。

《国立北京大学纪念刊》(A commemorative publication for National Beijing University)1917年,全2卷。台北1971年重印。

《海宁州志稿》(Draft gazetteer of Hainingzhou),1917年。

D.C.哈马克(Hammack,David C.):《美国城镇权力历史研究中的问题,1800—1960》(Problems in the Historical Study of Power in the Cities and Towns of the United States. 1800‐1960),《美国历史评论》(American Historical Review)第83卷(1978年4月),第323—349页。

《杭县律师公会报告录》(Reports of the Hang county lawyers' association),1919年。

《杭州府志》(Gazetteer of Hangzhou prefecture),1911年。

郝延平(Hao Yen-p'ing):《十九世纪中国的买办》(*The Comprador in Nineteenth Century China*),马萨诸塞州剑桥:哈佛大学出版社,1970年。

波多野善大(Hatano Yoshihiro):《辛亥革命前的农民起义》(辛亥革命直前に於ける農民一揆),《东洋史研究》1954年第13卷第1—2期,第77—106页。

何炳松:《浙江小学教育的现状及其罪人》(Elementary education in Zhejiang and its detractors),《教育杂志》第16卷(1924年9月),第1—6页。

J.J.希菲(Heaphey,James J.):《发展管理的空间方面》(Spatial Aspects of Development Administration),载希菲编:《发展管理的空间维度》(*Spatial Dimensions of Development Administration*),北卡罗来纳州达

勒姆:杜克大学出版社,1971年。

迈克尔·赫克特(Hechter, Michael):《内部殖民主义:不列颠民族国家发展中的凯尔特边缘地区(1536—1966)》(*The Celtic Fringe in British National Development, 1536 - 1966*),伯克利:加利福尼亚大学出版社,1975年。

G. A. 海格(Heeger, Gerald A.):《政治一体化:旁遮普省的社区、政党与一体化》(The Politics of Integration: Community, Party, and Integration in Punjab),芝加哥大学博士学位论文,1971年;

——.《政治欠发达》(*The Politics of Underdevelopment*),纽约:圣马丁出版社,1974年。

何炳棣(Ho Ping-ti):《明初以降人口及其相关问题,1368—1953》(*Studies on the Population of China, 1368 - 1953*),马萨诸塞州剑桥:哈佛大学出版社,1959年;

——.《中国会馆史论》(A historical survey of Landsmannschaften in China),台北,1966年。

化鲁:《地方自治与乡村运动》(Local self-government and the village movement),《东方杂志》第19卷(1922年3月25日),第1—2页。

市古宙三(Ichiko Chuzo):《士绅的作用:一个假说》(The Role of the Gentry: An Hypothesis),载芮玛丽编:《中国革命的第一阶段:1900—1913》,康涅狄格州纽黑文:耶鲁大学出版社,1968年;

——.《近代中国的政治与社会》(近代中国の政治と社会),东京,1971年;

——.《乡绅与辛亥革命》(郷紳と辛亥革命),载《近代中国的政治与社会》,第331—360页。

《建德县志》(Gazetteer of Jiande county),1919年。

江天蔚:《辛亥革命后松阳的一次剪辫斗争》(A fight over queue-cutting in Songyang after the 1911 revolution),载《辛亥革命回忆录》第4集,第203—204页。

建设委员会调查浙江经济所编:《杭州市经济调查》(An investigation of the economy in the municipality of Hangchow. 2 vols),杭州,1932年。台北1971年重印。

《嘉兴新志》(A new gazetteer of Jiaxing county),1929年。台北1970年重印。

《近代史资料》(Materials on modern Chinese history),中国科学院历史研究所第三所选编,北京,1954—1961年。

《景宁县续志》(Continuation of the gazetteer of Jingning county),1933年。台北1970年重印。

曼素恩(Jones, Susan Mann):《上海的宁波帮及其财力》(The Ningpo Pang and Financial Power at Shanghai),载伊懋可、施坚雅编:《两个世界之间的中国城市》,斯坦福:斯坦福大学出版社,1974年。

曼素恩、孔飞力(Jones, Susan M., and Philip A. Kuhn):《清王朝的衰落与叛乱的根源》(Dynastic Decline and the Roots of Rebellion),载费正清编:《剑桥中国晚清史 1800—1911年》(上卷)(The Cambridge History of China, vol. 10, Late Ch'ing, 1800 - 1911, Part Ⅰ),剑桥大学出版社,1978年。

E.肯沃西(Kenworthy, Eldon):《拉丁美洲政治发展中的联盟》(Coalitions in the Political Development of Latin America),载S.格罗宁斯(Sven Groennings)等编:《联盟行为学研究》(The Study of Coalitional Behavior),纽约:霍尔特-莱因哈特-温斯顿出版公司,1970年。

小岛淑男(Kojima Yoshio):《清末民初浙江省嘉兴府周边的农村社会》(清末民国初期における浙江省嘉興府周辺の農村社会),载东京教育大学东洋史研究室编:《山崎先生退官纪念东洋史学论集》,东京,1966年;

——.《清末民初江南的农民运动》(清末民国初期・江南の農民運動),载《历史教育》第16卷(1968年)第1—2期,第116—124页。

孔飞力(Kuhn. Philip A》):《中华帝国晚期的叛乱及其敌人》(Rebellion and Its Enemies in late Imperial China),马萨诸塞州剑桥:哈佛大学出版社,1970年;

——.《民国时期的地方自治:控制、自治与动员》(Local Self-Government under the Republic: Problems of Control, Autonomy, and Mobilization),载魏斐德等编:《中华帝国晚期的冲突与控制》(Conflict and Control in Late Imperial China),伯克利:加利福尼亚大学出版社,1975年。

来伟良:《浙军光复杭州和驰援南京亲历记》(A personal account of the Zhejiang army at Hangchow in the 1911 revolution and the rapid assistance at Nanjing),载《辛亥革命回忆录》第4集,第152—160页。

M.J.利维(Levy, Marion J. Jr.):《现代化模式(结构)和政治发展》(Patterns [Structures] of Modernization and Political Development),《美国政治与社会科学院年鉴》(Annals of the American Academy of Political and Social science)第358卷(1965年3月),第30—40页。

卢其敦(Lewis, Charlton M.):《中国革命的序幕》(Prologue to the Chinese Revolution),马萨诸塞州剑桥:哈佛大学出版社,1976年。

李剑农（Li Chien-nung）：《中国近百年政治史，1840—1928》(*The Political History of China, 1841-1928*)，邓嗣禹(Teng Ssu-yu)、J.英格尔(Jeremy Ingalls)译，新泽西州普林斯顿：范·诺斯特兰出版社，1956年。

李明珠(Li, Lillian)：《江南与丝绸外销，1842—1937》(Kiangnan and the Silk Export Trade, 1842-1937)，哈佛大学博士学位论文，1975年。

W. R. 利德尔（Liddle, William R.）：《种族、政党与民族融合》(*Ethnicity, Party, and National Integration*)，纽黑文：耶鲁大学出版社，1970年。

林传甲：《大中华浙江省地理志》(A gazetteer of Zhejiang province)，上海，1918年。

林端辅：《宁波光复亲历记》(A personal account of the revolution in Ningpo)，载《辛亥革命回忆录》第4集，第174—182页。

《临安县志》(Gazetteer of Linan county)，1910年。

凌颂如：《湖社沧桑录》(A record of major changes in the Huzhou society)，台北，1969年。

《临海县志》(Gazetteer of Linhai county)，1935年。

J. J. 林兹、D. 阿曼多(Linz, Juan J., and DeMiguel Amando)：《国家内部差异与比较："八个西班牙"》(Within-Nation Differences and Comparisons: The Eight Spains)，载 R. 麦瑞特、S. 罗坎（Richard Merritt and Stein Rokkan)编：《比较国家：定量数据在跨国研究中的使用》(*Comparing Nations: The Use of Quantitative Data in Cross-National Research*)，纽黑文：耶鲁大学出版社，1966年。

《丽水县志》(Gazetteer of Lishui county)，1926年。

刘王惠箴(Liu, Hui-chen Wang)：《传统中国的族规》(*The Traditional Chinese Clan Rules*)，纽约州洛克斯特瓦利：亚洲研究协会，1959年。

刘广京(Liu Kwang-ching)：《19世纪中国：旧秩序解体与西方冲击》(Nineteenth-Century China: The Disintegration of the Old Order and the Impact of the West)，载何炳棣、邹谠编：《危机中的中国》(*China in Crisis*)全2册，芝加哥：芝加哥大学出版社，1968年。

刘寿林：《辛亥以后十七年职官年表》(A list of officials from 1912 to 1928)，北京，1966年。

《龙游县志》(Gazetteer of Longyu county)，1925年。台北1970年重印。

《路桥志略》(Annals of Luqiao)，1935年。

吕公望：《辛亥革命浙江光复纪实》(An account of the 1911 revolution

in Zhejiang),载《近代史资料》1954年第1期,第114—117页。

吕月屏:《回忆辛亥革命时期的几件事和处州光复经过》(Recollections of a few things in the period of the 1911 revolution and experiences during the revolution in Chuzhou),载《辛亥革命回忆录》第4集,第196—199页。

马济生口述、董巽观记录:《嘉兴光复记略》(A brief summary of the revolution in Jiaxing),载《近代史资料》1958年第2期,第67—68页。

马叙伦:《陶成章之死》(The death of Tao Chengzhang),载《辛亥革命(一)》,第520页;

——.《关于辛亥革命浙江省城光复记事的补充资料》(Supplementary material on the 1911 revolution in the provincial capital of Zhejiang),载《近代史资料》1957年第1期,第47—57页;

——.《我在辛亥这一年》(My activities in 1911),载《辛亥革命回忆录》第1集,第170—179页。

毛虎侯:《辛亥革命在丽水》(The 1911 revolution in Lishui),载《辛亥革命回忆录》第4集,第200—202页。

A.麦克唐纳(McDonald, Angus):《农村革命的城市起源》(*The Urban Origins of Rural Revolution*),伯克利:加利福尼亚大学出版社,1978年。

《梅里备志》(A prepared gazetteer from Wangdian town [Jiaxing county]),1922年。

《民立报》(The People's Stand),1911—1913年。台北1969年重印。

Z.姆利纳(Mlinar, Zdravko):《社会生态学理论转型:从平衡到发展》(A Theoretical Transformation of Social Ecology: From Equilibrium to Development.),载Z.姆利纳、H.特恩编:《社会生态学的变革》(*The Social Ecology of Change*),加利福尼亚州贝弗利山:世哲出版公司,1978年。

Z.姆利纳、H.特恩编:《社会生态学的变革》(*The Social Ecology of Change*),加利福尼亚州贝弗利山:世哲出版公司,1978年;

——.《理论、方法、调查与应用:评估与未来方向》(Theory, Methodology, Research, and Application: Assessment and Future Directions),载Z.姆利纳、H.特恩编:《社会生态学的变革》,加利福尼亚州贝弗利山:世哲出版公司,1978年。

墨悲:《江浙铁路风潮》(*Agitation over the Jiangsu-Zhejiang railroad*),上海,1907年。台北1958年重印。

村松祐次(Muramatsu Yuji):《清代绅士地主的土地和官职:浙江省永康县胡氏义田》(清代の绅士—地主における土地と官職——浙江省永康縣胡民試費義田をめぐって),《一桥论丛》第44卷(1960年12月),第698—

726页;

——.《清末民初江南地主制的文献研究》(A Documentary Study of Chinese Landlordism in the late Ch'ing and early Republican kiangnan),《伦敦大学亚非学院学报》(*Bulletin of the School of Oriental and African Studies*)第29卷(1966年)第3部分,第566—599页。

墨菲(Murphey, Rhoads):《上海——现代中国的钥匙》(*Shanghai: Key to Modem China*),马萨诸塞州剑桥:哈佛大学出版社,1953年。

中村恒(Nakamura Tsune):《清末江浙农村社会反对学堂设立的一个侧面》(清末學當設立を回繞る江浙農村社會の一斷面),《历史教育》1962年第10卷第11期,第72—85页。

《南田县志》(Gazetteer of Nantian county)1930年。台北1970年重印。

《南田山志》(Gazetteer of Nantianshan),1935年。

《南浔志》(Gazetteer of Nanxun city),1922年。

黎安友(Nathan, Andrew J.):《北京政治,1918—1923》(*Peking Politics, 1918-1923*),伯克利:加利福尼亚大学出版社,1976年。

美国国家档案馆:《十年档案,1910—1929:中国内政》(Decimal File, 1910-1929: China, Internal Affairs),缩微档案:M-329。

《宁波国民尚武分会旬报片断》(Selections from the newspaper of the Ningbo Citizens' Martial Society),载《近代史资料》1961年第1期,第543—548页。

《北华捷报》(*North China Herald and Supreme Court and Consular Gazette*),上海,1907—1927年。

R. A. 奥伯(Orb, Richard A.):《晚清直隶的学堂与其他学校:一项制度考察》(Chihli Academies and Other Schools in the Late Ch'ing: An Institutional Survey),载柯文、石约翰编:《19世纪中国的变革》,马萨诸塞州剑桥:哈佛大学出版社,1976年。

黄庆澜:《瓯海观政录》(A record of governmental matters in Ouhai circuit),1921年。台北重印。

潘光旦:《明清两代嘉兴的望族》(Notable lineages in Jiaxing during the Ming and Qing periods),上海,1947年。

《平阳县志》(Gazetteer of Pingyang county),1925年。台北1970年重印。

佩福来(Playfair, G. M. H.):《中国的城镇》(*The Cities and Towns of China*)第二版,上海:别发印书馆,1910年。

J. M. 波特(Potter, Jack M.):《传统中国的土地与宗族》(Land and

Lineage in Traditional China)，载弗里德曼编:《中国社会的家庭和亲属关系》，斯坦福:斯坦福大学出版社，1970年。

R. D. 帕特南(Putnam, Robert D.):《政治精英的比较研究》(The Comparative Study of Political Elites)，新泽西州恩格尔伍德克利夫斯:普伦蒂斯霍尔出版社，1976年。

《濮院志》(Gazetteer of town of Puyuan)，1927年。

邱寿铭:《湖州光复回忆》(Recollections of the restoration at Huzhou)，载《辛亥革命回忆录》第4集，第167—169页。

《衢县志》(Gazetteer of Qu county)，1929年。

屈映光:《屈巡按使巡视两浙文告》4卷(Reports of inspection trips of Civil Governor Qu through Zhejiang)。

《全国银行年鉴》(National banking yearbook)，上海，1935年。

冉玫烁(Rankin, Mary Backus):《浙江的革命运动:关于传统的韧性的研究》(The Revolutionary Movement in Chekiang: A Study in the Tenacity of Tradition)，载芮玛丽编:《中国革命的第一阶段:1900—1913》，康涅狄格州纽黑文:耶鲁大学出版社，1968年；

——.《早期的中国革命者:上海与浙江的激进知识分子，1902—1911》(Early Chinese Revolutionaries, Radical Intellectuals in Shanghai and Chekiang, 1902-1911)，马萨诸塞州剑桥:哈佛大学出版社，1971年；

——.《1900年以前浙江的地方改革浪潮》(Local Reform Currents in Chekiang before 1900)，载柯文、石约翰编:《19世纪中国的变革》，马萨诸塞州剑桥:哈佛大学出版社，1976年；

——.《城乡连续性:两个浙江市镇的主导家族》(Rural-Urban Continuities: Leading Families of Two Chekiang Market Towns)，《清史问题》第3卷(1977年11月)，第67—104页。

《贸易统计与贸易报告》(Returns of Trade and Trade Reports)，上海:海关总税务司，1896—1927年。

路康乐(Rhoads, Edward J. M.):《广东的商会，1895—1911》，载伊懋可、施坚雅编:《两个世界之间的中国城市》，斯坦福:斯坦福大学出版社，1974年；

——.《中国的共和革命》(China's Republican Revolution)，马萨诸塞州剑桥:哈佛大学出版社，1975年。

阮性存:《阮性存遗稿》(A draft of the writings of RuanXincun)全4卷，载阮毅成编:《阮荀伯先生遗集》(The works of RuanXunbo)全2册，台北，1970年。

阮毅成:《读浙江制宪史》(Studying a history of Zhejiang constitutions),《胜流半月刊》1946年11月16日第4卷;

——.《政言》(Political Essays),台北,1955年;

——.《记褚辅成先生》(Remembering Chu Fucheng),《传记文学》第16卷第6期(1970年),第37—40页。

L. L. 鲁道夫、S. H. 鲁道夫(Rudolph, Lloyd I. and Susanne H. Rudolph):《传统的现代性》(*The Modernity of Tradition*),芝加哥:芝加哥大学出版社,1967年。

赛明思(Samuels, Marwyn S.):《评〈中华帝国晚期的城市〉》(Review Article: *The City in Late Imperial China*),《亚洲研究期刊》(*Journal of Asian Studies*)第37卷(1978年8月),第713—723页。

《关于山东问题的排日状况》(山東問題に関する排日状況),第2、3辑,上海,1919、1920年。

佐藤三郎(Sato Suburo)编:《民国之精华》(Biographies of members of the National Assembly, 1912-1913),台北重印,无时间。

L. F. 施诺(Schnore, Leo F.):《社会形态与人类生态》(Social Morphology and Human Ecology),《美国社会学期刊》(*American Journal of Sociology*)第63卷(1958年5月),第620—634页。

萧邦奇(Schoppa, R. Keith):《四川地方精英的组成与职能,1851—1874》(The Composition and Functions of the Local Elite in Szechwan, 1851-1874),《清史问题》第2卷(1973年11月),第7—23页;

——.《浙江的政治与社会,1907—1927》(Politics and Society in Chekiang, 1907-1927: Elite Power, Social Control, and the Making of a Province),密歇根大学博士学位论文,1975年;

——.《浙江的地方自治,1909—1927》(Local Self-Government in Zhejiang, 1909-1927),《近代中国》第2卷(1976年10月),第503—550页;

——.《省与国:浙江联省自治运动,1917—1927》(Province and Nation: The Chekiang Provincial Autonomy Movement, 1917-1927),《亚洲研究期刊》第36卷(1977年8月),第661—674页;

——.《湘湖地区的发展:精英与政府的融合,1903—1926》(The Development of the Lake Xiang Region: Elite and Government Interaction, 1903-1926),尚未出版。

上海宏文图书馆编:《江浙战史》(A history of the war between Jiangsu and Zhejiang)第一册,上海,1924年。

《绍兴县志资料第一辑》(A compilation of materials for a gazetteer of Shaoxing county),1937年。

《申报》,上海,1923—1949年(缩微胶卷)。

沈钧儒:《辛亥革命杂忆》(Miscellaneous recollections of the 1911 revolution),载《辛亥革命回忆录》第1集,第138—143页。

沈亦云:《亦云回忆》(Remembrances of Shen Yiyun),《传记文学》1964年第4卷第6期,第29—34页;

——.《亦云回忆》(Remembrances of Shen Yiyun),全2册,台北,1968年。

沈宗瀚:《克难苦学记》(An account of overcoming hardship through diligent study),台北,1954年。

薛立敦(Sheridan, James):《冯玉祥的一生》(*Chinese Warlord: The Career of Feng Yu-hsiang*),斯坦福:斯坦福大学出版社,1966年;

——.《分裂的中国:中国历史上的民国》(*China in Disintegration: The Republican Era in Chinese History 1912 – 1949*),纽约:自由出版社,1975年。

《时报》,上海,1909—1937年(缩微胶卷)。

斯波义信(Shiba Yoshinobu):《宁波及其腹地》(Ningpo and Its Hinterland),载施坚雅编:《中华帝国晚期的城市》,斯坦福:斯坦福大学出版社,1977年。

《中国省别全志:浙江省》(*A gazetteer of all provinces of China*),东亚同文会编,第13卷,东京,1919年。

《寿昌县志》(Gazetteer of Shouchang county),1930年。台北1970年重印。

《双林镇志》(Gazetteer of Shuanglin town),1917年。

《顺天时报》(The Shuntian Times),北京,1920—1923年。

斯道卿:《浙军十八年的回忆录》(Recollections of eighteen years in the Zhejiang army),载《近代史资料》1957年第2卷,第76—93页。

D. 希尔斯(Sills, David):《自发组织:社会学视角》(Voluntary Associations; Sociological Aspects),载《国际社会科学百科全书》,纽约:麦克米伦出版社,1968年。

施坚雅(Skinner, G. William):《中国农村的市场和社会结构》(Marketing and Social Structure in Rural China),《亚洲研究期刊》第24卷(1964年11月、1965年2月);

——.《中华帝国晚期的流动策略:区域系统分析》(Mobility Strategics in Late Imperial China: A Regional Systems Analysis),载史密斯编:《区域

分析·第 1 卷·经济体系》,纽约:学术出版社,1976 年;

——.《城市与地方体系层级》(Cities and the Hierarchy of Local Systems),载施坚雅编:《中华帝国晚期的城市》,斯坦福:斯坦福大学出版社,1977 年;

——.《导言:清代中国的城市社会结构》(Introduction: Urban Social Structure in Ch'ing China),载施坚雅编:《中华帝国晚期的城市》,斯坦福:斯坦福大学出版社,1977 年;

——.《华北的社会生态与制约力量》(Social Ecology and the Forces of Repression in North China),未刊会议论文,1979 年。

C. A. 史密斯(Smith, Carol A.):《区域社会系统分析》(Analyzing Regional Social Systems),载史密斯编:《区域分析·第 2 卷·社会体系》(Regional Analysis, vol. 2, social systems),纽约:学术出版社,1976 年;

——.《精英间的交换系统与空间分布:农业社会的组织分层》(Exchange Systems and the Spatial Distribution of Elites: The Organization of Stratification in Agrarian Societies),载史密斯编:《区域分析·第 2 卷·社会系统》,纽约:学术出版社,1976 年;

——.《区域经济体系:地理模型与社会经济问题的联系》(Regional Economic Systems: Linking Geographical Models and Socioleconomic Problems),载史密斯编:《区域分析·第 1 卷·经济体系》,纽约:学术出版社,1976 年。

《松阳县志》(Gazetteer of Songyang county),1926 年。

《遂安县志》(Gazetted of Suian county),1930 年。台北 1974 年重印。

孙任以都(Sun E-tu Zen):《1908 年沪杭甬铁路借款》(The Shanghai Hangchow-Ningpo Railway Loan of 1908),《远东季刊》(Far Eastern Quarterly)第 10 卷(1950—1951 年),第 136—150 页。

《汤溪县志》(Gazetteer of Tangqi county),1931 年。

R. H. 托尼(Tawney, R. H.):《中国的土地和劳动》(Land and Labor in China),波士顿:灯塔出版社,1966 年重印。

寺木德子(Teraki Tokuko):《清末民初的地方自治》(清末民国初年の地方自治),《御茶水史学》第 5 卷(1962 年),第 14—30 页。

H. 特恩(Teune, Henry):《发展和领土政治体系》(Development and Territorial Political Systems),《国际社区发展评论》(International Review of Community Development)第 33—34 卷(1975 年),159—172 页;

——.《政治干预的发展生态学》(TheDevelopmental Ecology of Political Intervention),载 Z. 姆利纳、H. 特恩编:《社会生态学的变革》(The

Social Ecology of Change），加利福尼亚州贝弗利山：世哲出版公司，1978年。

H.特恩、Z.姆利纳（Teune, Henry and Zdravko Mlinar）：《发展和参与》（Development and Participation），载F. C.布鲁恩（F. C. Bruhns）等编：《地方政治、发展和参与》（Local Politics, Development and Participation），匹兹堡：国际研究中心，1974年；

——.《社会体系的发展逻辑》（The Developmental Logic of Social Systems），加利福尼亚州贝弗利山：世哲出版公司，1974年。

惕微：《光复汤邑小史》（A brief account of the revolution in Tangqi city），载《辛亥革命（七）》，第159—160页。

C.蒂利（Tilly, Charles）：《旺代》（The Vendee），马萨诸塞州剑桥：哈佛大学出版社，1964年；

——.《西方国家建构和政治转型理论》（Western State-Making and Theories of Political Transformation），载氏编：《西欧民族国家的形成》（The Formation of National States in Western Europe），普林斯顿：普林斯顿大学出版社，1975年。

D. C.蒂普斯（Tipps, Dean C.）：《现代化理论与社会比较研究批判》（Modernization Theory and the Comparative Study of Societies: A Critical Perspective），《社会与历史比较研究》（Comparative Studies in Society and History）第15卷（1973年3月），第199—226页。

东亚同文书院（East Asian Language School）编：《中国经济全书》（Complete studies of the economy of China）全4册，大阪，1907年。

蔡竟怀（Ts'ai Ching-huai）：《浙江的电话规划》（Telephone Scheme in Chekiang），《中国经济杂志》（Chinese Economic Journal）第8卷（1931年5月），第520—521页。

董霖（Tung, William L.）：《近代中国的政治制度》（The Political Institutions of Modern China），海牙：马丁努尼霍夫出版社，1968年。

魏斐德（Wakeman, Frederic, Jr.）：《中华帝国的衰落》（The Fall of Imperial China），纽约：自由出版社，1975年。

I.沃勒斯坦（Wallerstein, Immanuel）：《现代世界体系》（The Modern World-System），纽约：学术出版社，1976年。

王微编：《孝丰志稿》（A draft gazetteer of Xiaofeng county），台北，1974年。

王梓良：《嘉属革命先进人士及各县光复情形》（The leaders of the revolution around Jiaxing and the situation of "restoration" in each county in

Jiaxing),《浙江月刊》第 2 卷第 2 期(1969 年),第 12—13 页;

——.《尽瘁桑梓的褚辅成先生》(The incessantly active career of our local Mr. Chu Fucheng,《浙江月刊》第 2 卷第 3 期(1969 年),第 11 页;

——.《百年悲欢话嘉兴》(Speaking of a century of sorrow and joy at Jiaxing),《浙江月刊》第 1 卷第 7 期(1969 年),第 10—11 页;

——.《浙西抗战纪略》(An account of northern Zhejiang in war against Japan),台北,1973 年。

华璋(Watt, John R.):《中华帝国晚期的县官》(The District Magistrate in Late Imperial China),纽约:哥伦比亚大学出版社,1972 年。

魏颂唐:《浙江经济纪略》(An account of the Zhejiang economy),上海,1929 年。

文公直:《最近三十年中国军事史》(A history of Chinese military affairs in the last thirty years)全 2 册,台北,1962 年。

《中国名人录》第 5 版(Who's Who in China, 5th),上海密勒氏评论报编,1936 年。

伍德海(Woodhead, H. G. W.)编:《中华年鉴》(The China Year Book),天津:天津出版社,1912—1922 年。

芮玛丽(Wright, Mary C.):《导言:变革浪潮的兴起》(Introduction: The Rising Tide of Change),载芮玛丽编:《中国革命的第一阶段:1900—1913》,康涅狄格州纽黑文:耶鲁大学出版社,1968 年。

《乌青镇志》(Gazetteer of Wu-Qing town),1936 年。

《五四时期期刊介绍》全 3 册(Introduction to the periodicals of the May Fourth period. 3 vols),北京,1958—1959 年。

项士元:《浙江新闻史》(A history of journalism in Zhejiang),1930 年。

《湘湖调查报告书》(Report of the investigation of Lake Xiang),1927 年。

《象山县志》(Gazetteer of Xiangshan county),1926 年。

《萧山湘湖续志》(A continuation of the Lake Xiang gazetteer from Xiaoshan county),1927 年。

《萧山湘湖志》(Gazetteer of Lake Xiang in Xiaoshan county),1925 年。

《萧山县志稿》(Draft gazetteer of Xiaoshan county),1935 年。

《新奉化》(New Fenghua),1922 年。

《新昌县志》(Gazetteer of Xinchang county),1919 年。台北 1970 年重印。

《新塍镇志》(Gazetteer of Xincheng town),1916 年。

《新登县志》(Gazetteer of Xindeng county),1922 年。台北 1970 年

重印。

《辛亥革命》(The revolution of 1911),中国史学会主编,柴德赓等编,全8册,上海,1956年。

《辛亥革命回忆录》(Recorded recollections of the revolution of 1911),中国人民政治协商会议全国委员会文史资料研究委员会编,全5集,北京,1961—1963年。

徐宝山:《浙江省》(Zhejiang province),上海,1933年。

许炳堃:《杭州光复之夜的一次官绅紧急会议》(An urgent meeting of officials and gentry on the eve of the Hangchow revolution),载《辛亥革命回忆录》第4集,第165—166页。

徐鹤林:《江山社会状态》(Social conditions in Jiangshan county),《学生杂志》第9卷(1922年4月),第64—68页。

《宣平县志》(Gazetteer of Xuanping county),1934年。台北1974年重印。

杨祚昌编:《游杭纪略》(A sketch for traveling to Hangchow),杭州,1924年。

杨格(Young, Ernest):《总统袁世凯》(*The Presidency of Yuan Shih-k'ai*),安娜堡:密歇根大学出版社,1977年。

于达:《杨善德入浙故事》(The account of the entrance of Yang Shande into Zhejiang),《浙江月刊》第2卷第10期(1970年),第16页。

余烈:《於潜乡工地理大纲初稿》(Major elements of an initial draft of a gazetteer of Yuqian county),1934年。

余日宣、魁格雷(Yui, Stewart and Harold S. Quigley)翻译:《浙江省宪法》(The Provincial Constitution of Chekiang),《中国社会及政治学报》(*Chinese Social and Political Science Review*)第6卷(1921—1923年),第114—142页。

《余姚兰塘乡千金湖浚垦志略》(An account of the dredging and development of Qianjin Lake in Lantang township, Yuyao county)。

《余姚六仓志》(Gazetteer of Yuyao county),1920年。

张篁溪:《光复会领袖陶成章革命史》(The revolutionary activities of Restoration Society leader Tao Chengzhang),《辛亥革命(一)》,第521—529页。

张朋园:《立宪派与辛亥革命》(The constitutionalists and the 1911 revolution),台北,1969年。

张其昀:《浙江省史地纪要》(Historical geography of Zhejiang

province),上海,1925 年;

——.《论宁波建设省会之希望》(On the hopes of Ningpo's becoming provincial capital),《史地学报》第 3 卷(1925 年 5 月),第 1—17 页。

张效巡:《浙江辛亥革命光复记事》(An account of the 1911 revolution in Zhejiang),《近代史资料》1954 年第 1 期,第 118—124 页。

赵金钰:《苏杭甬铁路借款和江浙人民的拒款运动》(The Shanghai-Hangchow-Ningpo Railway loan and the opposition to the loan by the people),《历史研究》1959 年第 9 期,第 51—60 页。

《浙江财政月刊》(Zhejiang Financial Monthly),1917 年 7 月—1918 年 12 月。

《浙江潮》(Tides of Zhejiang),东京,1903 年。台北 1968 年重印。

浙江军四十九旅司令部:《浙军杭州光复记》(An account of the Zhejiang army at the Hangchow revolution),载《各省光复(中)》,第 131—145 页。

《浙江新志》(New gazetteer of Zhejiang),1936 年。

《浙江月刊》(Zhejiang Monthly),1968 年至今。

《镇海县志》(Gazetteer of Zhenhai county),1931 年。

《镇海县新志备稿》(A prepared draft of a new gazetteer of Zhenhai county),1924 年。

钟丰玉:《光复杭州回忆录》(Recollections of the revolution in Hangchow),《近代史资料》1954 年第 1 期,第 89—103 页。

《中国实业志·浙江省》(Gazetteer of Chinese Industry—Zhejiang province),实业部国际贸易局编,上海,1933 年。

《中华新报》(The China News),上海,1917 年。台北 1970 年重印。

周起渭:《乐清辛亥革命史料》(Historical materials on the 1911 revolution in Luoqing),载《辛亥革命回忆录》第 4 集,第 188—195 页。

周亚卫:《光复会见闻杂忆》(Miscellaneous recollections of the Restoration Society),载《辛亥革命回忆录》第 1 集,第 624—636 页。

《传记文学》(Biographical literature),台北,1963 年至今。

《诸暨概观》(Views of Zhuji county),诸暨民报社编,1925 年。

《竹林八圩志》(A gazetteer of the town of Zhulin [Jiaxing county]),1932 年。

《最近官绅履历汇录》(A directory of recent gentry and officials),北京,1920 年。台北 1971 年重印。

索 引

Agriculture associations, 6, 35, 38 – 39, 87, 118, 136, 172
All-interests' federations, 76
Alumni associations, 74, 100
American Baptist Missionary Union, 107
Anchang (town), 62, 82
Anji county, 31, 62, 105, 120, 121
Athletic meets, 76, 100, 134

Bamboo Merchants Guild, 31
Banditry, 120, 151, 152
Bankers' associations, 35
Baoding Military Academy, 10, 67, 123 – 124
Baoding Military Institute, 147
Baohe township (Xuanping county), 129

Baojia, 6, 111
Beijing, 56, 67, 113, 121
Beijing University, 67, 113, 122
Boundaries: natural, 16, 23; self-government districts, 81 – 83; meaning of, 128 – 129, 188; between Nantian and Xiangshan counties, 236n12
British-American Tobacco Company, 63, 74, 156

Cao Juren, 22, 27, 114
Cao Kun, 76, 166, 180
Career patterns, 187; and level of development, 52 – 54; inner core elites, 56 – 58, 67 – 71; outer core elites, 95 – 98; inner periphery elites, 112 – 115; military elites and the middle zones, 122 – 124;

321

outer periphery elites, 130–132, 134–135; and military schools attended, 146; of provincial assemblymen, 159–165; of Guomindang leaders, 181–182, 184–185. *See also* Elites

Cha Renwei, 182

Chambers of commerce, 6, 35, 152; differences across zones, 35–37; level of expenditures, 37; and nationalism, 37, 73; roles in the inner core, 65–66, 80, 92; in the inner periphery, 118, 125; in the outer periphery, 136, 138, 139

Chang Chung-li, 59

Changbei township (Changhua county), 129

Changhua county, 23, 129, 130, 132, 135, 136, 138, 173

Changshan county, 22

Changxing county, 106

Changyue township (Shouchang county), 129

Charity, 92–93, 103–104, 122, 134, 136, 137

Chen Fuchen, 147, 169

Chen Huang, 177–178

Chen Qicai, 184

Chen Qimei, 149, 150

Chen Shanying, 116

Chen Shixia, 146

Chen Xihao, 184

Chen Xiong, 183

Chen Zaiyan, 47–48

Chen Zihao, 56

Cheng Bingpan, 125

Cheng county, 69, 99, 106, 156

Chenglu Club, 171–174, 175, 176

Chiang Kai-shek, 64, 72, 149, 166, 181, 186

China Inland Mission, 107

Chu Fucheng, 58, 93–94, 146, 147, 179

Church Missionary Society, 107, 108

Chuzhou prefecture, 128, 175

Ciqi county, 155

Coalitions, 76, 158, 171–174

Cong Nengshu, 57

Constitutional convention (1924), 178–181

Core zones: and mode of development, 24; self-government organs in, 32, 55, 117; education associations in, 37; lineages in, 48–49, 50; *gongsheng* degree-holders in, 52; missionaries in, 107–108; school construction in, 121; and institutionalization, 186. *See also* Inner core and Outer core

County assembly: composition, 32–33; relations with executive board, 34, 85–86; and subcounty self-government bodies, 84–85; roles in outer core, 101–102; and nationalism, 109; in the inner periphery, 113–114, 115–118; in the outer periphery, 130, 132–135

County executive board, 33, 85 – 86
County oligarchy, 116 – 118, 130 – 134, 139, 187

Dai Yan, 52
Daishan island, 31, 50 – 51
Deqing county, 49, 56, 154
Development zones, 6, 16 – 18, 193, 196, 211n22. *See also* specific zones
Dewey, John, 77
Ding Meisun, 182
Dinghai county, 31, 50, 81, 89, 105; role of agriculture association, 39; founders of county utilities, 65
Dongting (town), 130
Dongyang county, 119; workers' native place association, 182 – 184
Duan Qirui, 11, 171

Ecological complex, 16
Economic development, 166; definition, 16; mode of, 23 – 24, 188 – 189; relation to political development, 24 – 26; in the inner core, 61 – 66, 84; in the outer core, 101, 104 – 107; in the inner periphery, 115, 118, 124 – 125; in the outer periphery, 135 – 136
Education associations, 6, 35, 37 – 38, 109, 118 – 119
Education bureaus, 38, 58
Education promotion office, 32, 87

Elites, 3 – 5; definition, 5, 6, 59 – 66; and political development, 6, 7 – 8, 189 – 190; and native place associations, 29 – 30; and self-government bodies, 31 – 34, 81 – 86, 113 – 114, 115 – 118, 132; and agriculture associations, 38 – 39; lineage as base for, 48 – 52, 110 – 112, 130, 188; career patterns, 51, 52 – 54, 56 – 58, 62 – 63, 95 – 98, 113 – 115, 134 – 135; nature and role of lower elites, 54 – 56; and county magistrate, 78 – 81, 102 – 103, 111, 118, 132, 134, 137, 140; mining entrepreneurs, 104 – 105; in provincial assemblies, 159 – 166; factions and coalitions, 171 – 174; JQYC elites, 175 – 178, 183 – 185; in the 1911 Revolution, *see* Revolution of 1911. *See also* Career patterns and specific zones

Factions, 76, 158, 169 – 170
Fang Bingxing, 141
Fang Yinhua, 141
Fatuan, *see* Professional associations
Federation of County Assemblies, 167 – 168
Federation of County Education Associations, 38
Federation of Zhejiang Professional Associations, 168
Feng Guozhang, 171

Fenghua county, 29, 31, 95, 100, 156; agriculture association, 39; graduates of Fourth Provincial Normal School, 96; self-government budget (1923), 101 – 104; dike-building case in, 102 – 103

Fenshui county, 141

Financial institution index, 17, 196 – 198, 210n20

Fourth Provincial Normal School, 96

Freedman Maurice, 48

Fu Tinggui, 114

Fuyang county, 29, 98, 108, 181

Fuzhou, 76

Gan Shixin, 139

Ganpu (town), 83, 89

Gao Erdeng, 147

Gazetteers, 200 – 202

Gentry, 59, 61 – 63, 97 – 98, 115, 149 – 151, 160, 164. See also Elites

Gentry-merchant, 60 – 63, 97 – 98, 115, 140, 149 – 151

Golas, Peter, 30

Grand Canal, 19, 25

Gu Naibin, 146

Gu Songqing, 66

Guilds, 8, 30 – 31, 35

Guilin, see Tang Shouqian

Guomindang, 70 – 76, 77, 166, 167, 168; lawyers in, 69; role in establishment of newspapers, 98; ideals, 181, 189; formation and development, 181 – 182; victory of right wing, 183 – 185

Gushi (town), 130

HJHNS bloc, 171 – 174, 178 – 181

Haimen, 21, 29, 181

Haining county, 32, 93, 126

Haiyan county, 56, 83, 84, 93, 94

Han Baohua, 179 – 180, 182, 183

Hang county, 92, 93, 96, 105

Hangchow (city), 19, 76, 84, 105, 107, 113, 115, 150, 152, 169, 194; native place associations in, 27 – 29; late Qing reforms in, 56; composition of city council (1910 – 1911), 61; clashes with suburban interests, 61 – 62, 81; utility company managers, 62, 64; professional associations, 66, 69, 77; athletic meet, 73; workhouse, 92; Revolution of 1911 in, 145 – 149; Guomindang organization in, 181 – 182

Hangchow General Labor Union, 183 – 184

Hangchow Silk Guild, 31

Hangzhou prefecture, 13, 19, 91, 93, 161

Hechter, Michael, 189

Ho Ping-ti, 52, 161

Hong Chenglu, 125 – 127

Hong Dao, 131

Hong Weiguang, 125 – 126

Hong Xicheng, 116

Hu Bingliu, 176 – 177

Huang Qinglan, 128
Huang Weishi, 184
Huangyan county, 19 – 21, 28, 56
Huizhou (Anhui), 19, 23, 105 – 106, 138
Huzhou Association, 29
Huzhou prefecture, 13, 19, 51, 91, 120, 182; commercial orientation, 28, 194; the 1911 Revolution in, 150

Ichiko Chūzō: hypothesis on self-government membership, 54; debate with Mary Wright, 241 – 242n74
Inner core: military elites in, 10 – 12, 122 – 124; aspects of, 18 – 21; development of modern enterprise in, 24 – 26, 50 – 52, 62 – 66, 84; native place associations in, 27 – 29; local self-government, 32 – 34, 81 – 88; elite-magisterial relation, 33, 78 – 81, 187; professional associations, 35, 37 – 39, 65 – 66, 87 – 88; lineages in, 48 – 52; career patterns in, 51 – 52, 56 – 58, 114; voluntary associations in, 72 – 77, 187; issues of decision making, 88 – 94; relationship to outer zones, 95 – 96, 104 – 107, 168, 171, 176 – 177, 184 – 185, 189 – 190; missionaries in, 107; and the Revolution of 1911, 149 – 151, 155 – 156; provincial assembly elites from, 163 – 165; leadership nodes and competition, 168 – 171; elite coalitions, 171 – 174
Inner periphery, 21; native place associations from, 28 – 29; professional associations in, 35, 118 – 119; career patterns, 110 – 115, 122 – 124, 125 – 127; local self-government in, 115 – 118; county oligarchy in, 116 – 118; voluntary associations in, 119; social disorder and its effects, 119 – 122; outsiders in, 124 – 125; elites rise in provincial prominence, 183 – 185
International Famine Relief Commission, 63, 77, 93

Japan, 56, 67, 113
Japan Army Officers Academy, 10, 146
Jiande county, 22 – 23, 105, 138, 152, 176
Jiang Bangyan, 171
Jiang-Che-An Silk Association, 30
Jiang Menglin, 184
Jiang Ruiqi, 96
Jiang Zungui, 10, 146, 148 – 149
Jianggan (town), 62
Jiangshan county, 106, 121
Jiashan county, 32, 83, 93, 181
Jinxing (city), 146; guilds, 30 – 31; gentry-merchants and merchants, 61; background of political elites, 63; background of economic elites

(1924), 65; dispute with British and American Tobacco Company, 74; role of city council, 83; outside merchants in, 89

Jinxing county, 51, 76, 179; developmental change in, 24 – 26; self-government in, 34, 58, 78, 79, 86 – 88; professional associations in, 37, 38, 65, 69; voluntary associations, 56, 73, 74; landlords in, 74. 80 – 81; magistrate in, 78; outsiders in, 89; workhouse, 92; insect control, 93 – 94

Jiaxing prefecture, 13, 19, 91, 120, 131, 161, 194; commercial orientation, 28; lineages in, 48; rice borer plague, 93

Jin Yuanao, 65

Jin-Qu-Yan-Chu Association, 30, 175 – 181, 182 – 184, 194

Jingning county, 22, 23, 135, 136, 138

Jinhua county, 69, 95, 98, 100, 105, 108, 129

Jinhua prefecture, 21, 105, 148, 175, 194

Jinyun county, 129, 146, 147

Jiqi county (Anhui), 125, 138

Jones, Susan Mann, 29

Journalism, 71 – 72, 98

Kaihua county, 62

Kong Qingyi, 200

Lake Tai Regional Self-Government Federation, 76, 168

Land tax, 80

Landlords, 39, 55, 74, 80 – 81, 151

Lanqi county, 19, 23, 24, 98, 99, 129, 177, 194; outsiders in, 105 – 106; in May Fourth period, 108

Lawyers' associations, 35, 69, 98

Legal profession, 69

Li Kangguang, 52

Liang Qichao, 8

Lin Yonghuai, 200

Linan county, 153

Lineages: in the inner core, 48 – 52; in the inner periphery, 110 – 112, 125 – 126; in the outer periphery, 130

Ling River, 19

Linghu (town), 136

Linhai county, 19 – 21, 56, 173 – 174, 181

Linpu (town), 65

Lishui county, 112, 117, 119, 124, 129, 141; and outer-ranging students, 113; modern developments, 115, 118; the 1911 Revolution in, 154

Liu Tingxuan, 114, 115

"Local bullies and evil gentry": relation to lower elites, 55; and local officials in the late Qing period, 80; in the provincial assembly, 165, 168

Local self-government: institutional

regulations and development, 31 – 34; in the inner core, 49, 62, 63 – 64, 81, 83 – 88; and voluntary associations, 75; districting, 81 – 83, 188; and outer-core career patterns, 96 – 98; roles in the outer core, 100 – 102; in the inner periphery, 115 – 118; and the JQYC Association, 178; elites and methodological concerns, 199 – 202

Longchuan county, 23, 135

Longyu county, 152

Lower Yangzi region, 16, 23, 125, 170 – 171, 176, 194

Lu Yongxiang, 11, 158, 165, 166, 177

Lu Zhongyue, 97

Lü Fengqiao, 154

Lü Gongwang, 79, 146, 147

Lü Hang tongxianghui, 28 – 29

Luofu (town), 125

Luoqing county, 39, 102, 153

Ma Xulun, 184

Magistrate, 70; roles in local self-government, 32 – 34; and inner core elites, 78 – 81; and outer core elites, 102 – 103; and inner periphery elites, 111, 118; inner periphery roles of, 120, 121; outer periphery roles of, 132, 134, 137, 140

Main, D. Duncan, 108, 159

Mao Guanfeng, 113

Mao Zedong, 189

May Fourth, 57, 58; politicizing effects of, 26, 76, 98, 100, 108, 141; provincial assembly reaction, 165

May Thirtieth incident, 26, 76, 86, 141, 166

Merchants: typology, 61; in the inner core, 63 – 66, 163 – 164; in the outer core, 106; in the inner periphery, 115; in the outer periphery, 138 – 139; in the 1911 Revolution, 150 – 151, 152; in provincial assemblies, 163 – 164, 165

Middle Yangzi region, 175

Military, 10 – 12, 71 – 72, 99, 122 – 124

Militia, 79, 120, 151, 152, 153 – 154, 161, 234n45, 240 – 241n47

Mining, 62, 104 – 106

Missionaries, 107 – 108, 140

Mo Yongzhen, 179

Modern enterprises: in the inner core, 62 – 66, 84; in the outer core, 100 – 101; inner core interests in outer zones, 104 – 107, 158; in the inner periphery, 115 – 118; in the outer periphery, 135 – 136; and provincial assemblies, 166

Modern school graduates, 57 – 58, 66 – 71, 145; from Japan, 56, 67, 113, 148; military, 70, 122 – 124, 145 – 146; in the outer core, 95, 96, 97, 100; in the

inner periphery, 111, 113 – 115, 122 – 124; in the outer periphery, 134 – 135, 140 – 141; in the 1911 Revolution, 145 – 146, 149, 151; in provincial assemblies, 160, 165; in the Guomindang, 182, *See also* Career patterns
Moganshan, 107
Muramatsu Yuji, 112

Nanjing, 23, 148, 149, 194
Nanjing Military Academy, 10, 146
Nantian county, 173
Nanxun (town), 91, 155; gentry and conservancy surtaxes, 91
Nathan, Andrew, 97, 219 – 220n52
National Martial Association, 73
Nationalism, 9, 37, 71, 188; and voluntary associations, 72 – 73, 74, 76; in inner core assemblies, 85 – 86; in the outer core, 108 – 109; in the inner periphery, 119; and the 1911 Revolution, 155 – 156; in provincial assemblies, 159, 161, 163, 166
Native place associations, 8, 27 – 30, 93, 176
New Army, 145 – 146
Ning-Shao, 169, 171, 176
Ningbo prefecture, 19, 89, 91, 93, 173, 193 – 194; native place association, 29; self-government bodies and conservancy, 84; sojourners in Wenchow, 90; the 1911 Revolution in, 150; anti-Hangchow leadership node, 169
Ningguo county (Anhui), 129
Ninghai county, 29, 121, 173, 193 – 194
Ningpo (city), 19, 107, 146, 150, 193
Northern Expedition, 76, 137, 175, 183
Northern Zhejiang Conservancy Council, 91, 176

Ou River, 19, 21, 129
Ouhai circuit, 128
Outer core, 21; professional associations in, 35; lineages in, 48 – 49; career patterns, 52, 95 – 99, 114, 122 – 124; voluntary associations, 100; local self-government in, 100 – 102; and inner core, 104 – 107; nationalism in, 108 – 109; banditry in, 120 – 121; effects of the 1911 Revolution, 156; provincial rise of elites from, 183 – 185
Outer periphery, 21 – 22, 35; elite patterns and trends, 130 – 132, 134 – 135; county oligarchy in, 132 – 134; financial problems, 135 – 138; social disorder, 137 – 138; role of outsiders, 138 – 139
Outsiders, 25, 89 – 90, 104 – 108, 124 – 125, 138 – 139

Pan Bingwen, 141

索 引

Pan Ding, 140
Pan Guangdan, 48
Pan Guanlan, 131
Panama Exposition, 137
Peace Society, 174
Peng Zuling, 69
Peripheral zones; location, 23; and mode of development, 24; self-government in, 32, 113; education in, 37, 121; lineages in, 48; career trends, 114, 187; political development, 119, 186; fiscal problems, 121; outsider merchants in, 124 – 125; and the 1911 Revolution, 156
Pinghu county, 93, 173, 181
Pingyang county, 98
Police, 69 – 70, 99, 118, 119, 121
Political development: definition, 5, 6, 206 – 207n13; aspects of, 6 – 9; and economic development, 24 – 26; lower elites and, 55 – 56; and voluntary associations, 73, 75, 77; in the peripheries, 119, 140 – 141; process of, 189 – 190. *See also* Elites
Political parties, 73 – 74, 100
Population density: and commercialization, 17; and county classification, 196 – 198, 208 – 210n12, 210n15
Postal rank: and commercial development, 17; and county classification, 196 – 198, 210 – 211n21

Professional associations, 6, 34 – 35, 109, 118. *See also* Chambers of commerce; Agriculture association; Education association
Provincial assembly, 158; Qing assembly, 159 – 161; provisional provincial assembly, 161, 163; the 1911 Revolution and assembly profiles, 163 – 164; Republican assemblies, 164 – 166; agenda, 172; assembly elites and native place, 172 – 174
Provincial forces, 120, 148, 152, 240n47
Public Inn, 173, 174, 175
Pujiang county, 22, 114, 121, 194
Puyuan (town), 29, 51, 67, 89, 188, 194

Qi Yaoshan, 11, 165 – 166
Qiantang River, 19, 21, 22, 171, 175
Qinghua University, 67, 122 – 123
Qingtian county, 110 – 112, 117, 121
Qingyuan county, 23
Qiu Jin, 146, 147
Qu (city), 22, 99
Qu county, 22, 104, 106, 108, 140; modernizing developments in, 97; magistrate's roles in, 102; missionaries and the 1900 riot, 107; the 1911 Revolution in, 152
Qu Yingguang, 10, 122, 158; on

329

outsiders, 89, 124; on outer core counties, 104; on inner periphery counties, 110, 121; on outer periphery counties, 128, 135; as factional leader, 170, 173, 193

Qunan county, 23, 117, 121

Quzhou prefecture, 19, 21, 105, 148, 175

Regional development models, 16, 194-195

Restoration Society, 146, 147, 148, 150, 154, 161, 179

Revolution of 1911, 10, 70, 90, 96, 126, 131; effects on inner core elites, 56, 62 – 63, 71, 188; at Hangchow, 145-149; in the inner core, 149 151; in the outer zones, 151 – 154, 188 – 189; significance of, 155 – 157, 163 – 164, 241 – 242n74; Qing assemblymen in, 159; reputation among nonelites, 241n67

Ruan Xingcun, 184

Ruian county, 108, 120-121

Sanmen Bay, 24, 173, 177, 193-194

Schools, 37, 74, 108, 111 – 112, 119, 129; construction in the inner periphery, 121 – 122; in the outer periphery, 135, 137, 141. *See also* Modern school graduates

Shanghai, 19, 21, 25, 28, 67, 83, 105, 113, 115, 146, 147, 148, 150, 167, 194; Ningbo clique in, 29, 169; political operatives in inner core, 73; speakers from after May Thirtieth incident, 109

Shanghai-Hangchow-Ningpo Railway, 9 – 10, 19, 51; developmental effects in Jiaxing county, 24 – 26; nationalization of, 64, 155 – 156; voluntary associations stimulated by, 72 – 73; and outer-core elites, 108

Shangrao (Jiangxi), 19

Shangyu county, 28, 64, 80

Shanyin county, 62, 82

Shaoxing county, 57, 76, 120, 146; power of chamber of commerce in, 66; self-government districting in, 81 – 83; granaries in, 83; as "colonizer" of Zhuji county, 106

Shaoxing prefecture, 19, 89, 91, 93, 120, 194; role of native place association, 28, 30; lineages in, 48, 50; self-government bodies and conservancy, 84; the 1911 Revolution in, 151

Shen Dingyi, 181, 183

Shen Junru, 146, 147

Shen Wenhua, 8

Sheng Bangbian, 50

Sheng Bingwei, 59

Shengze (town), 51

Shopkeepers, 61, 62

Shouchang county, 112, 129, 181, 183, 184; self-government in, 116; oligarchy, 117; post-1927 associations in, 119; outside merchants in, 124 – 125; the 1911 Revolution in, 153, 154

Shuanglin (town), 54, 81, 150 – 151

Silk industry, 63, 64

Skinner, G. William, 16

Social disorder, 119 – 121

Society of Virtue, 172

Songyang county, 130, 132, 154

Southeast Coast region, 16, 19, 23, 128, 170, 176

Suian county, 130, 132, 140, 141, 181; composition of self-government bodies, 54; roles of magistrate in, 134; modern school graduates, 135; financial problems, 137; military extortion in, 137 – 138; commercial situation, 138; the 1911 Revolution in, 153

Sun Chuanfang, 11 – 12, 70, 72, 77, 99, 165, 166, 167, 177, 182

Sun Shiwei, 179

Sun Shouzhi, 113

Sun Yat-sen, 120, 172

Tagore, Rabindrinath, 77

Tai Lake, 19, 120

Taiping Rebellion, 4, 25, 51, 89, 125, 161

Taishun county, 173

Taizhou prefecture, 18, 29, 89, 93, 120, 169, 170, 171, 173, 193; role of native place association, 28; the 1911 Revolution in, 151

Tang Ermin, 105

Tang Shouqian, 147 – 148, 161, 219n46, 222n36; and Guilin, 147

Tangqi county, 22, 112, 121 – 122, 124 – 125, 153

Tao Chengzhang, 148 – 149

Tawney, R. H., 135

Telephone companies, 65

Teng Huajin, 153

Tianjin, 29, 67, 76

Tiantai county, 29, 117, 120, 170, 193

Tianyue township (Shanyin county), 82, 128 – 129

Tilly, Charles, 51

Tong River, 176 – 177

Tong River Conservancy Council, 177

Tongjuan, 47, 64, 163

Tonglu county, 23, 96, 176; entrepreneurial efforts, 105; nationalistic demonstrations, 109; the 1911 Revolution in, 152

Tongmeng hui, 146, 147, 148, 150, 161, 179, 185

Tongxian8 county, 51, 83

Tongxiang hui, 28 – 30

Townships, 23; and lineage distribution in the inner periphery, 112; and natural boundaries, 116, 128 – 129; in the outer periphery, 130

Trading systems, 82, 116, 193 –

195
Tu Chenxiang, 183
Tu Tihua, 173

Units of analysis, 23, 193-195
Utilitarian Cotton Cloth Mill, 113

Voluntary associations, 8, 72-77, 100, 119, 140

Wakeman, Frederic, 8
Wallerstein, Immanuel, 189
Wan He, 131
Wang Binghao, 114
Wang Dexing, 131
Wang Jinfa, 147, 148
Wang Lisan, 131, 135
Wang Shengsan, 156
Wang Tingyang, 179, 184
Wang Xitong, 107
Wangdian (town), 25, 66, 89
Wangjiangjing (town), 81
Water conservancy, 90-92, 176-177
Weekly Association, 174
Wenchow (city), 19, 70, 107; late Qing reforms, 56, 169; and Ningboese sojourners, 90, 106
Wenzhou prefecture, 18-19, 89, 93, 128, 169; the 1911 Revolution in, 150
West Lake, 61; area interests in self-government districting, 81
Women, 73, 76, 119, 167, 248n26
Workers' Association, 182-183

Workhouses, 92, 122, 136, 137
Workmen's Federation, 183-184
Wright, Mary, 145; debate with Ichiko Chūzō, 241-242n74
Wu Baosan, 116
Wu Chengyu, 139
Wu Daonan, 139
Wu Society, 76, 168
Wu Zhiying, 178, 182-183
Wuchang uprising, 146
Wu-Qing (town), 67, 83, 188, 194
Wuxi, 51
Wuxing county, 70, 150
Wuyi county, 117, 119, 121, 129

Xi Bingyuan, 56
Xia Chao, 177
Xiang Lake, 90-91
Xiang Shiyuan: model of developmental elite change, 71-72, 164-165
Xiangshan county, 52, 100, 173; mode of economic development, 24; self-government legitimacy in, 100-101; anti-missionary uprising, 107; the 1911 Revolution in, 152
Xianju county, 120, 121
Xiaofeng county, 31, 135, 138, 139; elite continuity in, 131-132; modernizing developments, 135-136; county factionalism, 141, 173; the 1911 Revoluuon in, 153

Xiaoshan county, 82, 120, 129
Xinan river, 22, 124, 138
Xinchang county, 99, 109, 152 – 153
Xincheng (town), 62, 65, 81
Xindeng county, 39, 114, 115 – 116, 118, 124, 154
Xinhuang (town), 65
Xu Baiyuan, 184
Xu Xilin, 146, 148
Xu Zexun, 177
Xu Zuqian, 158
Xuan Zhonghua, 182
Xuanping county, 22, 52, 130; location, 129; elite oligarchy in, 132 – 134, 140; roles of magistrate in, 134; modern school graduates, 135; county expenditures, 136; financial problems, 137; Workers' Association, 183

YMCA, 77
Yang Shande, 10
Yanzhou, 13, 105, 148, 161, 175
Ye Huanhua, 177, 179
Ye Xiangyang, 131
Ye Zhengrong, 105
Yi county (Anhui), 138
Yin county, 51, 56, 66, 105; assembly and magisterial relations, 78; power of chamber of commerce, 80; serf-government dispute, 84; conservancy in, 90
Yiwu county, 173
Yongfeng township (Xuanping county), 129
Yongjia county, 19, 66, 70, 102, 104, 170, 173
Yongkang county, 112, 119, 154, 173
Yu Linsen, 96
Yu Ruchang, 60
Yu Shichang, 130 – 131
Yuan Shikai, 10, 33, 72, 75, 85
Yuan Zhicheng, 115, 116
Yuhang county, 98, 106, 108
Yuqian county, 135, 138, 141
Yuyao county, 50, 55, 60, 91, 120, 194

Zhang Hao, 183
Zhang Renjie, 184
Zhang Xiaojin, 107
Zhang Yinhua, 200
Zhao Baisu, 183
Zhedong, 13
Zhejiang Entomological Bureau, 93
Zhejiang Industrial School, 71
Zhejiang Military Academy, 111, 146
Zheng Baolin, 115
Zhenhai county, 81; lineages and their roles, 49; elites in, 52, 59 – 60, 63; career patterns, 67; tax protest, 83; self-government dispute, 84; conservancy in, 90
Zhenwu township (Xuanping county), 137
Zhexi, 13, 169, 170, 171
Zhili clique, 180

Zhou Chengtang, 147
Zhou Jirong, 171, 173
Zhou Shiying, 61
Zhou Shu, 173
Zhou Wenfu, 60
Zhou Yongguang, 120, 152 – 153
Zhu Rui, 10, 146, 149, 164, 170
Zhu Wenxing, 141
Zhu Xizu, 56
Zhu Yishi, 113
Zhuang Jingzhong, 97, 106
Zhuji county, 37, 104, 173, 181, 194; native place associations, 29; as "colony" of Shaoxing, 30, 106; professional associations, 39, 109; modernizing developments in, 97 – 98; police in, 98 – 99; voluntary associations, 100; self-government, 101 – 104; magistrate's role, 102; missionary incidents, 108; bandit attacks, 120; effects of the 1911 Revolution, 156

Zones, *see* Development zones

译后记

现在呈现在读者面前的《中国精英与政治变迁：20世纪初的浙江》（原著出版于1982年）是萧邦奇在其博士论文的基础上，出版的第一本学术专著。

萧邦奇，马里兰罗耀拉大学的荣休教授，退休前曾担任该校的亚洲史德勒讲席教授。他于1944年出生于美国南部得克萨斯州的一个农场主家庭，1975年在密歇根大学获得博士学位，师从费维恺（Albert Feuerwerker）和杨格（Ernest Young）。萧邦奇的研究与教学兴趣主要是19、20世纪的中国史，尤其对浙江历史情有独钟，关注于宏观叙事和地方多样性之间的互动。曾出版过多部非常有影响力的著作，包括《苦海求生：抗战时期的中国难民》（Sea of Bitterness: Refugees during the Sino-Japanese War）、《九个世纪的悲歌：湘湖地区社会变迁研究》（Song Full of Tears: Nine Centuries of Chinese Life at Xiang Lake）以及《血路：革命中国中的沈定一（玄庐）传奇》（Blood Road: The Mystery of Shen Dingyi in Revolutionary China）。值得一提的是，《血路》曾在1997年获得亚洲研究协会列文森奖的殊荣。除却学术专著，他还出版过一系列的论文集、资料合编以及教科书。

《中国精英与政治变迁：20世纪初的浙江》是一部颇有创见的著作，它将20世纪初期中国视为政治转型的时期，而不仅仅是政治分裂及建构民族国家的暂时中止，亦将研究视野从经济发达地域，转向了更为广阔的欠发达地区。更有意义的是，该书所建构的"四个浙江"的分析框架，以及所运用的丰富多样的史料、扎实而细致的研究方法，极大地深化了近代浙江的研究。

由于地形和传统行政区域乃至学术流派划分的影响，明清以来学者多将浙江内部区域差异分为浙东、浙西，即宁绍台温处金衢严的浙东和杭嘉湖的浙西。两浙亦成为浙江的别称，如最近浙江图书馆与浙江省社会科学院历史所主办的"两浙名贤——浙江历史名人系列讲座"，即寓此意。这种由历史传统沿袭而下的分析框架，在多种主题下，如浙东学派、浙西词学之类，又如"浙东贵专家，浙西尚博雅"之语，自然是跟历史事实有熨帖之处，但如不假思索地将浙东、浙西之别视为浙江研究的主干乃至全部，则无疑存在极大的风险。

在萧邦奇看来，对于政治变化和发展时期的精英及其功能而言，"浙东与浙西的分野并不能提供一个恰如其分的分析框架，因为这一分野并未考虑区域内部的不同，以及经济与社会变化之于该环境的影响"。他的研究成果，无疑突破了浙东、浙西二分法的窠臼。虽然施坚雅也曾提出了以"城市化"作为考量的分析模型，主要以人口密度为指标，将浙江省分成城市化水平较高的长江下游区域和城市化水平较低的东南沿海一带，但萧邦奇认为此模型过于模糊，不足以反映多样精英结构种类。他根据人口密度、邮政发展程度、金融指数（以典当行和钱庄为衡量标准），将浙江75

个县划分成核心区内部、核心区外部、边缘区内部、边缘区外部,概之为"四个浙江"。继而对每个区域内的行政机构,传统组织如宗族,现代精英制度组织如自治机构、商会、农会、律师公会、教育会,军事机构,现代学校,公共领域如水利、慈善等等进行了具体而微的辨析,从而提炼出相应的四种特征。萧邦奇指出,清末民初几十年浙江省级层面精英的政治角逐,与四个区域特征息息相关。从辛亥革命、1920年代的民族主义运动到共产主义运动,不同的历史进程与不同的区域特性产生共振,而产生不同的政治变迁和政治格局。

虽然从研究主题出发,萧邦奇以县为单位,将浙江分成四个区域,但他敏锐地注意到府这一层面在认识浙江政治变迁上的价值。"分析省内政治合作与同盟的合适单位应是府而非较大城市贸易系统,尽管很多府城同时也是较大城市。"他也清楚地认识到,即使在县域内部,各地发展其实也存在明显的差异性,在他看来,理想的分析单位是乡镇一级,只是他已经尽其所能,但是资料仍明显不够。可见,萧邦奇在使用"四个浙江"分析框架的同时,仍保持强烈的警惕性和自省性。但就其研究主旨而言,四个浙江的分析框架已达到了预期目标。诚如他在附录C所述:"这些资料来源问题虽然使得许多结论不够有力,但不会全盘颠覆基于实证研究的有依据的假说。即使这些数据只能用于初步提出假说,但在中国精英研究的起步阶段,假说本身就是有价值的。"

考虑到众多学者直至今天仍以概貌式或者举例式,又或以浙东、浙西二分法来研究浙江,毫无疑问,萧邦奇在四十年前提出的研究范式仍具有很大的启发意义。

此书初稿翻译分工如下:第一至九章,杨涛羽和徐立望;第十至十二章,李齐;结论及参考文献,肖依依。徐立望对全书译文统稿和修订,李齐承担了审校工作。需要指出的是,初期为了保证翻译的质量,徐立望和杨涛羽对本书前九章各自翻译,结果两个文本姑且不论译语准确与否,单就句式风格而言,已是大相径庭。语境转换之困难,令人生畏;遥想萧邦奇教授当年爬梳大量地方史料,则令人生敬。限于学力,译文当有不少舛误,敬请读者不吝指正。

一本书能够问世,是多人相助的结果。感谢李齐,没有他的督促和支持,译稿完成遥遥无期。感谢浙江大学哲学系王俊兄的推荐,让我与此书结缘。同时也感谢复旦大学博士生吴世平、浙江大学硕士颜扬方在翻译过程中的帮助。编辑卞清波、康海源两位老师为此书的出版倾注了大量的心血,在此表示由衷的感谢。

徐立望

2021 年 7 月 11 日

"海外中国研究丛书"书目

1. 中国的现代化　[美]吉尔伯特·罗兹曼 主编　国家社会科学基金"比较现代化"课题组 译　沈宗美 校
2. 寻求富强:严复与西方　[美]本杰明·史华兹 著　叶凤美 译
3. 中国现代思想中的唯科学主义(1900—1950)　[美]郭颖颐 著　雷颐 译
4. 台湾:走向工业化社会　[美]吴元黎 著
5. 中国思想传统的现代诠释　余英时 著
6. 胡适与中国的文艺复兴:中国革命中的自由主义,1917—1937　[美]格里德 著　鲁奇 译
7. 德国思想家论中国　[德]夏瑞春 编　陈爱政 等译
8. 摆脱困境:新儒学与中国政治文化的演进　[美]墨子刻 著　颜世安 高华 黄东兰 译
9. 儒家思想新论:创造性转换的自我　[美]杜维明 著　曹幼华 单丁 译　周文彰 等校
10. 洪业:清朝开国史　[美]魏斐德 著　陈苏镇 薄小莹 包伟民 陈晓燕 牛朴 谭天星 译　阎步克 等校
11. 走向21世纪:中国经济的现状、问题和前景　[美]D.H.帕金斯 著　陈志标 编译
12. 中国:传统与变革　[美]费正清 赖肖尔 主编　陈仲丹 潘兴明 庞朝阳 译　吴世民 张子清 洪邮生 校
13. 中华帝国的法律　[美]D.布朗 C.莫里斯 著　朱勇 译　梁治平 校
14. 梁启超与中国思想的过渡(1890—1907)　[美]张灏 著　崔志海 葛夫平 译
15. 儒教与道教　[德]马克斯·韦伯 著　洪天富 译
16. 中国政治　[美]詹姆斯·R.汤森 布兰特利·沃马克 著　顾速 董方 译
17. 文化、权力与国家:1900—1942年的华北农村　[美]杜赞奇 著　王福明 译
18. 义和团运动的起源　[美]周锡瑞 著　张俊义 王栋 译
19. 在传统与现代性之间:王韬与晚清革命　[美]柯文 著　雷颐 罗检秋 译
20. 最后的儒家:梁漱溟与中国现代化的两难　[美]艾恺 著　王宗昱 冀建中 译
21. 蒙元入侵前夜的中国日常生活　[法]谢和耐 著　刘东 译
22. 东亚之锋　[美]小R.霍夫亨兹 K.E.柯德尔 著　黎鸣 译
23. 中国社会史　[法]谢和耐 著　黄建华 黄迅余 译
24. 从理学到朴学:中华帝国晚期思想与社会变化面面观　[美]艾尔曼 著　赵刚 译
25. 孔子哲学思微　[美]郝大维 安乐哲 著　蒋弋为 李志林 译
26. 北美中国古典文学研究名家十年文选　乐黛云 陈珏 编选
27. 东亚文明:五个阶段的对话　[美]狄百瑞 著　何兆武 何冰 译
28. 五四运动:现代中国的思想革命　[美]周策纵 著　周子平 等译
29. 近代中国与新世界:康有为变法与大同思想研究　[美]萧公权 著　汪荣祖 译
30. 功利主义儒家:陈亮对朱熹的挑战　[美]田浩 著　姜长苏 译
31. 莱布尼兹和儒学　[美]孟德卫 著　张学智 译
32. 佛教征服中国:佛教在中国中古早期的传播与适应　[荷兰]许理和 著　李四龙 裴勇 等译
33. 新政革命与日本:中国,1898—1912　[美]任达 著　李仲贤 译
34. 经学、政治和宗族:中华帝国晚期常州今文学派研究　[美]艾尔曼 著　赵刚 译
35. 中国制度史研究　[美]杨联陞 著　彭刚 程钢 译

36. 汉代农业:早期中国农业经济的形成　[美]许倬云 著　程农 张鸣 译　邓正来 校
37. 转变的中国:历史变迁与欧洲经验的局限　[美]王国斌 著　李伯重 连玲玲 译
38. 欧洲中国古典文学研究名家十年文选　乐黛云 陈珏 龚刚 编选
39. 中国农民经济:河北和山东的农民发展,1890—1949　[美]马若孟 著　史建云 译
40. 汉哲学思维的文化探源　[美]郝大维 安乐哲 著　施忠连 译
41. 近代中国之种族观念　[英]冯客 著　杨立华 译
42. 血路:革命中国中的沈定一(玄庐)传奇　[美]萧邦奇 著　周武彪 译
43. 历史三调:作为事件、经历和神话的义和团　[美]柯文 著　杜继东 译
44. 斯文:唐宋思想的转型　[美]包弼德 著　刘宁 译
45. 宋代江南经济史研究　[日]斯波义信 著　方健 何忠礼 译
46. 一个中国村庄:山东台头　杨懋春 著　张雄 沈炜 秦美珠 译
47. 现实主义的限制:革命时代的中国小说　[美]安敏成 著　姜涛 译
48. 上海罢工:中国工人政治研究　[美]裴宜理 著　刘平 译
49. 中国转向内在:两宋之际的文化转向　[美]刘子健 著　赵冬梅 译
50. 孔子:即凡而圣　[美]赫伯特·芬格莱特 著　彭国翔 张华 译
51. 18世纪中国的官僚制度与荒政　[法]魏丕信 著　徐建青 译
52. 他山的石头记:宇文所安自选集　[美]宇文所安 著　田晓菲 编译
53. 危险的愉悦:20世纪上海的娼妓问题与现代性　[美]贺萧 著　韩敏中 盛宁 译
54. 中国食物　[美]尤金·N.安德森 著　马孆 刘东 译　刘东 审校
55. 大分流:欧洲、中国及现代世界经济的发展　[美]彭慕兰 著　史建云 译
56. 古代中国的思想世界　[美]本杰明·史华兹 著　程钢 译　刘东 校
57. 内闱:宋代的婚姻和妇女生活　[美]伊沛霞 著　胡志宏 译
58. 中国北方村落的社会性别与权力　[加]朱爱岚 著　胡玉坤 译
59. 先贤的民主:杜威、孔子与中国民主之希望　[美]郝大维 安乐哲 著　何刚强 译
60. 向往心灵转化的庄子:内篇分析　[美]爱莲心 著　周炽成 译
61. 中国人的幸福观　[德]鲍吾刚 著　严蓓雯 韩雪临 吴德祖 译
62. 闺塾师:明末清初江南的才女文化　[美]高彦颐 著　李志生 译
63. 缀珍录:十八世纪及其前后的中国妇女　[美]曼素恩 著　定宜庄 颜宜葳 译
64. 革命与历史:中国马克思主义历史学的起源,1919—1937　[美]德里克 著　翁贺凯 译
65. 竞争的话语:明清小说中的正统性、本真性及所生成之意义　[美]艾梅兰 著　罗琳 译
66. 中国妇女与农村发展:云南禄村六十年的变迁　[加]宝森 著　胡玉坤 译
67. 中国近代思维的挫折　[日]岛田虔次 著　甘万萍 译
68. 中国的亚洲内陆边疆　[美]拉铁摩尔 著　唐晓峰 译
69. 为权力祈祷:佛教与晚明中国士绅社会的形成　[加]卜正民 著　张华 译
70. 天潢贵胄:宋代宗室史　[美]贾志扬 著　赵冬梅 译
71. 儒家之道:中国哲学之探讨　[美]倪德卫 著　[美]万白安 编　周炽成 译
72. 都市里的农家女:性别、流动与社会变迁　[澳]杰华 著　吴小英 译
73. 另类的现代性:改革开放时代中国性别化的渴望　[美]罗丽莎 著　黄新 译
74. 近代中国的知识分子与文明　[日]佐藤慎一 著　刘岳兵 译
75. 繁盛之阴:中国医学史中的性(960—1665)　[美]费侠莉 著　甄橙 主译　吴朝霞 主校
76. 中国大众宗教　[美]韦思谛 编　陈仲丹 译
77. 中国诗画语言研究　[法]程抱一 著　涂卫群 译
78. 中国的思维世界　[日]沟口雄三 小岛毅 著　孙歌 等译

79. 德国与中华民国　[美]柯伟林 著　陈谦平 陈红民 武菁 申晓云 译　钱乘旦 校
80. 中国近代经济史研究:清末海关财政与通商口岸市场圈　[日]滨下武志 著　高淑娟 孙彬 译
81. 回应革命与改革:皖北李村的社会变迁与延续　韩敏 著　陆益龙 徐新玉 译
82. 中国现代文学与电影中的城市:空间、时间与性别构形　[美]张英进 著　秦立彦 译
83. 现代的诱惑:书写半殖民地中国的现代主义(1917—1937)　[美]史书美 著　何恬 译
84. 开放的帝国:1600年前的中国历史　[美]芮乐伟·韩森 著　梁侃 邹劲风 译
85. 改良与革命:辛亥革命在两湖　[美]周锡瑞 著　杨慎之 译
86. 章学诚的生平与思想　[美]倪德卫 著　杨立华 译
87. 卫生的现代性:中国通商口岸健康与疾病的意义　[美]罗芙芸 著　向磊 译
88. 道与庶道:宋代以来的道教、民间信仰和神灵模式　[美]韩明士 著　皮庆生 译
89. 间谍王:戴笠与中国特工　[美]魏斐德 著　梁禾 译
90. 中国的女性与性相:1949年以来的性别话语　[英]艾华 著　施施 译
91. 近代中国的犯罪、惩罚与监狱　[荷]冯客 著　徐有威 等译　潘兴明 校
92. 帝国的隐喻:中国民间宗教　[英]王斯福 著　赵旭东 译
93. 王弼《老子注》研究　[德]瓦格纳 著　杨立华 译
94. 寻求正义:1905—1906年的抵制美货运动　[美]王冠华 著　刘甜甜 译
95. 传统中国日常生活中的协商:中古契约研究　[美]韩森 著　鲁西奇 译
96. 从民族国家拯救历史:民族主义话语与中国现代史研究　[美]杜赞奇 著　王宪明 高继美 李海燕 李点 译
97. 欧几里得在中国:汉译《几何原本》的源流与影响　[荷]安国风 著　纪志刚 郑诚 郑方磊 译
98. 十八世纪中国社会　[美]韩书瑞 罗友枝 著　陈仲丹 译
99. 中国与达尔文　[美]浦嘉珉 著　钟永强 译
100. 私人领域的变形:唐宋诗词中的园林与玩好　[美]杨晓山 著　文韬 译
101. 理解农民中国:社会科学哲学的案例研究　[美]李丹 著　张天虹 张洪云 张胜波 译
102. 山东叛乱:1774年的王伦起义　[美]韩书瑞 著　刘平 唐雁超 译
103. 毁灭的种子:战争与革命中的国民党中国(1937—1949)　[美]易劳逸 著　王建朗 王贤知 贾维 译
104. 缠足:"金莲崇拜"盛极而衰的演变　[美]高彦颐 著　苗延威 译
105. 饕餮之欲:当代中国的食与色　[美]冯珠娣 著　郭乙瑶 马磊 江素侠 译
106. 翻译的传说:中国新女性的形成(1898—1918)　胡缨 著　龙瑜宬 彭珊珊 译
107. 中国的经济革命:20世纪的乡村工业　[日]顾琳 著　王玉茹 张玮 李进霞 译
108. 礼物、关系学与国家:中国人际关系与主体性建构　杨美惠 著　赵旭东 孙珉 译　张跃宏 译校
109. 朱熹的思维世界　[美]田浩 著
110. 皇帝和祖宗:华南的国家与宗族　[英]科大卫 著　卜永坚 译
111. 明清时代东亚海域的文化交流　[日]松浦章 著　郑洁西 等译
112. 中国美学问题　[美]苏源熙 著　卞东波 译　张强强 朱霞欢 校
113. 清代内河水运史研究　[日]松浦章 著　董科 译
114. 大萧条时期的中国:市场、国家与世界经济　[日]城山智子 著　孟凡礼 尚国敏 译　唐磊 校
115. 美国的中国形象(1931—1949)　[美]T.克里斯托弗·杰斯普森 著　姜智芹 译
116. 技术与性别:晚期帝制中国的权力经纬　[英]白馥兰 著　江湄 邓京力 译

117. 中国善书研究　[日]酒井忠夫 著　刘岳兵 何英莺 孙雪梅 译
118. 千年末世之乱:1813年八卦教起义　[美]韩书瑞 著　陈仲丹 译
119. 西学东渐与中国事情　[日]增田涉 著　由其民 周启乾 译
120. 六朝精神史研究　[日]吉川忠夫 著　王启发 译
121. 矢志不渝:明清时期的贞女现象　[美]卢苇菁 著　秦立彦 译
122. 明代乡村纠纷与秩序:以徽州文书为中心　[日]中岛乐章 著　郭万平 高飞 译
123. 中华帝国晚期的欲望与小说叙述　[美]黄卫总 著　张蕴爽 译
124. 虎、米、丝、泥:帝制晚期华南的环境与经济　[美]马立博 著　王玉茹 关永强 译
125. 一江黑水:中国未来的环境挑战　[美]易明 著　姜智芹 译
126. 《诗经》原意研究　[日]家井真 著　陆越 译
127. 施剑翘复仇案:民国时期公众同情的兴起与影响　[美]林郁沁 著　陈湘静 译
128. 华北的暴力和恐慌:义和团运动前夕基督教传播和社会冲突　[德]狄德满 著　崔华杰 译
129. 铁泪图:19世纪中国对于饥馑的文化反应　[美]艾志端 著　曹曦 译
130. 饶家驹安全区:战时上海的难民　[美]阮玛霞 著　白华山 译
131. 危险的边疆:游牧帝国与中国　[美]巴菲尔德 著　袁剑 译
132. 工程国家:民国时期(1927—1937)的淮河治理及国家建设　[美]戴维·艾伦·佩兹 著　姜智芹 译
133. 历史宝筏:过去、西方与中国妇女问题　[美]季家珍 著　杨可 译
134. 姐妹们与陌生人:上海棉纱厂女工,1919—1949　[美]韩起澜 著　韩慈 译
135. 银线:19世纪的世界与中国　林满红 著　詹庆华 林满红 译
136. 寻求中国民主　[澳]冯兆基 著　刘悦斌 徐硉 译
137. 墨梅　[美]毕嘉珍 著　陆敏珍 译
138. 清代上海沙船航运业史研究　[日]松浦章 著　杨蕾 王亦铮 董科 译
139. 男性特质论:中国的社会与性别　[澳]雷金庆 著　[澳]刘婷 译
140. 重读中国女性生命故事　游鉴明 胡缨 季家珍 主编
141. 跨太平洋位移:20世纪美国文学中的民族志、翻译和文本间旅行　黄运特 著　陈倩 译
142. 认知诸形式:反思人类精神的统一性与多样性　[英]G.E.R.劳埃德 著　池志培 译
143. 中国乡村的基督教:1860—1900江西省的冲突与适应　[美]史维东 著　吴薇 译
144. 假想的"满大人":同情、现代性与中国疼痛　[美]韩瑞 著　袁剑 译
145. 中国的捐纳制度与社会　伍跃 著
146. 文书行政的汉帝国　[日]富谷至 著　刘恒武 孔李波 译
147. 城市里的陌生人:中国流动人口的空间、权力与社会网络的重构　[美]张骊 著　袁长庚 译
148. 性别、政治与民主:近代中国的妇女参政　[澳]李木兰 著　方小平 译
149. 近代日本的中国认识　[日]野村浩一 著　张学锋 译
150. 狮龙共舞:一个英国人笔下的威海卫与中国传统文化　[英]庄士敦 著　刘本森 译　威海市博物馆 郭大松 校
151. 人物、角色与心灵:《牡丹亭》与《桃花扇》中的身份认同　[美]吕立亭 著　白华山 译
152. 中国社会中的宗教与仪式　[美]武雅士 著　彭泽安 邵铁峰 译　郭潇威 校
153. 自贡商人:近代早期中国的企业家　[美]曾小萍 著　董建中 译
154. 大象的退却:一部中国环境史　[英]伊懋可 著　梅雪芹 毛利霞 王玉山 译
155. 明代江南土地制度研究　[日]森正夫 著　伍跃 张学锋 等译　范金民 夏维中 审校
156. 儒学与女性　[美]罗莎莉 著　丁佳伟 曹秀娟 译

157. 行善的艺术:晚明中国的慈善事业(新译本)　[美]韩德玲 著　曹晔 译
158. 近代中国的渔业战争和环境变化　[美]穆盛博 著　胡文亮 译
159. 权力关系:宋代中国的家族、地位与国家　[美]柏文莉 著　刘云军 译
160. 权力源自地位:北京大学、知识分子与中国政治文化,1898—1929　[美]魏定熙 著　张蒙 译
161. 工开万物:17世纪中国的知识与技术　[德]薛凤 著　吴秀杰 白岚玲 译
162. 忠贞不贰:辽代的越境之举　[英]史怀梅 著　曹流 译
163. 内藤湖南:政治与汉学(1866—1934)　[美]傅佛果 著　陶德民 何英莺 译
164. 他者中的华人:中国近现代移民史　[美]孔飞力 著　李明欢 译　黄鸣奋 校
165. 古代中国的动物与灵异　[英]胡司德 著　蓝旭 译
166. 两访中国茶乡　[英]罗伯特·福琼 著　敖雪岗 译
167. 缔造选本:《花间集》的文化语境与诗学实践　[美]田安 著　马强才 译
168. 扬州评话探讨　[丹麦]易德波 著　米锋 易德波 译　李今芸 校译
169. 《左传》的书写与解读　李惠仪 著　文韬 许明德 译
170. 以竹为生:一个四川手工造纸村的20世纪社会史　[德]艾约博 著　韩巍 译　吴秀杰 校
171. 东方之旅:1579—1724耶稣会传教团在中国　[美]柏理安 著　毛瑞方 译
172. "地域社会"视野下的明清史研究:以江南和福建为中心　[日]森正夫 著　于志嘉 马一虹 黄东兰 阿风 等译
173. 技术、性别、历史:重新审视帝制中国的大转型　[英]白馥兰 著　吴秀杰 白岚玲 译
174. 中国小说戏曲史　[日]狩野直喜 著　张真 译
175. 历史上的黑暗一页:英国外交文件与英美海军档案中的南京大屠杀　[美]陆束屏 编著/翻译
176. 罗马与中国:比较视野下的古代世界帝国　[奥]沃尔特·施德尔 主编　李平 译
177. 矛与盾的共存:明清时期江西社会研究　[韩]吴金成 著　崔荣根 译　薛戈 校译
178. 唯一的希望:在中国独生子女政策下成年　[美]冯文 著　常姝 译
179. 国之枭雄:曹操传　[澳]张磊夫 著　方笑天 译
180. 汉帝国的日常生活　[英]鲁惟一 著　刘洁 余霄 译
181. 大分流之外:中国和欧洲经济变迁的政治　[美]王国斌 罗森塔尔 著　周琳 译　王国斌 张萌 审校
182. 中正之笔:颜真卿书法与宋代文人政治　[美]倪雅梅 著　杨简茹 译　祝帅 校译
183. 江南三角洲市镇研究　[日]森正夫 编　丁韵 胡婧 等译　范金民 审校
184. 忍辱负重的使命:美国外交官记载的南京大屠杀与劫后的社会状况　[美]陆束屏 编著/翻译
185. 修仙:古代中国的修行与社会记忆　[美]康儒博 著　顾漩 译
186. 烧钱:中国人生活世界中的物质精神　[美]柏桦 著　袁剑 刘玺鸿 译
187. 话语的长城:文化中国历险记　[美]苏源熙 著　盛珂 译
188. 诸葛武侯　[日]内藤湖南 著　张真 译
189. 盟友背信:一战中的中国　[英]吴芳思 克里斯托弗·阿南德尔 著　张宇扬 译
190. 亚里士多德在中国:语言、范畴和翻译　[英]罗伯特·沃迪 著　韩小强 译
191. 马背上的朝廷:巡幸与清朝统治的建构,1680—1785　[美]张勉治 著　董建中 译
192. 申不害:公元前四世纪中国的政治哲学家　[美]顾立雅 著　马腾 译
193. 晋武帝司马炎　[日]福原启郎 著　陆帅 译
194. 唐人如何吟诗:带你走进汉语音韵学　[日]大岛正二 著　柳悦 译

195. 古代中国的宇宙论　[日]浅野裕一 著　吴昊阳 译
196. 中国思想的道家之论:一种哲学解释　[美]陈汉生 著　周景松 谢尔逊 等译　张丰乾 校译
197. 诗歌之力:袁枚女弟子屈秉筠(1767—1810)　[加]孟留喜 著　吴夏平 译
198. 中国逻辑的发现　[德]顾有信 著　陈志伟 译
199. 高丽时代宋商往来研究　[韩]李镇汉 著　李廷青 戴琳剑 译　楼正豪 校
200. 中国近世财政史研究　[日]岩井茂树 著　付勇 译　范金民 审校
201. 魏晋政治社会史研究　[日]福原启郎 著　陆帅 刘萃峰 张紫毫 译
202. 宋帝国的危机与维系:信息、领土与人际网络　[比利时]魏希德 著　刘云军 译
203. 中国精英与政治变迁:20世纪初的浙江　[美]萧邦奇 著　徐立望 杨涛羽 译　李齐 校
204. 北京的人力车夫:1920年代的市民与政治　[美]史谦德 著　周书垚 袁剑 译　周育民 校